Michael Clasen
**Erfolgsfaktoren digitaler Marktplätze in der
Agrar- und Ernährungsindustrie**

**Betriebswirtschaftliche Aspekte
lose gekoppelter Systeme und Electronic Business**

Herausgegeben von
Prof. Dr. Dr. h.c. Sönke Albers,
Prof. Dr. Birgit Friedl,
Prof. Dr. Daniel Klapper,
Prof. Dr. Joachim Wolf,
Institut für Betriebswirtschaftslehre,
Christian-Albrechts-Universität zu Kiel

Prof. Dr. Udo Konradt,
Institut für Psychologie,
Christian-Albrechts-Universität zu Kiel

In der Schriftenreihe werden Ergebnisse von Forschungsarbeiten veröffentlicht, die sich in herausragender Weise mit Fragen des Managements lose gekoppelter Systeme, virtueller Unternehmen und elektronischer Geschäftsprozesse beschäftigen. Die Reihe richtet sich an Leser in Wissenschaft und Praxis, die Anregungen für die eigene Arbeit und Problemlösungen suchen. Sie ist nicht auf Veröffentlichungen aus den Instituten der Herausgeber beschränkt.

Michael Clasen

Erfolgsfaktoren digitaler Marktplätze in der Agrar- und Ernährungsindustrie

Mit einem Geleitwort von Prof. Dr. Rolf A. E. Müller

Deutscher Universitäts-Verlag

Bibliografische Information Der Deutschen Bibliothek
Die Deutsche Bibliothek verzeichnet diese Publikation in der Deutschen Nationalbibliografie;
detaillierte bibliografische Daten sind im Internet über <http://dnb.ddb.de> abrufbar.

Dissertation Universität zu Kiel, 2005

Gedruckt mit Genehmigung der Agrar- und Ernährungswissenschaftlichen Fakultät der
Christian-Albrechts-Universität zu Kiel.

1. Auflage Oktober 2005

Alle Rechte vorbehalten
© Deutscher Universitäts-Verlag/GWV Fachverlage GmbH, Wiesbaden 2005

Lektorat: Ute Wrasmann / Britta Göhrisch-Radmacher

Der Deutsche Universitäts-Verlag ist ein Unternehmen von Springer Science+Business Media.
www.duv.de

Das Werk einschließlich aller seiner Teile ist urheberrechtlich geschützt. Jede Verwertung außerhalb der engen Grenzen des Urheberrechtsgesetzes ist ohne Zustimmung des Verlags unzulässig und strafbar. Das gilt insbesondere für Vervielfältigungen, Übersetzungen, Mikroverfilmungen und die Einspeicherung und Verarbeitung in elektronischen Systemen.

Die Wiedergabe von Gebrauchsnamen, Handelsnamen, Warenbezeichnungen usw. in diesem Werk berechtigt auch ohne besondere Kennzeichnung nicht zu der Annahme, dass solche Namen im Sinne der Warenzeichen- und Markenschutz-Gesetzgebung als frei zu betrachten wären und daher von jedermann benutzt werden dürften.

Umschlaggestaltung: Regine Zimmer, Dipl.-Designerin, Frankfurt/Main

Gedruckt auf säurefreiem und chlorfrei gebleichtem Papier
ISBN-13:978-3-8350-0029-2   e-ISBN-13:978-3-322-82068-6
DOI: 10.1007/978-3-322-82068-6

Geleitwort

Alle Menschen haben eine natürliche Neigung zu handeln und zu tauschen. Handel und Tausch beruhen auf Information und erfordern Kommunikation, wodurch Transaktionskosten für die Marktpartner entstehen. Marktveranstaltungen und Märkte sind Institutionen, die Transaktionskosten sparen. Innovationen im Bereich der Informations- und Kommunikationstechnologie, die Transaktionskosten deutlich senken, verändern deshalb meistens auch die Marktinstitutionen.

Die Untersuchung von Clasen befasst sich mit digitalen Marktplätzen in der Agrar- und Ernährungswirtschaft. Diese Marktplätze, die durch die moderne digitale Informationstechnologie möglich geworden sind, charakterisiert Clasen als Unternehmen, die für Marktteilnehmer Dienstleistungen erbringen, die Handelstransaktionen mit Produkten der Agrar- und Ernährungswirtschaft erleichtern, ohne dass die Dienstleister selbst zu Teilnehmern an diesen Transaktionen werden. Gegen Ende der 90er Jahre, als in der Zeit des "unvernünftigen Überschwangs" der Aktienmärkte das Wagniskapital recht freizügig floss, war im Web eine recht beachtliche Zahl solcher Marktplätze entstanden. Den meisten Gründern der Marktplätze muss dabei von vornherein klar gewesen sein, dass nicht alle – und vielleicht sogar nur sehr wenige – Marktplätze von Dauer sein würden. Nach dem Platzen der dot.com-Blase sank denn auch die Zahl der Marktplätze wieder. Viele digitale Marktplätze haben den Umschwung jedoch überlebt und die Bestimmungsgründe der Überlebensfähigkeit und des Erfolgs von digitalen Marktplätzen zu untersuchen, ist das Hauptziel der Untersuchung.

Der Kern der Studie ist die statistische Analyse der Erfolgsfaktoren digitaler Marktplätze in der Agrar- und Ernährungswirtschaft. Diese Analyse basiert auf einer sorgfältigen Aufarbeitung verschiedener Ansätze der Transaktionskostentheorie. Die Theorie ist gepaart mit einem einzigartigen Datensatz, der auch Daten für Marktplätze enthält, die der Wettbewerb zum Zeitpunkt der Datenerhebung schon ausgemerzt hatte. Üblicherweise bleiben in Untersuchungen der Erfolgsfaktoren die absolut erfolglosen Unternehmen unberücksichtigt, da sie sich meistens verflüchtigen, ohne eine brauchbare Datenspur zu hinterlassen.

Um den Kern der Untersuchung ranken sich viele aufschlussreiche Details über digitale Marktplätze – wo in der Welt sich ihre Hosts befinden, welche Produkte auf diesen Märkten gehandelt werden, welche Schwierigkeiten die Messung des Marktumschlags bereitet, was Landwirte von dieser institutionellen Innovation halten. Dies alles wird abgerundet durch die Ergebnisse eines Multi-Agenten-Modells, mit dem Clasen die Dynamik des Handels auf räumlich verteilten Marktplätzen simuliert, die um ein begrenztes Handelsvolumen konkurrieren.

Aus der Vielzahl der Ergebnisse und Erkenntnisse, die Clasen in seiner Untersuchung erarbeitet hat, erscheinen mir die folgenden als besonders wichtig: (i) erfolgreiche digitale Marktplätze sind Systeme mit positivem Feedback: dort, wo schon viel gehandelt wird, wird noch mehr gehandelt; (ii) Neugründungen von Marktplätzen ohne Anbindung an den konventionellen Handel haben im Web kaum eine Chance – eBay ist hier sicherlich eine bemerkenswerte Ausnahme; (iii) erfolgreiche digitale Marktplätze sind auf ihre Kernaufgaben fokussiert; (iv) auch bei landwirtschaftlichen Websites sind potenzverteilte Links und Besucherzahlen zu erwarten; (iv) konventionelle Transaktionskostentheorien leisten viel zur Erklärung des Erfolgs von digitalen Marktplätzen.

Clasen hat eine Vielzahl wichtiger Einsichten und Erkenntnisse über digitale Marktplätze in der Agrar- und Ernährungswirtschaft erarbeitet. Ihm ist eine große Leserschaft zu wünschen.

Prof. Dr. Rolf A.E. Müller

Danksagung

Mit der Veröffentlichung dieser Dissertation findet ein sehr schöner Lebensabschnitt für mich ein erfolgreiches Ende. Die Arbeit im Graduiertenkolleg „Betriebswirtschaftliche Aspekte lose gekoppelter Systeme und Electronic Business" und vor allem am Institut für Agrarökonomie hat mir über die gesamte Promotionszeit sehr viel Freude bereitet und gleichzeitig zu einer Vielzahl an neuen Erkenntnissen, Eindrücken und Ansichten verholfen. Die Entscheidung im Sommer 2001 meine Beratungstätigkeit bei der SAP AG zugunsten einer Phase wissenschaftlichen Arbeitens aufzugeben, ist mir nicht leicht gefallen. Ich habe diese Entscheidung aber nie bereut und würde heute nochmals genauso entscheiden.

Die Anfertigung einer wissenschaftlichen Arbeit und die gleichzeitige Maximierung der momentanen Lebensqualität stellen häufig konträre Ziele dar. Daß es mir dennoch möglich war, beide Ziele erfolgreich simultan zu verfolgen, wäre ohne die Unterstützung einer Reihe von Menschen nicht möglich gewesen, denen ich an dieser Stelle meinen Dank aussprechen möchte.

Als erstes ist hier mein Doktorvater Herr Prof. Dr. Rolf A. E. Müller zu nennen. Die Betreuung der Dissertation empfand ich als vorbildlich. Neben der Möglichkeit nahezu täglich kleinere oder größere Probleme zu diskutieren, war vor allem der ständige Zufluß an Literatur zu digitalen Marktplätzen aber auch zu sonstigen Themen sehr hilfreich und interessant. Die vielen Diskussion im I&I-Kolloquium, auf dem Flur oder bei sonstigen Gelegenheiten behalte ich in positiver Erinnerung.

Herrn Prof. Dr. Dr. h.c. Sönke Albers danke ich vor allem für die Beantragung und Organisation des Graduiertenkollegs sowie die Übernahme des Zweitgutachtens. Die in vielen Fällen konträren Ansichten meiner beiden Gutachter war eine Herausforderung aber auch ein Motor für eine hoffentlich neutrale und wissenschaftlich korrekte Dissertation. Für die Zahlung eines Forschungsstipendiums und die Ermöglichung eines sehr nachhaltigen Aufenthalts in Australien bin ich der Deutschen Forschungsgesellschaft (DFG) zu Dank verpflichtet.

Sehr hilfreich bei der Anfertigung der Dissertation erwies sich die professionelle IT-Ausstattung am Institut für Agrarökonomie und die große Anzahl an Hiwis im Graduiertenkolleg. Für die gewissenhafte Mitarbeit bei der Erhebung der empirischen Daten danke ich Dipl.-Kffr. Sibille Fabel, Nadine Rademaker und Carsten Wülker. Eine besondere Rolle als Diskussionspartner, Motivatoren, Know-how-Träger und Freizeitgestalter nahmen die Kollegen am Institut für Agrarökonomie ein. Ich empfand die Stimmung am Institut jederzeit als sehr angenehm, unkompliziert und vor allem sehr offen. Stellvertretend für die vielen Kollegen und Freunde seien an dieser Stelle Frau Dr. Susanne Stricker, Frau Dipl. oec. troph. Birgit Gampl, Frau Dipl. oec. troph. Annika Schröder, Herr Dipl.-Ing. agr. Karsten Borchard, Herr Dr. Christian Weseloh, Herr Dr. Thomas Fels, Herr Dr. Eike Schmedes, Herr. Dipl.-Ing. agr. André Brüggemann und Herr Dipl. mult. Volker Saggau genannt.

Um eine Promotion durchführen zu können, bedarf es einiger Voraussetzungen. Mein ganz besonderer Dank gilt daher meinen Eltern, die mir während meiner gesamten Schul- und Studienzeit stets das richtige Maß an Unterstützung jeglicher Art haben zukommen lassen. Schließlich danke ich meiner lieben Maike für den langjährigen Beistand, die stetigen Ermunterungen, die scharfsinnigen Nachfragen, das Korrekturlesen und die Organisation des finalen Ausdruckens der Arbeit. Ohne Euch wäre dieses Ergebnis nicht möglich gewesen.

Köln, im Juni 2005   Michael Clasen

Inhaltsverzeichnis

1 Einleitung 1
   1.1 Problemstellung 1
   1.2 Zielsetzung und Abgrenzung der Forschungsgegenstandes 3
   1.3 Vorgehensweise 4
2 Digitale Marktplätze in der Literatur 7
   2.1 Ausgewählte allgemeine Arbeiten zu Marktmittlern 8
   2.2 Nicht-empirische Arbeiten zu digitalen Marktplätzen 9
   2.3 Qualitative Arbeiten zu digitalen Marktplätzen 11
   2.4 Quantitative Arbeiten zu digitalen Marktplätzen 12
3 Untersuchungen zur Handelsaktivität auf digitalen Marktplätzen im Agrar- und Ernährungssektor 15
   3.1 Umschlagshäufigkeiten auf ausgewählten Marktplätzen 16
      3.1.1 Auswahl von Marktplätzen 16
      3.1.2 Methode der Marktbeobachtung auf digitalen Marktplätzen 17
      3.1.3 Ergebnisse der Marktbeobachtungen 21
      3.1.4 Entwicklung der Marktplätze nach Abschluß der Marktbeobachtungen 24
      3.1.5 Handelsaktivitäten bei den Produktgruppen – Einschätzungen aus der Praxis 25
   3.2 Verteilung von Besucherzahlen auf deutschen Agrarsites und Umsätzen internationaler Börsen 26
      3.2.1 Potenzverteilungen beherrschen das Web 27
      3.2.2 Methode der Messung von Besuchszahlen auf deutschen, landwirtschaftlichen Websites 30
      3.2.3 Verteilung der Besuchszahlen auf deutschen, landwirtschaftlichen Websites 31
      3.2.4 Größenverteilungen von Wertpapierbörsen 34
      3.2.5 Implikationen für digitale Marktplätze der Agrar- und Ernährungsindustrie 35
   3.3 Einstellungen und Erfahrungen landwirtschaftlicher Unternehmer in Deutschland zum Handel auf digitalen Marktplätzen 36
      3.3.1 Durchführung der Befragung 36
      3.3.2 Ergebnisse der Befragung 38
      3.3.3 Interpretation der Ergebnisse 45
   3.4 Die großen digitalen Marktplätze der Ernährungsindustrie 46
      3.4.1 Kooperationen 47
      3.4.2 Kunden 48

3.4.3 Angebotene Dienstleistungen 48

3.4.4 Umsätze.. 49

4 Transaktionskosten und digitale Marktplätze 51

4.1 Geeignete Ansätze der Transaktionskostentheorie zur Untersuchung von Erfolgsfaktoren digitaler Marktplätze 53

4.1.1 Allgemeine Aussagen der Transaktionskostentheorie 55

4.1.2 Der Ansatz nach Williamson 58

4.1.3 Transaktionskosten bei Meß- und Informationsproblemen 60

4.1.4 Transaktionskosten in der Geld- und Finanzökonomie 61

4.2 Statisches Marktplatzmodell zur Analyse der Vorteilhaftigkeit organisierter Marktplätze.. 62

4.2.1 Koordinationskosten 65

4.2.2 Motivationskosten... 68

4.2.3 Liquiditätskosten... 69

4.3 Dynamisches Marktplatzmodell zur Analyse des Selektionsprozesses digitaler Marktplätze... 74

4.3.1 Pfadabhängigkeiten bei Transaktionskosten digitaler Marktplätze 76

4.3.2 Eignung von Multi-Agenten-Systemen zur Simulation des dynamischen Marktplatzmodells 78

4.3.3 Simulation des dynamischen Marktplatzmodells 80

4.3.4 Ergebnisse der Simulation des dynamischen Marktplatzmodells............ 85

5 Untersuchungsdesign der empirischen Analyse digitaler Marktplätze der Agrar- und Ernährungsindustrie 95

5.1 Erfolgsmaße digitaler Marktplätze 95

5.2 Operationalisierung der Hypothesen und Messung der Variablen............ 97

5.3 Aufbau und Durchführung der Datenerhebung... 106

6 Ergebnisse der empirischen Untersuchung.. 111

6.1 Der Markt für digitale Marktplätze in der Agrar- und Ernährungsindustrie 111

6.1.1 Entwicklung des Marktes für digitale Marktdienstleistung in der Agrar- und Ernährungsindustrie 111

6.1.2 Eigenschaften digitaler Marktplätze der Agrar- und Ernährungsindustrie 115

6.1.3 Aufteilung der Marktanteile digitaler Marktplätze in der Agrar- und Ernährungswirtschaft 121

6.2 Erfolgsfaktoren digitaler Marktplätze 125

6.2.1 Faktoranalyse und Regressionsverfahren 125

6.2.2 Vorstellung und Ergebnisse der Regressionsmodelle 127

6.2.3 Überprüfung der Hypothesen und Diskussion der Ergebnisse 133

7 Zusammenfassung und Ausblick 143
7.1 Erfolgsfaktoren digitaler Marktplätze 143
7.2 Implikationen für die Transaktionskostentheorie 147
7.3 Ausblick auf die Zukunft digitaler Marktplätze 148
7.4 Weiterführende Untersuchungen 150

8 Summary 153

9 Literatur 155

10 Anhang 171
10.1 Anhang A: Literaturüberblick zu digitalen Marktplätzen 171
10.2 Anhang B: Fragebogen der detaillierten Landwirtbefragung 179
10.3 Anhang C: Verkürzter Fragebogen für Online-Umfrage bei ‚Landtrends.de' .. 189
10.4 Anhang D: Quellcode der Multi-Agenten-Simulation 191
10.5 Anhang E: Meldungen über digitale Marktplätze der Ernährungsindustrie im Newsletter der Lebensmittelzeitung im Zeitraum vom 24.10.2001 bis zum 01.07.2004 197
10.6 Anhang F: Überblick über alle analysierten Web-Sites 211

Tabellenverzeichnis

Tabelle 1: Angebotsbreite der Marktplätze 17

Tabelle 2: Durchschnittliche Anzahl und durchschnittliche absolute Veränderungen der Anzahl zum Vortag (Werte in Klammern) an Angeboten, Gesuchen und Auktionen auf fünf Marktplätzen; 30.07.2001 bis 13.09.2001 22

Tabelle 3: Durchschnittliche Anzahl und durchschnittliche absolute Veränderungen der Anzahl zur Vorwoche (Werte in Klammern) an Angeboten, Gesuchen und Auktionen auf fünf Marktplätzen; 30.07.2001 bis 28.01.2002 23

Tabelle 4: Verteilung der Hits von AOL- und Land24-Usern auf Websites 29

Tabelle 5: Anteil der Top 30 Sites an allen Hits der Top 100 (vom 17.01.2003) 32

Tabelle 6: Zipf-Koeffizienten b und R^2 der linearen Schätzung der Tagesdaten 33

Tabelle 7: Einteilungen von Arbeiten zur Transaktionskostentheorie 55

Tabelle 8: Ablauf der Multi-Agenten-Simulation (Pseudo-Code) 81

Tabelle 9: Operationalisierungen der Hypothesen und erwartete Wirkungsrichtungen 98

Tabelle 10: Gruppierung der gehandelten Produkte 104

Tabelle 11: Ergebnis der Faktoranalyse 126

Tabelle 12: Ergebnisse der Regressionsrechnungen 128

Tabelle 13: Korrelationen der metrischen Erfolgsmaße 131

Tabelle 14: Einfluß der angebotenen Handelsräume auf den Erfolg digitaler Marktplätze 133

Tabelle 15: Einfluß der Informationsdienste auf den Erfolg eines digitalen Marktplatzes 136

Tabelle 16: Einfluß der Betriebsdauer und der Neugründung digitaler Marktplätze auf deren Erfolg 138

Tabelle 17:	Einfluß angebotener Sprachen auf den Erfolg eines digitalen Marktplatzes	139
Tabelle 18:	Einfluß der Marktgröße auf den Erfolg eines digitalen Marktplatzes	140
Tabelle 19:	Einfluß von Gebühren auf den Erfolg eines digitalen Marktplatzes	141

Abbildungsverzeichnis

Abbildung 1: Aufbau der Untersuchung 6

Abbildung 2: Aufteilung der Literatur 8

Abbildung 3: Verteilung der Hits von AOL-Usern, dargestellt als Zipf-Verteilung 29

Abbildung 4: Anzahl an Hits und Rangplatz einer Website (am 17.01.2003) 32

Abbildung 5: Wechsel der Ränge der Top-6-Sites 34

Abbildung 6: Umsatzvergleich internationaler Wertpapierbörsen 35

Abbildung 7: Erwartungen deutscher Landwirte an einen guten digitalen Marktplatz
(n = 213) 38

Abbildung 8: Handelshäufigkeit deutscher Landwirte auf digitalen Marktplätzen
(n = 213) 40

Abbildung 9: Von deutschen Landwirten auf digitalen Marktplätzen gehandelte
Produktgruppen (n = 101) 40

Abbildung 10: Von deutschen Landwirten genannte digitale Marktplätze zum Handel
von landwirtschaftlichen Erzeugnissen, Betriebsmitteln oder
Maschinen; nur Marktplätze mit mehr als 2 Nennungen (n = 270) 41

Abbildung 11: Beweggründe deutscher Landwirte für den Handel über digitale
Marktplätze; nur Landwirte mit Handelserfahrung auf digitalen
Marktplätzen (n = 155) 42

Abbildung 12: Beweggründe deutscher Landwirte gegen den Handel über digitale
Marktplätze; nur Landwirte ohne Handelserfahrung auf digitalen
Marktplätzen (n = 115) 43

Abbildung 13: Einschätzung deutscher Landwirte, auf digitalen Marktplätzen ‚über's
Ohr' gehauen zu werden; Angaben beschreiben die relative
Abweichung zum konventionellen Handel (n = 213) 44

Abbildung 14: Grad der Zufriedenheit mit digitalen Marktplätzen; nur Landwirte mit
Handelserfahrung auf digitalen Marktplätzen (n = 153) 45

Abbildung 15: Vernetzung der großen digitalen Marktplätze in der Ernährungs-industrie ...47

Abbildung 16: Ursachen für Liquiditätskosten ... 71

Abbildung 17: Anzahl an Marktplätzen nach 300 Iterationsschritten in Abhängigkeit der Größe des Getreidemarktes (determiniert durch die Anzahl an Landwirten)... 85

Abbildung 18: Anzahl an Marktplätzen nach 300 Iterationsschritten in Abhängigkeit der Marktplatzanzahl zu Beginn der Simulation ... 86

Abbildung 19: Beispiel einer Umsatzentwicklung von fünf Marktplätzen ... 88

Abbildung 20: Beispiel einer Budgetentwicklung von fünf Marktplätzen ... 88

Abbildung 21: Vier beispielhafte Budgetentwicklungen ... 89

Abbildung 22: Überlebenswahrscheinlichkeit von Marktplätzen bei unterschiedlich hohen pfadabhängigen Kosten ... 93

Abbildung 23: Überlebenswahrscheinlichkeit von Marktplätzen bei unterschiedlich hohen pfadunabhängigen Kosten ... 93

Abbildung 24: Screenshot der Way-Back-Machine am Beispiel von FarmPartner ... 108

Abbildung 25: Entwicklung der Anzahl digitaler Marktplätze in der Agrar- und Ernährungsindustrie weltweit, zusammen mit dem Technologieindex Nasdaq 100... 112

Abbildung 26: Länder der Firmensitze digitaler Marktplätze der Agrar- und Ernährungsindustrie im Frühjahr 2003 ... 114

Abbildung 27: Häufigkeit der auf digitalen Marktplätzen angebotene Sprachen ... 115

Abbildung 28: Auf digitalen Marktplätzen der Agrar- und Ernährungsindustrie verfügbare Handelsräume; relative Häufigkeiten ... 117

Abbildung 29: Relative Häufigkeit der Anzahl von Handelsräumen pro Marktplatz ... 118

Abbildung 30: Eigenschaften digitaler Marktplätze; relative Häufigkeiten ... 118

Abbildung 31: Auf digitalen Marktplätzen gebotene Dienstleistungen; relative Häufigkeiten.. 119

Abbildung 32: Vergleich der Marktplatzeigenschaften und angebotenen Dienstleistungen zwischen digitalen Marktplätzen mit Handelsräumen für unterschiedliche Produktgruppen; relative Häufigkeiten...................... 121

Abbildung 33: Verteilung aller Hits auf die digitalen Marktplätze............................ 122

Abbildung 34: Verteilung der auf digitale Marktplätze verweisenden Links.................... 123

Abbildung 35: Verteilung aller Seitenaufrufe pro Session auf die digitalen Marktplätze.. 124

Abkürzungsverzeichnis

AOL	American Online
B2B	Business-to-Business
BTX	Bildschirmtext
CATS	Computer Assisted Trading Systems
CPFR	Collaborative Planning Forecasting and Replenishment
EDI	Electronic Data Interchange
EDV	Elektronische Datenerarbeitung
ERP	Enterprise Resource Planning
FAO	Food and Agriculture Organization
GNX	Global Net Xchange – Digitaler Marktplatz
HTML	Hyper Text Markup Language
IP	Internet Protokoll
KK	Koordinationskosten
LK	Liquiditätskosten
MK	Motivationskosten
MS	Microsoft
NYSE	New York Stock Exchange
o.V.	ohne Verfasser
PAK	Pfadabhängige Kosten
PC	Personal Computer
PUK	Pfadunabhängige Kosten
SAP	Systeme, Anwendungen, Produkte in der Datenverarbeitung
TAK	Transaktionskosten
URL	Uniform Resource Locator
VBA	Visual Basic for Applications
VO	Vermehrungsorganisation (für Saatgut)
WWRE	World Wide Retail Exchange – Digitaler Marktplatz
XML	Extensible Markup Language
ZA	Zelluläre Automaten
ZBW	Deutsche Zentralbibliothek für Wirtschaftswissenschaften

1 Einleitung

1.1 Problemstellung

Im Zuge der New-Economy-Euphorie der Jahrtausendwende sind in nahezu allen Branchen eine Vielzahl digitaler Marktplätze entstanden, von denen viele im Zuge der bald darauf einsetzenden Ernüchterung wieder vom Markt verschwunden sind. Vor allem für den Agrarsektor wurde aufgrund seiner großen Anzahl räumlich verteilter Marktteilnehmer ein besonders hoher Anteil digitaler Handelstransaktionen vorhergesagt [Goldmann Sachs, 1999]. Rückblickend stellt sich die Frage, was die Gründe für die Dezimierung dieser digitalen Marktplätze der frühen Stunde waren und ob sich die Entwicklung hätte vorhersagen lassen. Die Ergebnisse dieser Arbeit zeigen, daß keineswegs alle digitalen Marktplätze erfolglos sind. Welche Faktoren maßgeblich zum Erfolg dieser siegreichen digitalen Marktplätze beigetragen haben, wird sowohl theoretisch als auch empirisch untersucht.

Die Existenz leistungsfähiger Märkte stellt nach Adam Smith die Grundlage einer arbeitsteiligen Wirtschaft und somit die Grundlage für den Wohlstand einer Nation dar [Smith, 1776, S. 19]. In der Neoklassischen Theorie ist der Markt ein Ort, an dem sich Angebot und Nachfrage für ein Gut treffen und mit Hilfe eines fiktiven Auktionators [Walras, 1874] ein Marktpreis ermittelt wird [Herberg, 1989, S. 233f.]. Da in der Praxis jedoch kein Walras'scher Auktionator existiert, der die Koordination sämtlicher Gebote und Gesuche kostenlos durchführt und markträumende Preise ermittelt, haben sich schon sehr früh organisierte Märkte gebildet, deren Geschäftsmodell es ist, die Dienstleistung ‚Markttransaktion' möglichst preiswert anzubieten. Da nach Rosen [1983] kein organisierter Markt perfekt ist, bietet sich für Unternehmer die Möglichkeit, neue Formen von Marktveranstaltungen zu kreieren.

Ein notwendiges Element nahezu jeder Art von Markttransaktionen ist die Kommunikation zwischen den Handelspartnern, und somit verwundert es nicht, daß das Erscheinen neuer Kommunikationstechnologien häufig neue Formen des Handels hervorgebracht hat [Müller, 1999, S. 141]. Die großen Handelshäuser des Mittelalters profitierten von der Verfügbarkeit des Papiers und die Warenterminbörsen des 19. und 20. Jahrhunderts wären ohne die Erfindung von Telegraphen und Fernsprechern kaum denkbar gewesen [Williams, 2001, S. 1250]. Auch die Entwicklung der BTX- oder Videotex-Technologien in den 80er Jahren des letzten Jahrhunderts brachte mehrere Prototypen digitaler Marktplätze für eine Reihe landwirtschaftlicher Produkte hervor [Henderson, 1984, Mueller, 1984, Müller,

1981, Schiefer, 2001]. Einer dieser Marktplätze wurde über 20 Jahre erfolgreich betrieben, bis er Ende der 90ger Jahre ins Internet migrierte. Es handelt sich hierbei um TELCOT [Lindsey, et al., 1990, Plains Cotton Cooperative Association, 2002], einen 1975 gegründeten digitalen Marktplatz einer großen Baumwollerzeugergenossenschaft mit Sitz in Texas, über den auch zum heutigen Zeitpunkt noch Baumwolle gehandelt wird.

Nach der Entwicklung des ersten Web-Browsers ‚Mosaik' im Jahre 1993 [Connolly, 2000] und der damit einsetzenden kommerziellen Nutzung des Internets dauerte es daher nicht lange, bis innovative Unternehmer das Internet für die Abwicklung von Markttransaktionen nutzten. Die ersten digitalen, landwirtschaftlichen Marktplätze im World Wide Web ließen ebenfalls nicht lange auf sich warten und um die Jahrtausendwende schossen landwirtschaftliche, digitale Marktplätze sprichwörtlich wie Pilze aus dem Boden [Mueller, 2001]. Der durch Unternehmergeist geprägten Phase innovativer Vielfalt folgte, eingeleitet durch das Platzen der dot.com Blase im Sommer 2000 [Albers, et al., 2002], eine Phase der Selektion durch den Wettbewerb. Die vielen Arten neugegründeter digitaler Marktplätze stellten Mutationen organisierter Märkte dar und wie in der Natur waren nur die wenigsten Varianten gut an ihre Umwelt und ihren Einsatzzweck angepaßt.

Was für die gescheiterten Marktplätze als Desaster endete, ist für die Wissenschaft eine große Chance, da in einer sehr überschaubaren Zeitspanne eine große Variationsbreite einer neuen Art von Marktplätzen entstanden und zum Teil wieder vom Markt verschwunden ist. Besonders nützlich erwies sich in diesem Zusammenhang das Internet-Archiv (www.archive.org), in dem eine große Anzahl historischer Websites gespeichert ist. Ähnlich wie Charles Darwin wichtige Erkenntnisse zu seiner Evolutionstheorie aus dem Vergleich zahlreicher Fossilien längst ausgestorbener Tier- und Pflanzenarten mit heute noch lebenden Spezies ableiten konnte, wurden in dieser Arbeit sowohl die noch existierenden digitalen Marktplätze als auch bereits wieder verschwundene Marktplatzarten in die Untersuchung einbezogen. Auf diese Weise war es möglich, Erfolg und Mißerfolg als unterschiedliche Ausprägungen desselben Phänomens zu betrachten, was der Qualität des Datenmaterials zu Gute kam.

Die nahezu unbegrenzte Verfügbarkeit von Wagniskapital während der New-Economy-Euphorie läßt befürchten, daß ein Teil der neu errichteten digitalen Markplätze lediglich gegründet worden ist, um die reichlich vorhandenen Geldmittel abfließen zu lassen. Aus diesem Grunde ist zu erwarten, daß ein Teil der organisatorischen Vielfalt dieser neuen Art

Einleitung

von Marktplätzen nicht mit ökonomischen Theorien erklärt werden kann. In dieser Arbeit kann es daher lediglich darum gehen, die Organisation und den Erfolg solcher Marktplätze zu erklären, die mit dem Ziel gegründet worden sind, langfristig wirtschaftlich erfolgreich zu sein.

1.2 Zielsetzung und Abgrenzung der Forschungsgegenstandes

Das Ziel dieser Arbeit ist die Ermittlung von Erfolgsfaktoren digitaler Marktplätze. Der Forschungsgegenstand dieser Arbeit sind daher Unternehmen, die die Vermittlung von Markttransaktionen zu ihrem Geschäftsmodell erklärt haben. Mögliche volkswirtschaftliche Auswirkungen einer intensivierten Digitalisierung organisierter Märkte bleiben dagegen in dieser Arbeit unberücksichtigt.

Als digitale Marktplätze werden Websites definiert, auf denen jeweils mehrere Anbieter und Nachfrager konkret spezifizierte Waren oder Dienstleistungen anbieten oder nachfragen, ohne daß der Betreiber des Marktplatzes Eigentum an der Ware erwirbt (siehe hierzu auch Kapitel 5.3). Der vielfach verwendete Begriff der ‚elektronischen Marktplätze' wurde in dieser Arbeit nicht verwendet, da Elektronen mit fortschreitender Durchdringung optischer Medien in der Informationsverarbeitung und -speicherung eine immer geringere Rolle spielen. Digital sind jedoch beide Technologien, da Informationen in beiden Fällen nur diskrete Werte annehmen können [Claus und Schwill, 1993, S. 193].

Die Identifizierung von Erfolgs- oder Mißerfolgsfaktoren setzt eine Heterogenität bezüglich der Organisation von Marktplätzen, der Rahmenbedingungen und des Erfolges der Marktplätze voraus. Aufgrund des sehr heterogenen Liefernetzes - der geläufigere Begriff der Lieferkette trifft den hohen Verflechtungsgrad von Lieferantenbeziehungen in der Realität meist nur sehr unzureichend - und der großen Verschiedenheit der gehandelten Produkte, bietet sich der Agrar- und Ernährungssektor besonders für eine Analyse an. Die Variationsbreite reicht hierbei von der durch sehr viele kleine Marktteilnehmer geprägten Landwirtschaft, über den von großen Hauptgenossenschaften und kleinen und mittelständischen Händlern geprägten Landhandel, über eine mittelständisch geprägte Ernährungsindustrie mit einigen wenigen weltweit agierenden Großkonzernen bis zum extrem konzentrierten Einzelhandel [Jessen, 2003, S. 5 ff.]. Konkret ist der Sektor der Agrar- und Ernährungsindustrie in dieser Arbeit über die Klassen A, B und DA der Klassifikation der Wirtschaftszweige des statistischen Bundesamtes [o.V., 2002a] definiert. Ein digitaler Marktplatz der Agrar- und Ernährungsindustrie ist demnach ein digitaler Marktplatz, auf dem mindestens ein Handelsraum existiert, auf dem überwiegend Produkte, Erzeugnisse oder Betriebsmittel der Agrar- oder Ernährungsindustrie gehandelt werden können.

Ein weiterer Vorteil des Agrar- und Ernährungssektors ist die Tatsache, daß dieser Sektor in nahezu jedem Land der Erde vorhanden ist und traditionell über eine Vielzahl statistischer Daten verfügt. Aus diesem Grunde können in dieser Untersuchung digitale Marktplätze aus vielen unterschiedlichen Ländern betrachtet werden, was zu einer zusätzlichen Heterogenität der Daten führt.

Im Rahmen der Ermittlung der Erfolgsfaktoren digitaler Marktplätze werden in dieser Arbeit auch Antworten auf folgende Fragen gegeben:

a) Welche digitalen Marktplätze gibt es, auf denen Produkte der Agrar- und Ernährungsindustrie gehandelt werden können?

b) Wie sind diese Marktplätze organisiert und welche Dienstleistungen werden auf ihnen angeboten?

c) Welche Produkte werden auf diesen Marktplätzen gehandelt?

d) Wie kann der Erfolg eines digitalen Marktplatzes gemessen werden?

e) Wie hat sich die Anzahl an digitalen Marktplätzen in der Agrar- und Ernährungsindustrie in den letzten Jahren entwickelt?

f) Wie stark ist der Markt für digitale Marktdienstleistung konzentriert?

g) Wie sehen die Handelsgewohnheiten von Landwirten auf digitalen Marktplätzen aus?

h) Welche Erfolgsfaktoren sind in den unterschiedlichen Phasen des Selektionsprozesses digitaler Marktplätze von besondere Bedeutung?

i) Welche Rolle spielen digitale Marktplätze in der Zukunft?

1.3 Vorgehensweise

Um Antworten auf die im vorigen Abschnitt formulierten Fragen zu bekommen, wurde zunächst die Literatur zu organisierten Märkten im allgemeinen und zu digitalen Marktplätzen im besonderen gesichtet und in Kapitel 2 überblicksartig vorgestellt. Da in der Literatur jedoch nahezu keine Informationen über die Handelsaktivität auf digitalen Markt-

Einleitung

plätzen zu finden war, wurde dieser Fragestellung in vier Voruntersuchungen nachgegangen (Kapitel 3). In der ersten Voruntersuchung wurde ermittelt, wie hoch der Umschlag auf fünf ausgewählten landwirtschaftlichen Marktplätzen in Deutschland ist und wie dieser effizient gemessen werden kann. In einer zweiten Voruntersuchung wurde der Frage nachgegangen, wie stark der Markt für Webdienstleistungen und konventionelle Börsen konzentriert ist. Hierzu wurde untersucht, wie sich die gesamte Anzahl an Seitenaufrufen und Börsentransaktionen auf die einzelnen Websites bzw. Börsen aufteilen. Da der Erfolg digitaler Marktplätze stark von den Handelsgewohnheiten und Einstellungen potentieller Nutzer digitaler Marktplätze abhängt, wurden hierzu in einer weiteren Voruntersuchung 273 landwirtschaftliche Unternehmer aus Deutschland befragt. Die letzte Voruntersuchung widmet sich den Besonderheiten der großen ernährungswirtschaftlichen Marktplätze *GNX, WWRE, Transora* und *CPGMarkets*.

Zur Ableitung von Hypothesen zu den Erfolgsfaktoren digitaler Marktplätze wurde die Transaktionskostentheorie herangezogen. Aus diesem Grunde werden im Kapitel 4 zunächst die relevanten Teile der Transaktionskostentheorie vorgestellt. Auf Basis dieser Theorie wird ein statisches Marktplatzmodell vorgestellt, aus dem Hypothesen zu den Erfolgsfaktoren digitaler Marktplätze herausgearbeitet werden. Zur empirischen Überprüfung der Hypothesen wurden 233 digitale Marktplätze der Agrar- und Ernährungsindustrie bezüglich ihrer Eigenschaften und Erfolgsfaktoren untersucht. Durch die Nutzung des Internet-Archivs konnten Daten nicht nur für die 177 im Untersuchungszeitraum von April bis August 2003 existenten Marktplätze, sondern auch für die 56 nicht mehr aktiven Marktplätze erhoben werden. Um der Entwicklung der Bedeutung unterschiedlicher Kostenarten im Zeitablauf nachzugehen und Einblicke in die frühe Phase des Selektionsprozesses zu bekommen, wurde zusätzlich ein dynamisches Marktplatzmodell entwickelt. Da dieses Modell aufgrund rekursiver Bestandteile emergentes Verhalten aufweist, welches sich einer reduktionistischen Erklärung widersetzt, und keine Zeitreihendaten für eine empirische Überprüfung zur Verfügung standen, wurde das Verhalten dieses Modells per Simulation vernetzter Agenten analysiert. Das Zusammenspiel der einzelnen Bestandteile dieser Untersuchung wird in Abbildung 1 nochmals graphisch veranschaulicht.

Die Arbeit schließt mit einer Zusammenfassung der Erfolgsfaktoren digitaler Marktplätze, einigen Implikationen für die Transaktionskostentheorie, einem Vorschlag für weitere lohnende Untersuchungen und einem Ausblick auf die Zukunft digitaler Marktplätze.

Abbildung 1: Aufbau der Untersuchung

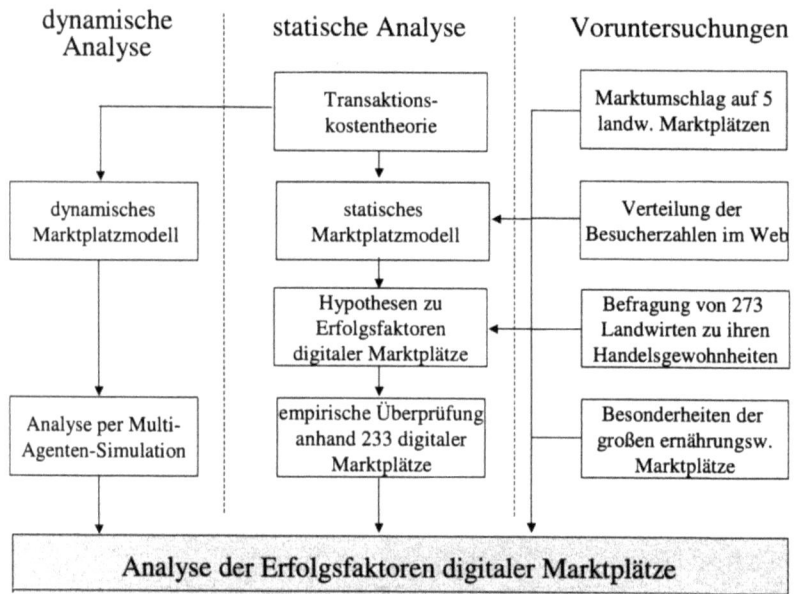

2 Digitale Marktplätze in der Literatur

Bevor in den nächsten Kapiteln eigene Untersuchungen zu digitalen Marktplätzen vorgestellt werden, soll zunächst ein kurzer Überblick über die bisher zu diesem Themenbereich publizierte Literatur gegeben werden. Hierzu wurde die als relevant erachtete Literatur kategorisiert und mit wenigen Worten beschrieben. Auf wichtige inhaltliche Aspekte dieser Veröffentlichungen wird nicht in diesem Kapitel, sondern später im weiteren Text an entsprechender Stelle eingegangen. Eine tabellarische Auflistung der in diesem Kapitel vorgestellten Literatur ist ebenfalls im Anhang A zu finden.

Obwohl die Untersuchung digitaler Marktplätze zum relativ jungen Forschungsgebiet des E-Commerce gehört, ist die Anzahl der in den letzten Jahren erschienenen Publikation beträchtlich. Ähnlich wie sich in den letzten Jahren eine Vielfalt digitaler Marktplätze entwickelt hat, ist auch eine Vielzahl an Publikationen zu diesem Themenbereich erschienen. Eine Suche in der Datenbank ECONIS der Deutschen Zentralbibliothek für Wirtschaftswissenschaften (ZBW), im Katalog der Fachbibliothek für Wirtschaftswissenschaften der Universität Kiel und in der EBSCO-Datenbank nach den Begriffspaaren ‚elektronischer marktplatz', ‚digitaler marktplatz' und ‚virtueller marktplatz' (jeweils im Singular und Plural, sowie in Deutsch und Englisch formuliert) ergab insgesamt 390 Literaturquellen. Zusätzlich wurden die Literaturangaben relevanter Arbeiten nach weiteren nützlichen Quellen im Schneeballsystem durchsucht.

Eine Sichtung der gefundenen Literatur ergab 78 Artikel oder Bücher, die sich speziell mit dem Thema ‚Digitale Marktplätze' beschäftigen. Keine Berücksichtigung erfuhren hierbei Artikel die sich mit E-Commerce im allgemeinen oder mit Spezialthemen wie z.B. autonome Agenten, Vertrauen, Sicherheit, Bezahlung, etc. beschäftigen. Da digitale Marktplätze lediglich eine spezielle Art von Marktmittlern darstellen, wurden ebenfalls 21 allgemeine Arbeiten zu Marktmittler in die Literaturrecherche einbezogen.

Einen Überblick über die thematische Aufteilung der näher betrachten Literatur gibt Abbildung 2. Die Arbeiten zu digitalen Marktplätzen wurden in empirische und nicht-empirische Arbeiten unterteilt. Zu den nicht-empirischen Arbeiten gehören zum einen Artikel, in denen der Versuch unternommen wird, eine Ordnung in dieses neue Forschungsfeld zu bringen, indem Typen von Marktplätzen klassifiziert und Begriffe definiert werden. In der zweiten Gruppe der nicht-empirischen Arbeiten werden Teilaspekte des digitalen Handels herausgegriffen und mehr oder weniger theoretisch fundiert dargestellt.

Die empirischen Arbeiten, in denen digitale Marktplätze untersucht und vorgestellt werden, wurden nochmals in quantitative und qualitative Arbeiten unterteilt. Dabei wurde ein Artikel als qualitativ angesehen, wenn der Haupterkenntnisgewinn aus der verbalen Vorstellung einzelner oder mehrerer Marktplätze resultiert. In Gegensatz dazu liegt der Schwerpunkt bei quantitativen Arbeiten auf der statistischen Aufarbeitung einer größeren Zahl an Marktplätzen. Die quantitativen Arbeiten wurden nochmals in rein deskriptive Arbeiten und Studien zu Erfolgsfaktoren digitaler Marktplätze unterteilt.

Abbildung 2: Aufteilung der Literatur

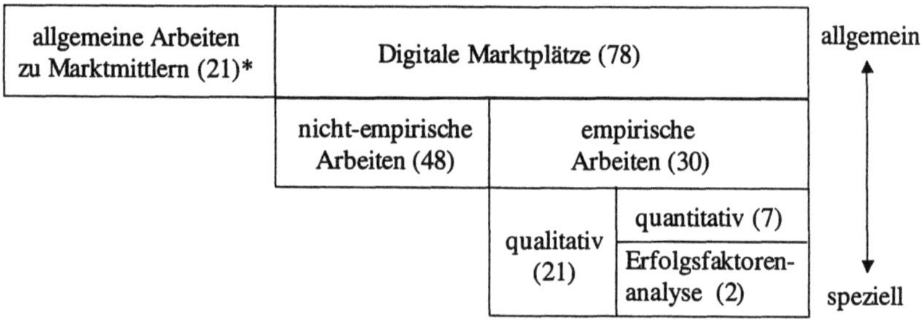

allgemeine Arbeiten zu Marktmittlern (21)*	Digitale Marktplätze (78)		allgemein
	nicht-empirische Arbeiten (48)	empirische Arbeiten (30)	
		qualitativ (21)	quantitativ (7)
			Erfolgsfaktorenanalyse (2)

allgemein ↕ speziell

* Zahlen in Klammern geben die Anzahl der Beiträge an

Wie Abbildung 2 zeigt, überwiegen die nicht-empirischen Arbeiten mit 48 Beiträgen gegenüber 30 empirischen Arbeiten. Die empirischen Arbeiten teilen sich in 21 qualitative und 9 quantitative Werke auf, von denen in lediglich 2 Arbeiten eine Erfolgsfaktorenanalyse durchgeführt worden ist. Die deutliche Dominanz der nicht-empirischen Arbeiten und das fast vollständige Fehlen großzahliger Erfolgsfaktorenstudien läßt sich eventuell mit dem noch recht geringen Alter des Forschungsgegenstandes ‚Digitale Marktplätze', vielleicht aber auch mit praktischen Problemen bei der Durchführung großzahliger Untersuchungen auf diesem Gebiet erklären. Im Folgenden soll die betrachtete Literatur der einzelnen Kategorien kurz vorgestellt werden.

2.1 Ausgewählte allgemeine Arbeiten zu Marktmittlern

Um als Betreiber eines Marktplatzes im Konkurrenzkampf bestehen zu können, ist es notwendig, die Dienstleistung ‚Markttransaktion' zu einem konkurrenzfähigen Preis anzubieten. Es ist daher wenig verwunderlich, daß sich die Transaktionskostentheorie wie ein roter Faden durch die Literatur über die Organisation von Marktmittlern zieht. Aufbauend auf

Digitale Marktplätze in der Literatur 9

den Arbeiten von Coase [1937] und Williamson [1975] zu Fragen nach der Vorteilhaftigkeit von Markt und Hierarchie führen Hirshleifer [1973], Spulber [1996, 1999, 2002a, 2002b] und North [1990] die Theorie des Tausches als bisher fehlendes Kapitel in die mikroökonomische Literatur ein. Die Arbeiten von North [1984, 1994], Williams [2001] und Kim [2001] geben einen historischen Überblick über die Evolution effizienter Marktmittler und deren Auswirkungen auf die Volkswirtschaften. Mit der vorteilhaften organisatorischen Ausgestaltung von Marktmittlern beschäftigen sich die Arbeiten von Pirrong [2000] und Rust und Hall [2003], während Williams [1986] und Telser und Higinbotham [1977] den Fokus auf Warenterminmärkte legen. Die einzigen dem Autor bekannten Arbeiten, in denen versucht worden ist, die Transaktionskosten einer Marktvermittlung zumindest teilweise zu messen, sind die Arbeiten von Demsetz [1968], Garicano und Kaplan [2000] und Benham und Benham [2001].

Eine interessante Ausgangsbasis für Multi-Agenten-Systeme bilden die Beiträgen des Workshops „Integration Network and Market Models of the Economy", die von Rauch und Casella [2001] herausgegeben worden sind; eine Zusammenfassung und Diskussion dieser Sammlung von Beiträgen liefert Zuckerman [2003].

2.2 Nicht-empirische Arbeiten zu digitalen Marktplätzen

An die im vorigen Kapitel vorgestellten mikroökonomisch fundierten Arbeiten mit Fokus auf die Transaktionskosten von Marktmittlern schließen sich direkt die Arbeiten von Bakos [1991a, 1991b, 1997, 1998], Spulber [2002b], Sen und King [2003] und Sarkar et al. [o.J.] an. In diesen Artikeln werden die Auswirkungen des Internets auf die Transaktionskosten eines Marktmittlers und die damit verbundenen Auswirkungen auf seine organisatorische Gestalt diskutiert. Dieselbe Fragestellung war bereits vor mehr als 20 Jahren Gegenstand einer lebhaften wissenschaftlichen Diskussion vornehmlich unter Agrarökonomen. Unter dem Begriff ‚Electronic Marketing' wurde die Entwicklung sog. Computer Assisted Trading Systems (CATS) und deren Auswirkungen auf die Kosten einer Handelstransaktion, die Preise der gehandelten Güter und die Gestalt organisierter Märkte diskutiert. Zu diesen frühen Arbeiten zählen beispielsweise [Buccola und Chieruzzi, 1981, Mueller, 1982, Mueller, 1984, Russel und Purcell, 1980, Williams, 1980, Zander, 1982] und zwei Tagungsbände [Geasler, 1983, Sporleder, 1980].

In dem weit überwiegenden Teil der nicht-empirischen Literatur wird der Versuch unternommen, einen Überblick über das neue Forschungsfeld der digitalen Marktplätze zu geben [z.B. Albers und Ratschow, 2001, Brenner und Breuer, 2001, o.V., 1999, S. 16ff., Picot, et al., 1996, S. 316-348], Begriffe zu definieren [z.b. Brandtweiner und Greimel, 1998, Gregor und Laszkiewicz, 2003, Rüther und Szegunis, 2000a] und mögliche Auswirkungen auf Märkte und Volkswirtschaften zu diskutieren [z.b. Bailey und Bakos, 1997, Breithaupt, 2002, Picot, et al., 2001]. Als ebenfalls stark definitorisch, jedoch mit dem Schwerpunkt einer Entscheidungshilfe für potentielle Teilnehmer digitaler Marktplätze, sind die zwei Kurzartikel von Butscher und Krohn [2001] und Koyro [2003] sowie die ausführliche Arbeit von Richter und Nohr [2002] zu bewerten. Mögliche Erfolgsfaktoren digitaler Marktplätze werden bei Rüthers und Szegunis [2000b], Fischer et al. [2001] und Luczak et al. [2002] diskutiert, während sich die Arbeit von Dorloff et al. [2003] auf die Eignung digitaler Marktplätze für den Handel von Dienstleistungen konzentriert. Des weiteren wurden drei ausführliche, stark theoretisch orientierte Arbeiten ausfindig gemacht, die auch größere empirische Teile aufweisen und somit den Übergang zu den empirisch orientierten Arbeiten darstellen. Es handelt sich hierbei um die Arbeiten von Schneider und Schnetkamp [2000] und Kambil und van Heck [2002], die sich an Manager richten und anhand vieler Beispiele einen Überblick über Formen digitaler Marktveranstaltungen geben. Als dritte Arbeit sei ein Buch von Kollmann [2001] erwähnt, in dem nach einer theoretisch, definitorischen Einleitung die Ergebnisse einer Befragung von 2731 Nutzern der Autobörse *AutoScout24* zur Akzeptanz von digitalen Marktplätzen vorgestellt werden. In zwei weiteren Büchern von Bichler [2001] und Peters [2002] wird ebenfalls zunächst ein Überblick über digitale Marktplätze gegeben, sich dann aber auf spieltheoretische Überlegungen zur Automatisierung des Auktionsprozess konzentriert.

In der agrarökonomischen Literatur sind ebenfalls einige Arbeiten zur Organisation von webbasierten digitalen Markplätzen und deren Auswirkungen auf den Sektor zu finden. Neben den Überblicksartikeln von Müller [2000], Böcker und Brodersen [2001] und Schiefer [2001] befassen sich die Artikel von Brand et al. [2003], Costopoulou und Lambrou [2000] und Wheatley [2003] mit der vorteilhaften Organisationsform digitaler Marktplätze. Hausen und Schiefer [2003a] stellen einen abstrakten Analyserahmen zur Beurteilung webbasierter, elektronischer Handelssysteme vor, mit dessen Hilfe ein selbsterstellter Prototyp [Hausen, 2001] eines digitalen Marktplatzes in einem Laborexperiment mit dem konventionellen Handel verglichen wird [Hausen und Schiefer, 2003b]. In der Arbeit von Kalaitzandonakes und Kaufmann [2002] wird Stellung zu den Auswirkungen des E-

Commerce auf Warenterminbörsen genommen und Müller [2001] nennt Gründe für das Auftreten digitaler Marktplätze.

2.3 Qualitative Arbeiten zu digitalen Marktplätzen

Die ältesten qualitativen Literaturquellen über digitale Marktplätze liegen für den Agrarsektor vor. In den Arbeiten von [Ethridge, 1978], Müller [1984, 1981], Henderson [1984] und Lindsey et al. [1990] werden Marktplätze vorgestellt, die technologisch auf der amerikanischen Videotex-Technologie (ähnlich dem deutschen BTX und nicht zu verwechseln mit dem deutschen Videotext) basieren und auf denen landwirtschaftliche Erzeugnisse gehandelt werden konnten. Die Erfolgs- und Misserfolgsfaktoren dieser frühen digitalen Märkte, auf denen hauptsächlich Vieh gehandelt werden konnte, wurden von Fong et al. [1997] analysiert und vorgestellt. Eine spätere Zusammenstellung von internetbasierten Marktplätzen des europäischen und nordamerikanischen Getreide- und Fleischsektors bietet Fritz et. al [2001]. Des weiteren existieren Fallstudien zu europäischen digitalen Fischmärkten [Graham, 1998], zu digitalen Auktionssystemen holländischer Blumenauktionen [van Heck und Ribbers, 1998], zur Qualitätsweinbörse in Rheinland-Pfalz [Schygulla, et al., 2003], zu brasilianischen online Kaffee-Auktionen und eine Übersicht über den Stand des Handels auf landwirtschaftlichen, digitalen Marktplätzen in Großbritannien [Offer, 2003]. Für den Lebensmittelsektor konnte eine Übersicht und Klassifizierung von Fritz et al. [2003] und je eine Fallstudie zum Marktplatz *WWRE* [Jueptner und Kahmann, 2002] und *CPGmarket* [Barbieux, 2002] gefunden werden.

Aus anderen Sektoren wurden Arbeiten zu digitalen Marktplätzen aus der Luftfahrtindustrie [Nyshadham und Raghavan, 2001], der Bauwirtschaft [Koch und Baier, 2003], dem Maschinenbau [Voigt, et al., 2003] und dem Gebrauchtwagenhandel [Garciano und Kaplan, 2000, Lee, 1998] gefunden. Da die letztgenannten Sektoren nicht systematisch durchsucht worden sind, stellen diese Arbeiten sehr wahrscheinlich nur einen Ausschnitt aus der gesamten Literatur dar. Brachenübergreifende Arbeiten sind ein Paper über „Lessons from B2B Exchanges" anhand einiger Fallbeispiele [Day, et al., 2003] und der jährlich erscheinende B2B-Marktplatzführer von Bogaschewsky und Müller [2000], in dem alle digitalen Marktplätze Deutschlands aufgelistet und kurz beschrieben werden.

2.4 Quantitative Arbeiten zu digitalen Marktplätzen

Um über den Einzelfall hinausgehende statistisch gesicherte empirische Aussagen über einen Forschungsgegenstand machen zu können, sind großzahlig angelegte quantitative Untersuchungen in der Wissenschaft sehr verbreitet. Aus diesem Grunde verwundert es zunächst, daß trotz weitgehender Unkenntnis der Erfolgsfaktoren digitaler Marktplätze kaum großzahlige Erfolgsfaktorenuntersuchung in der Literatur zu finden sind. Der Grund hierfür ist vermutlich, daß erst seit dem Internet-Hype um die Jahrtausendwende eine ausreichend große Anzahl an digitalen Marktplätzen für die großzahlige Analyse zur Verfügung steht und großzahlige empirische Untersuchungen sehr zeitaufwendig sind.

Die erste Gruppe quantitativer Arbeiten umfaßt Untersuchungen zu den Organisationsformen digitaler Marktplätze. Es liegen Arbeiten für den spanischen Agrarsektor [Igual, et al., 2003], für australische B2B-Marktplätze [Shon, et al., 2003] und zu B2B-Marktplätzen im deutschsprachigen Raum [Hudetz, 2001] vor. In den ersten beiden Arbeiten wurde versucht eine Vollerhebung durchzuführen, um anschließend die Marktplätze in Gruppen einzuteilen. Die zuletzt genannte Studie des Instituts für Handelsforschung ist eher als Sekundärliteratur einzustufen, da sie lediglich Daten von Forschungsinstituten und Unternehmensberatungen zitiert.

In einer zweite Gruppe von Untersuchungen wurden die Kunden von digitalen Marktplätzen, also User oder Unternehmen, zu ihren Einstellungen und Handelsgewohnheiten auf digitalen Marktplätzen befragt. Dies sind die Arbeiten von Abrams [2002] über Handelsweisen und Einschätzungen von Stahlproduzenten zu digitalen Marktplätzen, die bereits erwähnte Arbeit von Kollmann [2001] zur Akzeptanz von *AutoScout24*, ein Report der Expert Group zu Gründen der Nichtteilnahme von kleinen und mittelständischen Unternehmen an digitalen Marktplätzen [o.V., 2003e], eine Befragung von 129 kleinen und mittelständischen Handels- und Dienstleistungsunternehmen zur Beschaffung über elektronische Marktplätze [van Baal und Hudetz, 2003] und eine Untersuchung über die Art und Weise der Teilnahme an digitalen Marktplätzen in Abhängigkeit der Organisationsform der teilnehmenden Unternehmen [Grewal, et al., 2001].

Erfolgsfaktorenanalysen, bei denen eine größere Anzahl an digitalen Marktplätzen untersucht worden sind, wurden in lediglich zwei Arbeiten durchgeführt. Dies ist zum einen ein Arbeitsbericht der Universität Bern mit dem Thema „Elektronische B2B-Marktplätze: Stand und Entwicklung in Europa" [Rätz, 2002]. In dieser Arbeit wurde ein Fragebogen an

392 Betreiber von B2B-Marktplätzen versendet und ein Rücklauf von 92 Fragebögen erzielt. Obwohl in den Fragebögen auch nach Umsatzzahlen gefragt worden ist, finden sich in dieser Arbeit keine statistischen Auswertungen zu Korrelationen zwischen Erfolgsgrößen und Einflußgrößen; es werden lediglich Aussagen der befragten Marktplatzbetreiber zu ihren Einschätzungen zentraler Erfolgsfaktoren berichtet.

Bei der zweiten Arbeit handelt es sich um einen Forschungsbericht der österreichischen Akademie der Wissenschaften mit dem Thema „Kriterien von B2B-Marktplätzen – Erhebung und statistische Analyse" [Jirik und Sint, 2003]. Bei dieser Studie wurde 124 europäischen und 56 internationalen B2B-Marktplätzen ein Fragebogen zugesendet und ein Rücklauf von 54 Fragebögen erzielt. Als Erfolgsmaß wurde in dieser Untersuchung die reine Existenz des Marktplatzes verwendet. Im Rahmen dieser Studie wurden drei statistisch signifikante Erfolgsfaktoren gefunden. So konnte nachgewiesen werden, daß sich die bisherige Existenzdauer eines Marktplatzes, die Zusammenarbeit mit Handelspartnern aus der Industrie und die Bereitstellung von Online-Katalogen positiv auf die Überlebenswahrscheinlichkeit eines digitalen Marktplatzes auswirkt [Jirik und Sint, 2003, S. 2]. In beiden Erfolgsfaktorenanalysen wurde jedoch auf eine theoriegeleitete Hypothesenbildung verzichtet, so daß die unabhängigen Variablen mehr oder weniger willkürlich ausgewählt wurden.

Die vorgestellte Literatur zeigt deutlich, daß der Schwerpunkt bisheriger Forschungsarbeiten zum Thema ‚digitale Marktplätze' auf nicht-empirischen Abhandlungen liegt und es bisher keine nach wissenschaftlicher Methode durchgeführte großzahlige Analyse der Erfolgsfaktoren digitaler Marktplätze gibt. Vor diesem Hintergrund erscheint die vorliegende Arbeit als überfällig.

3 Untersuchungen zur Handelsaktivität auf digitalen Marktplätzen im Agrar- und Ernährungssektor

Bevor in einer großzahlig angelegten Untersuchung die Erfolgsfaktoren digitaler Marktplätze identifiziert werden, wurde zunächst in vier Voruntersuchungen speziellen Fragestellungen nachgegangen. Die erste Voruntersuchung befaßt sich mit der Frage, wie die Handelsaktivität eines digitalen Marktplatzes effizient ermittelt werden kann. Darüber hinaus wurde untersucht, ob der sich Mitte 2001 abzeichnende Rückgang digitaler Marktplätze auf einen einsetzenden Konsolidierungsprozeß oder ein generelles Scheitern dieser Form von Marktvermittlung hindeutet. Hierzu wurde der Umschlag von fünf digitalen, landwirtschaftlichen Marktplätzen über einen Zeitraum von sechs Monaten gemessen. Neben der Feststellung, daß die Erhebung von Umschlagszahlen digitaler Marktplätze extrem aufwendig ist, brachte diese Voruntersuchung erste qualitative Erkenntnisse über den Handel auf landwirtschaftlichen, digitalen Marktplätzen.

In einer zweiten Voruntersuchung wurde untersucht, ob das im Web häufig anzutreffende Phänomen, daß eine sehr kleine Anzahl an Websites nahezu alle Seitenaufrufe im Web erzielt, auch für digitale Marktplätze der Agrar- und Ernährungsindustrie zu erwarten ist. Hierzu wurde die Verteilung der Seitenaufrufe von deutschen Websites mit einem landwirtschaftlichen Inhalt und die Verteilung des Umsatzes konventioneller Börsen untersucht. Die Ergebnisse lassen vermuten, daß auch auf dem Markt für digitale Marktdienstleistung mit einer extrem hohen Wettbewerbsintensität zu rechnen ist. Darüber hinaus wurden in dieser Voruntersuchung Methoden untersucht und vorgestellt, mit deren Hilfe es möglich ist, den Grad der Konzentration eines Marktes zu messen und mathematisch exakt zu beschreiben.

Maßgeblich für den Erfolg oder Mißerfolg neuer Formen von Marktmittlern ist die Akzeptanz bei ihren potentiellen Kunden. Da in der Hauptuntersuchung zu den Erfolgsfaktoren digitaler Marktplätze lediglich die Webauftritte der Marktplätze analysiert worden sind, wurden in einer dritten Voruntersuchung Nutzer digitaler Marktplätze zu ihren Handelsgewohnheiten, Einstellungen und Erfahrungen bzgl. dieser neuen Form der Marktvermittlung befragt. Die Erkenntnisse dieser Voruntersuchung waren hilfreich für die Interpretation der Ergebnisse der Hauptuntersuchung zu den Erfolgsfaktoren digitaler Marktplätze.

Dieses Kapitel schließt mit einer kurzen Vorstellung der großen ernährungswirtschaftlichen Marktplätze *CPGmarket*, *GNX* (Global Net Xchange), *Transora* und *WWRE* (World

Wide Retail Exchange). Eine gesonderte Vorstellung dieser vier Marktplätze erscheint gerechtfertigt, da ein Großteil der internationalen Handelskonzerne und Konsumgüterhersteller an einem oder an mehreren dieser Marktplätze beteiligt ist. Sollten diese Konzerne auch nur einen Teil ihrer Beschaffungsprozesse über die erwähnten Marktplätze abwikkeln, wäre ihr Umsatz beträchtlich. Ein zweiter Grund für eine nähere Vorstellung ist die Feststellung, daß der Handel auf diesen Marktplätzen meist über geschützte und nur den Mitgliedern zugängliche Bereiche abgewickelt wird. Eine quantitative Messung des Erfolges dieser Marktplätze über Besucherzahlen, wie in der großzahligen Hauptuntersuchung, ist daher nur eingeschränkt möglich.

3.1 Umschlagshäufigkeiten auf ausgewählten Marktplätzen

Um einen Einblick in die Besonderheiten digitaler Marktplätze der Agrarindustrie zu erhalten, wurde in der zweiten Hälfte des Jahres 2001 eine Voruntersuchung durchgeführt [Clasen, et al., 2002a, 2002b, 2002c, 2003], in der die Höhe des Umschlags auf einigen ausgewählten deutschen Marktplätzen gemessen wurde. Darüber hinaus diente diese Untersuchung der Ermittlung einer effizienten Erhebungsmethode für Umschlagzahlen digitaler Marktplätze. Das dritte Ziel dieser Voruntersuchung bestand darin, herauszufinden, ob der Mitte 2001 einsetzende Rückgang der Anzahl digitaler, landwirtschaftlicher Marktplätze lediglich auf einen Konsolidierungsprozeß hindeutete oder ob es sich um Anzeichen für das vollständige Verschwinden dieser neuen Form organisierter Märkten handelte.

3.1.1 Auswahl von Marktplätzen

Für die Untersuchung wurden die vier Agrarmarktplätze *Agrenius*, *FarmKing*, *FarmPartner* und *FarmWorld* ausgewählt (URLs siehe Anhang E). Diese Marktplätze zählten Mitte des Jahres 2001 zu den bekanntesten digitalen Marktplätzen für landwirtschaftliche Waren in Deutschlands [siehe z.B. Homann, 2000]. Da auf dreien dieser vier Markplätze auch landwirtschaftliche Maschinen gehandelt werden konnten, wurde die auf den Handel von Maschinen jeglicher Art spezialisierte Plattform *proXchange* ebenfalls in die Untersuchung aufgenommen. Wie Tabelle 1 zu entnehmen ist, variiert die Ausrichtung und Angebotsbreite der Handelsplattformen deutlich.

Die Marktplätze unterscheiden sich in bezug auf die gehandelten Produktpaletten und die vom Marktplatz unterstützten Transaktionsformen. Auf vier Plattformen wurden landwirtschaftliche Betriebsmittel, wie Saatgut, Futter-, Dünge-, und Pflanzenschutzmittel gehandelt, auf dreien wurde mit Landmaschinen gehandelt, vor allem mit Traktoren, Mähdreschern und Anbaugeräten und auf zwei Marktplätzen war Handel mit landwirtschaftlichen Erzeugnissen, wie Getreide, Ölsaaten oder Kartoffeln möglich. Während bei *FarmWorld* und *FarmPartner* Produkte sowohl angeboten, nachgesucht und versteigert werden konnten, war bei *Agrenius* und *proXchange* nur das Anbieten von Waren möglich.

Tabelle 1: Angebotsbreite der Marktplätze

		Agrenius	FarmKing	FarmPartner	FarmWorld	proXchange
Angebote	Erzeugnisse	X	-	X	-	-
	Betriebsmittel	X	X	X	X	-
	Landtechnik	X	-	-	X	X
Gesuche	Erzeugnisse	-	-	-	-	-
	Betriebsmittel	-	X	X	X	-
	Landtechnik	-	-	-	X	-
Auktionen	Landtechnik	-	-	X	X	-

- = kein Handel mit der Produktgruppe,   x = Handel mit der Produktgruppe

3.1.2 Methode der Marktbeobachtung auf digitalen Marktplätzen

Das Marktgeschehen kann auf einem organisierten Markt durch vier ökonomisch relevante Aspekte beschrieben werden: (1) die Zahl der Anbieter und Nachfrager, (2) die angebotene und nachgefragte Menge, (3) die tatsächlich gehandelte Menge und (4) die Preise, zu denen Güter gehandelt wurden. Berücksichtigt man weiterhin, daß nicht jede Markttransaktion ohne Disput zwischen den Handelspartnern abläuft [Williamson, 1985, S. 47-50], sollte auch noch (5) die Häufigkeit und der Streitwert von Unstimmigkeiten zwischen Käufern, Verkäufern und dem Betreiber des Marktplatzes Beachtung finden.

Zu Beginn des Aufkeimens digitaler Marktplätze wurde gelegentlich die Hoffnung geäußert, durch den Handel ‚im weltweiten Internet' würden die Märkte transparenter werden [Bock, 2000, S. 124]. Diese Hoffnung hat sich bisher nicht bewahrheitet. Auf den meisten digitalen Marktplätzen können Unbeteiligte die Abwicklung von Handelstransaktionen nicht beobachten und Informationen über gezahlte Preise und gehandelte Mengen werden nicht veröffentlicht. Daher bleibt dem Beobachter als einzige öffentlich zugängliche Information, über die auf das Handelsvolumen geschlossen werden kann, die Anzahl an Angeboten und Gesuchen zu einem bestimmten Zeitpunkt.

Das Annoncieren von Angeboten oder Gesuchen auf digitalen Marktplätzen stellt eine kontinuierliche Form des Handels dar, da Angebot und Gesuche zu jedem Zeitpunkt aufgegeben oder angenommen werden können. Die Durchführung von Auktionen stellt dagegen eine periodische Form des Handels dar, bei der nur zu festgelegten Zeitpunkten ein Handel stattfindet. Da bei Auktionen in der Regel ein Käufer den Zuschlag erhält, sofern das Mindestgebot überschritten worden ist, läßt sich der Marktumschlag bei dieser Form des periodischen Handels leicht über die absolute Anzahl abgewickelter Auktionen messen. Für den kontinuierlichen Handel gilt dagegen, daß alle zu einem Zeitpunkt t angebotenen oder gesuchten Waren die Marktüberhänge von Angebot oder Nachfrage darstellen. Für Waren mit identischen Produkteigenschaften und ähnlichen Preisen dürften daher keine Angebote und Gesuche gleichzeitig auf einem Markt vorhanden sein, da sich diese Positionen gegenseitig ausgleichen müßten.

Innerhalb eines bestimmten Zeitintervalls setzen sich die beobachtbaren Veränderungen dieser Überhänge aus zwei sich teilweise kompensierenden Komponenten zusammen: a) Neuzugänge an Angeboten (A) bzw. Gesuchen (G) und b) Abgänge an Angeboten bzw. Gesuchen durch erfolgreiche Handelstransaktionen. Zur besseren Verständlichkeit wird dieser Zusammenhang wie folgt formal formuliert:

$$A^b_{\{t+1\}} = A^b_{\{t\}} + A^z_{\{t,t+1\}} - A^a_{\{t,t+1\}} \text{ bzw. } G^b_{\{t+1\}} = G^b_{\{t\}} + G^z_{\{t,t+1\}} - G^a_{\{t,t+1\}} \quad (1)$$

oder

$$\Delta A^b_{\{t,t+1\}} = A^z_{\{t,t+1\}} - A^a_{\{t,t+1\}} \text{ bzw. } \Delta G^b_{\{t,t+1\}} = G^z_{\{t,t+1\}} - G^a_{\{t,t+1\}} \quad (2)$$

wobei

$A^b_{\{t\}}$ beobachtete Anzahl an offenen, unerfüllten Angeboten zum Zeitpunkt t;

$\Delta A^b_{\{t,t+1\}}$ beobachtete Veränderung der Anzahl an offenen, unerfüllten Angeboten im Zeitintervall {t, t+1};

$A^a_{\{t,t+1\}}$ Abgänge von Angeboten im Zeitintervall {t,t+1} durch Handelstransaktionen (oder Rücknahme des Angebots durch den Anbieter selbst);

$A^z_{\{t,t+1\}}$ Zugänge von neuen Angeboten im Zeitintervall {t,t+1}.

Für die Gesuche G gilt die entsprechende Notation.

Hierbei stellt $A^a_{\{t,t+1\}}$ bzw. $G^a_{\{t,t+1\}}$ das auf dem Marktplatz aufgetretene tatsächliche Handelsvolumen dar. Da, wie oben dargestellt, diese Größen auf digitalen Marktplätzen häufig nicht beobachtet werden können, werden die beobachteten Veränderungen der Anzahl offener Angebote bzw. Gesuche pro Zeitintervall $\Delta A^b_{\{t,t+1\}}$ bzw. $\Delta G^b_{\{t,t+1\}}$ als Näherung für das tatsächliche Handelsvolumen herangezogen. Diese Vorgehensweise ist gerechtfertigt, da es unwahrscheinlich ist, daß sich Neuangebot und –nachfrage ($A^z_{\{t,t+1\}}$ bzw. $G^z_{\{t,t+1\}}$) an jedem Tag für jede Gütergruppe mit den Abgängen durch Handelstransaktion ($A^a_{\{t,t+1\}}$ bzw. $G^a_{\{t,t+1\}}$) ausgleichen. Stellt man also fest, daß die beobachtete Veränderung der Anzahl an Gesuchen ($\Delta G^b_{\{t,t+1\}}$) bzw. Angeboten ($\Delta A^b_{\{t,t+1\}}$) nur gering ist, hat im Zeitintervall $\{t,t+1\}$ mit großer Wahrscheinlichkeit auch nur ein geringer Handel stattgefunden. Diese Vermutung wurde durch einen inhaltlichen Vergleich sämtlicher Angebote und Gesuche bei FarmPartner gestützt. In Perioden, in denen sich die Anzahl an Angeboten bzw. Gesuchen nicht verändert hat, waren weit überwiegend dieselben Angebote bzw. Gesuche wie in der Vorperiode vorhanden. Somit kann die Zahl der Angebote bzw. Gesuche als ein hinlänglich guter und vermutlich wenig verzerrter Indikator für das Handelsvolumen auf einem digitalen Marktplatz angesehen werden. Da allerdings nicht ausgeschlossen werden kann, daß sich auf einem Handelsplatz Neunachfrage und Abgänge teilweise ausgleichen, werden die tatsächlich getätigten Umsätze von diesem Indikator tendenziell unterschätzt.

Die manuelle Erhebung der offenen Angebote und Gesuche auf diversen sich ständig verändernden Webseiten ist zeitaufwendig und erfordert große Sorgfalt des Beobachters. Eine naheliegende Alternative zur Marktbeobachtung durch Menschen stellt für digitale Marktplätze daher die automatische, computergestützte Beobachtung dar. Im Vorfeld der Untersuchung wurden einige Tests mit drei Web-Spidern durchgeführt, die ein automatisches Herunterladen von Webseiten erlauben und kostenlos im Web verfügbar waren. Die drei Spider waren *Xaldon Web*, *Teleport pro* und *HTTrack Website Copier*. Von den untersuchten drei Spidern war *HTTtrack* der brauchbarste, da dieses Programm als einziges in JavaScipt programmierte Schalter betätigen konnte. Diese Fähigkeit ist besonders wichtig, da auf vielen Marktplatzsites die Verlinkung weiterer Handelsräume über diese Technologie umgesetzt worden ist, so daß Web-Spidern ohne die Fähigkeit Java-Script-Schalter zu betätigen ein Großteil der Marktplatzsite verschlossen bleibt. Zusätzlich zu den Experimenten mit den drei Web-Spidern wurde versucht, die relevanten Marktplatzseiten der einzelnen Handelräume direkt in MS-Excel einzulesen.

Letztlich bot die automatische Marktbeobachtung keine Vorteile gegenüber der menschlichen. Der Grund waren die häufigen strukturellen Veränderungen der Websites der Marktplätze. Die Web-Spider können sich nicht selbständig an strukturelle Veränderungen anpassen und jede Veränderung in der Architektur einer Website erfordert eine Änderung des Beobachtungsprogramms. In einer weniger dynamischen Umwelt wäre wahrscheinlich eine Kombination aus Web-Spider und selbst erstelltem Auswertungsprogramm die beste Lösung, indem der Web-Spider die relevanten Internetseiten beschafft und lokal in einem Verzeichnis ablegt. Das Auswertungsprogramm (z.b. in Perl oder VBA programmiert) könnte dann in einem zweiten Schritt die Files nach den gewünschten Informationen durchsuchen.

Ein Anruf beim Statistischen Bundesamt in Wiesbaden [Krämer, 2002] ergab, daß selbst dort die Probleme der automatischen Datenerhebung im Web noch nicht gelöst worden sind. Für Online-Shops erhob das Statistische Bundesamt im Februar 2002 lediglich Preise für Computer, Bücher und einige andere Versandhandelsartikel. Die Erhebung erfolgte manuell und ist nach Aussagen des Amtes deutlich aufwendiger, als die konventionelle Preiserhebung in Supermärkten vor Ort.

Der weitverbreiteten Annahme, daß sich durch die Zunahme des E-Commerce und der Offenheit des Internets die Markttransparenz erhöht [Luczak, et al., 2002, S. 154], muß daher zum jetzigen Zeitpunkt widersprochen werden. Zur Zeit ist daher Müller [2000] zuzustimmen. „A widely held misperception suggests that the openness of the Internet must somehow result in e-markets that are more open and transparent than conventional markets. This need not be so."

Zur Erfassung der Verkaufsangebote und Kaufgesuche auf den fünf ausgewählten Marktplätzen blieb daher nur die manuelle Erhebungsform. Hierzu wurden die Marktplatzsites im Zeitraum vom 30. Juli 2001 bis zum 13. September 2001 täglich besucht und die Zahl der Angebote, Gesuche und ggf. Auktionsausschreibungen bei ausgewählten Produktgruppen festgestellt. Die täglichen Beobachtungen zeigten, daß die täglichen Handelsvolumina gering sind. Deswegen wurde die Beobachtungsfrequenz auf eine Inspektion pro Woche reduziert. Die wöchentlichen Beobachtungen dauerten bis zum 28. Januar 2002 an. Insgesamt lagen damit für die Marktplätze, die nicht vorzeitig aus dem Markt ausgeschieden sind, 27 Beobachtungen über tägliche und 17 Beobachtungen von wöchentlichen Veränderungen in der Zahl der Angebote und Gesuche vor. Die Gesamtdauer der Beobachtungen von einem halben Jahr ist kurz im Vergleich zu den in der Landwirtschaft sonst recht langen statistischen Zeitreihen; die Periode ist jedoch lang im Verhältnis zur bisherigen Lebensdauer der digitalen Marktplätze.

Da eine automatische Erhebung der Daten nicht möglich war und eine manuelle Erfassung erheblichen personellen Aufwand bedeutete, mußte die Untersuchung auf wenige Marktplätze und einen vergleichsweise kurzen Beobachtungszeitraum begrenzt bleiben. Für eine großzahlig angelegte Untersuchung kommt der Marktumschlag als Erfolgsmaß digitaler Marktplätze daher nicht in Frage.

3.1.3 Ergebnisse der Marktbeobachtungen

Tägliche Beobachtungen

Die Zahl der Angebote und Gesuche veränderte sich von einem Tag zum nächsten bei allen Produktgruppen und Marktplätzen nur wenig. Die in Tabelle 2 aufgeführten durchschnittlichen absoluten täglichen Veränderungen der Angebote und Gesuche (Werte in Klammern) lassen allerdings deutliche Unterschiede zwischen den Handelshäufigkeiten für die einzelnen Produktgruppen erkennen. Während die Märkte für Traktoren und Mähdrescher relativ lebhaft waren, wurden Getreide und Ölsaaten deutlich seltener gehandelt. Der Handel mit Kartoffeln und landwirtschaftlichen Betriebsmitteln fand nahezu nicht statt. Aus diesem Grunde wiesen die Marktplätze *proXchange*, *Agrenius* und *FarmWorld*, die einen Handelsraum für landwirtschaftliche Maschinen anboten, deutlich höhere Gesamtumschläge als *FarmKing* und *FarmPartner* auf. Auktionen wurden lediglich auf den Marktplätzen *FarmPartner* und *FarmWorld* für technische und sonstige, nicht technische Gütergruppen angeboten. Mit durchschnittlich sechs laufenden Auktionen pro Marktplatz war der Umschlag als eher gering einzustufen.

Wöchentliche Beobachtungen

Die wöchentlichen Beobachtungen bestätigten die aus den täglichen Beobachtungen gewonnenen Erkenntnisse. Das Angebot an Traktoren und Mähdreschern war beachtlich (Tabelle 3). Allerdings ergab eine nähere Betrachtung der Angebote bei *Agrenius* und *FarmWorld*, daß die meisten Angebote auf den beiden Marktplätzen identisch waren. Die im Herbst 2001 auf der Agritechnica (größte deutsche Fachmesse für Landmaschinen) angekündigte Fusion der beiden Marktplätze hatte offenbar faktisch schon vorher stattgefunden. Auktionen wurden am Ende des Beobachtungszeitraumes lediglich noch von *FarmWorld* angeboten, jedoch kaum genutzt.

Tabelle 2: Durchschnittliche Anzahl und durchschnittliche absolute Veränderungen der Anzahl zum Vortag (Werte in Klammern) an Angeboten, Gesuchen und Auktionen auf fünf Marktplätzen; 30.07.2001 bis 13.09.2001

Gütergruppen	FarmKing		FarmPartner			Agrenius	FarmWorld			pro-Xchange
	Angebot	Gesuch	Angebot	Gesuch	Auktion	Angebot	Angebot	Gesuch	Auktion	Angebot
Erzeugnisse:										
Getreide			7,7 (0,4)			5,5 (0,9)				
Ölsaaten			3,8 (1,0)							
Kartoffeln			0,0 (0,0)							
Betriebsmittel:										
Futtermittel	0,0 (0,0)	0,3 (0,1)	3,0 (0,6)	1,1 (0,1)		1,0 (0,2)	0,0 (0,0)	0,7 (0,1)		
Düngemittel	0,3 (0,0)	3,6 (0,4)	1,0 (0,0)	1,0 (0,0)		0,1 (0,2)	0,0 (0,0)	0,0 (0,0)		
Pflanzenschutzmittel	1,2 (0,3)	1,0 (0,1)	1,0 (0,0)	0,6 (0,1)		0,1 (0,1)	0,0 (0,0)	(0,0) 0,0		
Saatgut	0,0 (0,0)	0,6 (0,3)	2,0 (0,3)	0,8 (0,1)			0,0 (0,0)	0,0 (0,0)		
sonst. (nicht technisch)	0,1 (0,1)	0,8 (0,1)	0,6 (0,1)			5,3 (1,5)	0,5 (0,2)	0,0 (0,0)	3,7	
Landtechnik:										
Landtechnik - neu			3,6 (0,6)							
Traktoren						1206,7 (7,5)	1206,1 (8,9)	7,1 (1,2)	418,7 (47,0)	
Mähdrescher						213,4 (6,5)	214 (5,1)		229,4 (4,9)	
Häcksler									78,3 (1,9)	
Anbaugeräte					3,6		15,4 (1,4)		249,6 (7,9)	
Treib- / Schmierstoffe	0,1 (0,0)	0,1 (0,2)					0,0 (0,0)	0,0 (0,0)	0,0	
sonst. (technisch)					2,4		0,8 (0,1)	11,9 (0,4)	2,3	135,0 (2,7)
Gesamt	1,7 (0,4)	6,0 (1,4)	15,5 (1,5)	4,1 (0,3)	6,0	1435,9 (17,8)	1425,3 (14,9)	35,1 (3,1)	6,0	1111,0 (64,5)

* kein Eintrag: Produktgruppe konnte auf diesem Marktplatz nicht gehandelt werden

Wie schon bei den Ergebnissen der täglichen Befragung in Tabelle 2, zeigen sich bei den landwirtschaftlichen Erzeugnissen und Betriebsmitteln kaum Handelsaktivitäten. Die höchsten Werte bei diesen Gütergruppen erzielten *FarmWorld* bei den „sonstigen, nicht-technischen Gütern" mit 3,0 Veränderungen pro Woche, gefolgt von *FarmKing* mit einem Wert von 2,9 bei den Gesuchen und 2,3 bei den Angeboten im Bereich der Düngemittel und *FarmPartner* mit 2,8 bzw. 2,3 im Bereich der Angebote von Getreide bzw. Futtermittel. Alle anderen Werte waren z.T. deutlich kleiner als 2 und somit derart gering, daß mit großer Wahrscheinlichkeit kaum Ware gehandelt worden ist.

Tabelle 3: Durchschnittliche Anzahl und durchschnittliche absolute Veränderungen der Anzahl zur Vorwoche (Werte in Klammern) an Angeboten, Gesuchen und Auktionen auf fünf Marktplätzen; 30.07.2001 bis 28.01.2002

Gütergruppen	FarmKing Angebot	FarmKing Gesuch	FarmPartner Angebot	Agrenius Angebot	FarmWorld Angebot	FarmWorld Gesuch	FarmWorld Auktion	proXchange Angebot
Erzeugnisse:								
Getreide	*		7,7 (2,8)	4,6 (1,6)				
Ölsaaten			3,1 (1,5)					
Kartoffeln			0,2 (0,2)					
Betriebsmittel:								
Futtermittel	0,5 (0,6)	4,2 (1,2)	2,4 (2,3)	1,4 (0,2)				
Düngemittel	5,5 (2,3)	8,0 (2,9)		0,4 (0,7)				
Pflanzenschutzmittel	0,5 (0,2)	0,4 (0,3)		0,1 (0,2)				
Saatgut	0,4 (0,1)	0,7 (1,0)						
sonst. (nicht technisch)	0,3 (0,4)	0,4 (0,3)		4,2 (1,7)			2,2	
Landtechnik:								
Landtechnik - neu					1,9 (0,5)			
Traktoren				1212,9 (15,7)	1204,4 (16,4)	9,6 (4,7)		308,4 (23,4)
Mähdrescher				265,4 (16,6)	296,4 (16,6)			150,6 (17,4)
Häcksler								44,6 (5,7)
Anbaugeräte					11,4 (4,6)			161,8 (18,9)
Treib-/Schmierstoff	0,2 (0,3)	0,0 (0,0)			0,0 (0,0)	0,0 (0,0)	0,0	
sonst. (technisch)					1,5 (0,5)	9,1 (2,9)	6,2	178,5 (23,9)
Gesamt	7,4 (3,8)	13,7 (5,8)	10,1 (5,0)	1492,3 (38,3)	1504,2 (33,9)	30,1 (12,2)	8,4	843,9 (89,3)

* kein Eintrag: Produktgruppe konnte auf diesem Marktplatz nicht gehandelt werden

Anders sah es jedoch im Bereich der Landtechnik aus. Bei den Marktplätzen *Agrenius* und *FarmWorld*, deren Ergebnisse gemeinsam interpretiert werden, da davon auszugehen ist, daß es sich weitgehend um dieselben Angebote handelt, waren im Verlauf einer Woche durchschnittlich jeweils 16 Veränderungen bei Mähdreschern und Traktoren zu beobachten; bei *proXchange* waren es sogar 17 Mähdrescher und 23 Traktoren. Insgesamt wurden bei *Agrenius* / *FarmWorld* und *proXchange* durchschnittlich 38 Traktoren pro Woche gehandelt, was pro Jahr auf einen Umsatz von mindestens 2000 Einheiten schließen läßt. Vergleicht man diese Zahl mit den ca. 4700 gebrauchten Schleppern, die pro Jahr in Deutschland verkauft werden (Planetagrar 2002; ca. 20% Gebrauchtmaschinenanteil bei 23.000 neu zugelassenen Schleppern im Jahr 2001), ergibt sich ein beachtlicher Anteil dieser drei Marktplätze von 43% des Gesamtmarktes für gebrauchte Traktoren. Selbst wenn viele Landmaschinen gleichzeitig auf den Marktplätzen *Agrenius* / *FarmWorld* und *proXchange* angeboten worden sind, was im Rahmen dieser Untersuchung nicht geprüft werden konnte und zu einer Mehrfachzählung der umgesetzten Landmaschinen geführt hätte, wäre das Handelsvolumen immer noch beachtlich.

3.1.4 Entwicklung der Marktplätze nach Abschluß der Marktbeobachtungen

Da Marktplätze ihre Existenzberechtigung durch ihren Marktumschlag erhalten, ist es nicht überraschend, daß von den fünf ausgewählten digitalen Marktplätzen mit *FarmKing* heute nur noch ein Marktplatz als eigenständige Organisation im Web zu finden ist. Selbst die noch auf der Agritechnica im November 2001 angekündigte Fusion zwischen *Agrenius* und *FarmWorld* konnte deren Ausscheiden aus dem Markt nicht verhindern. *Agrenius* hat seinen Marktplatz zum 31.12.01 geschlossen und *FarmWorld* betreibt seinen Marktplatz seit dem 31.01.02 nicht weiter.

Sogar *proXchange*, der Marktplatz mit dem größten Mengenumsatz, hat sich seit Anfang 2002 vom Markt für gebrauchte Landmaschinen zurückgezogen. Die Angebote an landwirtschaftlichen Maschinen waren im März 2002 zwar weiterhin in der Datenbank von *proXchange* verfügbar, jedoch für Besucher der Website kaum auffindbar. Nach Auskunft des Unternehmens wollte sich *proXchange* künftig auf die Vermarktung ganzer Maschinenbestände aufgelöster Firmen konzentrieren [Hohl, 2002]. Seit Ende 2002 ist die Site von *proXchange* überhaupt nicht mehr im Web zu finden.

FarmPartner, schließlich, betreibt seit März 2002 zusammen mit *AgroOnline*, einem landwirtschaftlichen Informationsportal der Verlagsgruppe Deutscher Fachverlag, das Agrarportal *Agrimanager* (www.agrimanager.de). Die bisherigen Angebote von *FarmPartner* sind dort unter dem Menüpunkt ‚Marktplatz' zu finden.

Der einzige Marktplatz, der im Juni 2004 noch unter einer eigenen URL im Web zu finden war, ist *FarmKing*. Ein erneuter Blick in die einzelnen Handlesräume zeigte jedoch, daß auch hier kein Umsatz getätigt wird. In den Handelsräumen Betriebsmittel, Landtechnik und Vieh waren im Juni 2004 zusammen lediglich 5 Gebote oder Gesuche zu finden. *FarmKing* hat sich vermutlich auf die Pflanzenschutzberatung und den Vertrieb von Pflanzenschutzgenerika spezialisiert, indem das Betreiberunternehmen von *FarmKing*, eGrain, als Landhändler auftritt, der den Marktplatz als einen Vertriebskanal nutzt. Da neben eGrain nahezu keine weiteren Anbieter vorhanden sind, kann *FarmKing* zur Zeit nicht als Marktplatz bezeichnet werden.

3.1.5 Handelsaktivitäten bei den Produktgruppen – Einschätzungen aus der Praxis

Die Untersuchung hat gezeigt, daß auf digitalen, landwirtschaftlichen Marktplätzen lediglich Produkte aus dem Bereich Landtechnik einen nennenswerten Marktumschlag erzielten. Landwirtschaftliche Erzeugnisse und Betriebsmittel wurden hingegen nur in geringem Umfang gehandelt. Innerhalb der Betriebsmittel war der Markt für Futter- und Düngemittel auf niedrigem Niveau am lebhaftesten. Eine Erklärung hierfür könnte sein, daß diese Betriebsmittel relativ häufig angeschafft werden und die Produkte oft über Marken und Inhaltsangaben stark standardisiert sind. Der sehr träge Handel mit Saaten und Pflanzenschutzmitteln, welche ebenfalls über Marken oder Sorten ein hohes Maß an Standardisierung aufweisen, können z.t. durch besondere Regulierungen auf diesen Märkten erklärt werden. Bei Saatgut schreibt die Vermehrungsorganisation (VO), außer bei Mais, verbindliche Preise vor, so daß in diesem Bereich die Suche nach dem günstigsten Anbieter entfällt. Für Pflanzenschutzmittel gelten strenge Einfuhrbestimmungen, die einen Direktbezug aus dem Ausland nahezu unmöglich machen. Allerdings unterliegen die Preise für Pflanzenschutzmittel auch innerhalb Deutschlands Preisschwankungen von bis zu 60% [Mühlbauer, 2001, S. 38], was einen alternativen Bezug durchaus lohnen könnte. In der Praxis beziehen jedoch die meisten Landwirte Pflanzenschutzmittel von einem lokalen Landhändler, da der Landwirt bei Schädlingsbefall häufig auf eine sehr schnelle Lieferung angewiesen ist [Brodersen, 2001].

Für den Bereich landwirtschaftlicher Erzeugnisse vermuten Experten, daß es besonders aufwendig ist, Verträge derart zu gestalten, daß alle relevanten Faktoren wie Produktqualität, Feuchtegehalt, Abzug bei Minderqualität, Verladeverfahren, etc. berücksichtigt werden [Brodersen, 2001]. Des weiteren wird von den Betreibern digitaler Marktplätze vermutet, daß deutsche Landwirte im Bereich der Erzeugnisse und Betriebsmittel über persönliche Kontakte, Gegengeschäfte und sonstige Nebenabmachungen eng mit den konventionellen Landhändlern verbunden sind, so daß eventuelle geringfügige Preisvorteile die Landwirte noch nicht zu einem Wechsel auf digitale Marktplätze veranlassen konnten [Brodersen, 2001]. Ein Beispiel für Gegengeschäfte ist die gängige Praxis, bereits im Frühjahr Düngemittel und Saatgut beim Landhandel mit Lieferverträgen der Ernte im Herbst zu bezahlen.

In einem solchen Szenario erübrigt sich die Suche nach einem passenden Handelspartner für das Erntegut.

Daß gerade gebrauchte Landmaschinen den überwiegenden Anteil aller Markttransaktionen auf digitalen Marktplätzen ausmachen, verwundert zunächst, da gebrauchte Maschinen als schlecht standardisiert gelten können. Den Berichten eines Betreibers eines digitalen Marktplatzes zufolge, fungieren die Marktplätze bei gebrauchten Landmaschinen als reine Informationsportale, die eine persönliche Inspektion der Maschinen nicht ersetzen. Zudem soll ein Großteil der Maschineneinkäufer aus osteuropäischen Staaten stammen, die über digitale Marktplätze ihre Beschaffungen vorselektieren und dann die Maschinen vor Ort inspizieren bevor sie diese erwerben [Scheper, 2001].

Eine Aussage, ob das Geschäftsmodell digitaler Marktplätze als gescheitert zu betrachten ist, kann anhand dieser kleinen Stichprobe nicht getroffen werden. Gebrauchte Landmaschinen scheinen sich gut für diese Art des Handels zu eignen, landwirtschaftliche Erzeugnisse und Betriebsmittel dagegen weniger. Zuverlässige Aussagen hierüber können nur im Rahmen einer deutlich erweiterten Stichprobe gewonnen werden.

3.2 Verteilung von Besucherzahlen auf deutschen Agrarsites und Umsätzen internationaler Börsen

Digitale Marktplätze sind eine besondere Art von organisierten Märkten, die als Kommunikationsmedium das World Wide Web nutzen. Um abzuschätzen, wie stark der Konkurrenzdruck auf dem Markt für digitale Marktdienstleitung ist, liegt es nahe, sich zunächst den Konzentrationsgrad auf konventionellen, also nicht web-basierten, Marktplätzen und auf Websites mit landwirtschaftlichen Inhalten anzuschauen. Sollte sich herausstellen, daß beide Teilmärkte hohe Konzentrationstendenzen aufweisen, ist zu vermuten, daß auch der Markt für digitale Marktdienstleistung in der Agrar- und Ernährungsindustrie einen hohen Konzentrationsgrad aufweisen wird.

In den letzten Jahren wurde in einer Reihe von Veröffentlichungen gezeigt, daß große Bereiche des Internets von Potenzverteilungen dominiert werden. So zeigte beispielsweise Huberman [2001], daß ein sehr kleiner Anteil an Websites nahezu sämtliche Seitenaufrufe (Hits) aller Webnutzer erzielen konnte. Ähnliche Ergebnisse wurden für den Vernetzungsgrad von Websites und Webservern sowie für viele weitere Bereiche innerhalb aber auch außerhalb des Internets entdeckt [siehe z.B. Amaral, et al., 2000 oder Schroeder, 1991].

Eine Eigenschaft dieser Potenzverteilungen ist, daß Teilmengen potenzverteilter Mengen ebenfalls eine Potenzverteilung aufweisen. Demnach ist auch für Websites mit landwirtschaftlichen Inhalt und auch für die Webauftritte digitaler Marktplätze mit einer sehr ungleichmäßigen Verteilung der Gesamtanzahl an Hits auf die einzelnen Websites zu rechnen.

Da im vorigen Abschnitt gezeigt wurde, daß sich der Marktumschlag nicht effizient für eine große Anzahl an digitalen Marktplätzen erheben läßt, könnten die Besucherzahlen der Marktplatzsites ein alternatives Erfolgsmaß digitaler Marktplätze darstellen. Diese Daten sind im Internet öffentlich verfügbar (z.B. auf www.alexa.com) und können daher leicht erhoben werden. Für eine spätere statistische Auswertung der Daten ist es vorteilhaft, Informationen über Form und Eigenschaften der Verteilung eines Erfolgsmaßes zu besitzen. Aus diesem Grunde soll in diesem Abschnitt untersucht werden, ob auch Websites mit landwirtschaftlichen Inhalt potenzverteilte Eigenschaften aufweisen.

3.2.1 Potenzverteilungen beherrschen das Web

Die hohe Komplexität des scheinbar chaotisch aufgebauten Internets macht seine detaillierte Beschreibung nahezu unmöglich. Als nützlich zur Beschreibung der Struktur des Webs haben sich dagegen Methoden erwiesen, die ursprünglich aus der statistischen Mechanik stammen. Einen guten Einblick in die bisherige Forschung geben die Arbeiten von Albert und Barabási [2001], Broder et al. [2000], Huberman [2001], Kleinberg und Lawrence [2001] und Dorogovtsev und Mendes [2003]. Um lediglich einen Überblick über die Thematik zu bekommen, sei das leicht verständliche Werk von Barabási [2002] empfohlen.

In der statistischen Webanalyse wird das Web gewöhnlich als Graph modelliert, bei dem einzelne Webseiten oder ganze Websites die Knoten und die Links zwischen den Webseiten die Kanten bilden. Nach dem Ansatz von Adamic und Huberman [z.B. Huberman, 2001, S. 25] werden Websites als die Knoten des Graphen und die temporären Verbindungen des Browsers eines Nutzers zu der besuchten Website als die Kanten definiert.

Zur Beschreibung komplexer Graphen werden üblicherweise drei Maße verwendet: a) die durchschnittliche Pfadlänge, b) der Clusteringkoeffizient und c) der Vernetzungsgrad. Im Rahmen dieses Forschungsvorhabens wurde ausschließlich der Vernetzungsgrad k eines Knoten, der als die Anzahl der Kanten eines Knoten definiert ist, betrachtet. In einem

Netzwerk mit n Knoten bedeutet k = 0, daß der betreffende Knoten isoliert ist und k = n − 1, daß der Knoten mit allen anderen Knoten verbunden ist.

In großen Netzwerken ist die Verteilung von k von besonderem Interesse und im Falle des Vernetzungsgrads der Knoten im Web (Webseiten oder Sites) hat sich gezeigt, daß k zumeist von einer Potenzverteilung der Form $P(k) = k^{-\gamma}$ beschrieben wird, wobei P(k) die Wahrscheinlichkeit darstellt, daß ein zufällig ausgewählter Knoten exakt k Kanten aufweist. Es ist daher für einen Knoten sehr viel wahrscheinlicher mit nur wenigen, als mit vielen anderen Knoten vernetzt zu sein. Die Stärke dieses antiproportionalen Zusammenhanges wird durch die Größe des Exponenten γ angegeben.

Dieser Potenzverteilung sehr ähnlich ist die sogenannte Zipf-Verteilung $k = r^{-b}$, bei der zunächst die Knoten nach der Anzahl ihrer Kanten absteigend sortiert werden. Die Anzahl an Kanten k eines Knoten hängt dann antiproportional von seinem Rangplatz r ab [Adamic, kein Jahr, S. 3]. Ein Knoten hat genau dann den Rangplatz 1 (n), wenn er die (n) meisten Kanten aufweist. Bei Zipfs Untersuchungen über die Verteilung der Häufigkeit des Auftretens einzelner Wörter in der englischen Sprache nahm der Exponent b einen Wert nahe 1 an. In diesem Falle ist der Vernetzungsgrad k einer Site genau umgekehrt proportional zu ihrem Rang. Der Vollständigkeit halber sollte erwähnt werden, daß in Zipfs Untersuchung zur Häufigkeiten von Wörtern in Texten nicht der Rangplatz eines Wortes, sondern die Anzahl an Wörtern mit der Häufigkeit ihres Auftretens in Relation gesetzt worden ist [Zipf, 1932, S. 25]. Die Verwendung des Rangplatzes eines Wortes führt jedoch zu denselben Ergebnissen und sorgt für leichtere Übertragbarkeit der Theorie auf andere Themengebiete. In den modernen Texten zu Zipfverteilungen bleibt dieser Unterschied jedoch meist unerwähnt.

Die Untersuchungen von Adamic und Huberman [Adamic, kein Jahr, Adamic und Huberman, 1999, Adamic und Huberman, 2000, Adamic und Huberman, 2001, Huberman, 2001, Huberman, 2002] über das Surfverhalten von AOL-Usern haben gezeigt, daß einige wenige Websites nahezu alle Hits auf sich vereinen konnten, während die meisten Sites nur sehr wenige Besuche erhielten. Wie Tabelle 4 zu entnehmen ist, erzielten die am häufigsten besuchten 1 (10) Prozent aller Seiten mehr als 55 (82) Prozent aller Seitenaufrufe. Für die Web-Teilmengen der ‚Adult Sites' und den Sites mit der top-level-domain ‚.edu' zeigt sich ein ähnliches, wenn auch etwas weniger schiefverteiltes Bild. Die Daten der Spalte ‚Land

Untersuchungen zur Handelsaktivität auf digitalen Marktplätzen

24 Sites' geben die Ergebnisse der eigenen Untersuchung wider und werden später diskutiert.

Tabelle 4: Verteilung der Hits von AOL- und Land24-Usern auf Websites

Anteil der Sites [%]	Anteil an Hits [%]			
	Alle Sites	Adult Sites	.edu Domain Sites	Land24 Sites
0,1	32,36	1,40	2,81	-
1	55,63	15,83	23,76	24,08
5	74,81	41,75	59,50	60,21
10	82,26	59,29	74,48	74,36
50	94,92	90,76	96,88	97,84

Quelle: [Huberman, 2001] und eigene Ergebnisse

Stellt man den beschriebenen Zusammenhang einer Zipf-Verteilung graphisch in einem Diagramm mit logarithmierten Skalen dar, zeigt sich ein nahezu linearer Zusammenhang zwischen dem Rangplatz und der Anzahl an erzielten Hits einer Website, wobei der Mittelbereich vom Trendschätzer etwas unterschätzt, die Randbereiche dagegen etwas überschätzt werden (siehe Abbildung 3).

Abbildung 3: Verteilung der Hits von AOL-Usern, dargestellt als Zipf-Verteilung

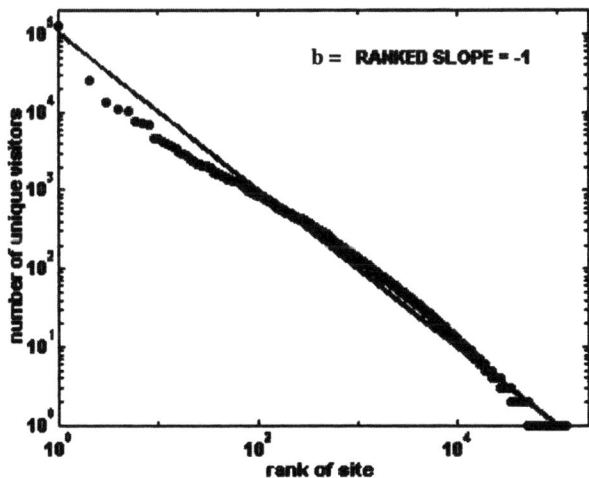

Quelle: [Adamic, kein Jahr]

Generell wurden in empirischen Studien für das Internet γ-Werte zwischen 1,94 und 2,72 ermittelt, wobei die genauen Werte mit der Definition der Knoten (Hosts, Webseiten,

Websites, etc.) und der Kanten (Weblinks, Webhits, etc.) variierten [Pennock, et al., 2002]. Potenzverteilungen dieser Art sind in mehreren Untersuchungen über das Web festgestellt worden und Huberman [2001, p. 25] sieht die Potenzverteilung als "... a robust empirical regularity found in all studies of the Web". Pennock et al. [2002, S. 5208-5209] fanden dagegen heraus, daß die Verteilung stark von der Potenzverteilung abweichen kann, wenn Websites von Unternehmen, Zeitungen, Universitäten und individuellen Wissenschaftlern betrachtet werden. Ebenso fanden Shiode and Batty [Shiode und Batty, 2000] signifikante Abweichungen von Zipfs-Gesetz bei der Anzahl von Hosts und Links kleiner Web-Domänen einiger Entwicklungsländer.

Gemeinsam sind allen Potenzverteilungen drei für die wirtschaftliche Praxis bedeutsame Eigenschaften:

a) durch die extreme Schiefverteilung ist der Mittelwert bedeutungslos,

b) durch die Winner-Takes-Most-Verteilung ist es für jede einzelne Site sehr unwahrscheinlich, zu den Top-Sites zu gehören,

c) die Verteilungen sind skalenfrei, d.h. die Verteilung weist für jede Teilmenge eine ähnliche Gestalt auf.

In dem Phänomen der Skalenfreiheit erkennt Broder et al. [2000] „an almost fractal like quality", in dem die Potenzverteilung sowohl als ein „macroscopic phenomenon on the entire web, as a microscopic phenomenon at the level of a single university website, and at intermediate levels between the two" auftritt. Diese Skalenfreiheit der Verteilung läßt vermuten, daß auch die Teilmengen der ‚Agrarsites' und ‚Marktplatzsites' potenzverteilt sind. Dieser Vermutung wurde in einer zweiten Voruntersuchung am Beispiel der deutschen, landwirtschaftlichen Internetsites nachgegangen, dessen Aufbau und Ergebnisse im Folgenden Kapitel beschrieben werden.

3.2.2 Methode der Messung von Besuchszahlen auf deutschen, landwirtschaftlichen Websites

Um Daten über die Verteilung von Hits auf deutsche Agrarseiten zu bekommen, erwies sich die Website www.land24.de als hilfreich. Auf dieser zur Raiffeisen Genossenschaft gehörenden Site, können Webmaster Internetauftritte mit landwirtschaftlichem Inhalt anmelden und die Besuche ihrer Site zählen lassen. Hierbei wird die Anzahl an Besuchen für den aktuellen Tag, den vorherigen Tag, die letzten sieben Tage und für die letzte Woche gezählt. Ein Besuch oder Hit ist bei Land24 als der Download der jeweiligen Homepage durch einen Webbrowser definiert. Mehrere Downloads von derselben IP-Adresse innerhalb von 30 Minuten werden als ein einziger Hit gezählt. Die Ergebnisse der Zählung werden auf der Land24-Site, sortiert nach der Anzahl an Besuchern der letzten sieben Tage, in einer Art Hitparade veröffentlicht.

Diese Hitparaden-Daten wurden in dem Zeitraum vom 22.11.2002 bis zum 03.02.2003 an 25 Tagen erhoben. Während dieser Zeitspanne waren zwischen 109 und 122 Websites bei Land24 registriert. Aufgrund von Neuzugängen und Löschungen von Websites während der Beobachtungsperiode, beinhalten die täglichen Beobachtungen unterschiedlich viele teilnehmende Websites.

Die Sites i und j wurden an jedem Tag t nach ihrer Anzahl an Hits sortiert, so daß der Rang $r_{ti} < r_{tj}$ wenn $Anzahl\_Hits_{ti} > Anzahl\_Hits_{tj}$. Man beachte, daß der Rang einer Site nur für einen bestimmten Tag t spezifisch ist und während der Beobachtungsperiode variieren kann.

3.2.3 Verteilung der Besuchszahlen auf deutschen, landwirtschaftlichen Websites

Abbildung 4 zeigt das Verhältnis zwischen der logarithmierten Anzahl an erhaltenen Hits einer Site und ihrem logarithmierten Rangplatz für die Top 100 Websites am 17.01.2003. Die Abbildung bestätigt Zipfs-Gesetz auf eindrucksvolle Weise. Die lineare Regressionsgerade schätzt die beobachteten Daten mit einem R^2 von 0,92 sehr gut und der Exponent b hat das erwartete Vorzeichen und liegt mit −1,9 im erwarteten Bereich. Huberman [2002] berichtet über die Höhe des Exponenten −b, daß sein numerischer Wert größer oder gleich 1 ist. Die enorme Schiefverteilung kann ebenfalls der Tabelle 5 entnommen werden. Die Site mit den meisten Hits verbucht 22,73 Prozent aller Besuche für sich, während die Seite mit dem Rang 30 nur noch 0,49 Prozent aller Besuche erhält.

Abbildung 4: Anzahl an Hits und Rangplatz einer Website (am 17.01.2003)

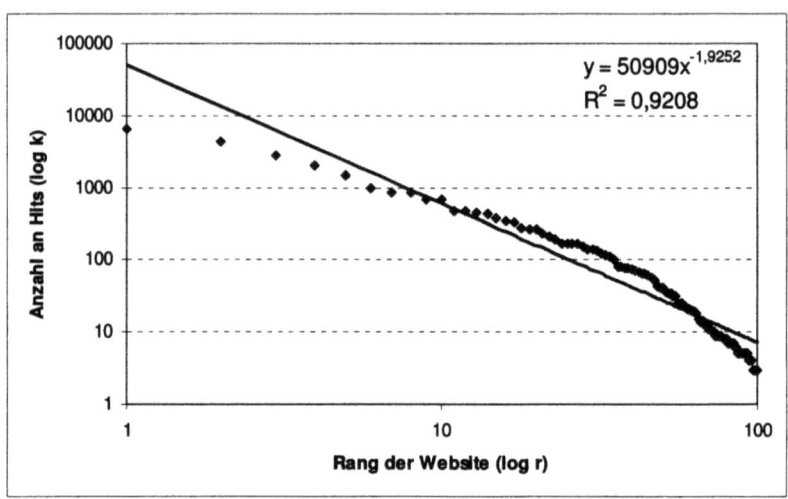

Wie häufig bei Zipf-Verteilungen weist der Kurvenverlauf in Abbildung 4 jenen typischen dreigeteilten Verlauf auf, der schon in den Untersuchungsergebnisse von Adamic und Huberman vorzufinden war (Abbildung 3). In einem Mittelbereich ($10 < r < 64$) werden die empirischen Daten von der Trendlinie etwas unter- in den Randbereichen dagegen etwas überschätzt.

Tabelle 5: Anteil der Top 30 Sites an allen Hits der Top 100 (vom 17.01.2003)

Rang	Anteil an Hits einer Site mit Rang r an allen Hits [%]	Veränderung des Anteils zur Site mit Rang r-1	Rang	Anteil an Hits einer Site mit Rang r an allen Hits [%]	Veränderung des Anteils zur Site mit Rang r-1	Rang	Anteil an Hits einer Site mit Rang r an allen Hits [%]	Veränderung des Anteils zur Site mit Rang r-1
1	22,73	-	11	1,67	0,67	21	0,79	0,13
2	15,06	7,67	12	1,61	0,06	22	0,72	0,07
3	9,47	5,59	13	1,60	0,01	23	0,67	0,05
4	6,88	2,59	14	1,54	0,06	24	0,59	0,08
5	5,20	1,68	15	1,33	0,21	25	0,58	0,01
6	3,40	1,80	16	1,18	0,15	26	0,58	0,00
7	3,04	0,36	17	1,17	0,01	27	0,58	0,00
8	3,00	0,04	18	0,97	0,20	28	0,53	0,05
9	2,41	0,59	19	0,93	0,04	29	0,50	0,03
10	2,34	0,07	20	0,92	0,01	30	0,49	0,01

Die für den 17.01.2003 exemplarisch gezeigte Regressionsrechnung wurde für alle 25 Beobachtungstage durchgeführt und führte immer zu nahezu identischen Ergebnissen. Tabelle

6 zeigt, daß sowohl die Zipf-Koeffizienten b mit einer Standardabweichung von s_b = 0,0426 um den Mittelwert μ_b = 1,9243 als auch die Güte der Schätzungen R^2 mit einer Standardabweichung von s_R^2 = 0,0092 um den Mittelwert μ_R^2 = 0,9217 kaum variieren. Der für den 17.01.2003 beobachteten und beschriebenen dreigeteilten Verlauf der Datenpunkte konnte ebenfalls bei jedem der übrigen 24 Datensätze beobachtet werden.

Tabelle 6: Zipf-Koeffizienten b und R^2 der linearen Schätzung der Tagesdaten

Datum	b	R^2	Datum	b	R^2
22.11.2002	2,0063	0,9211	17.01.2003	1,9252	0,9208
27.11.2002	1,9007	0,9374	20.01.2003	1,8975	0,9285
02.12.2002	1,9569	0,9090	21.01.2003	1,8967	0,9252
03.12.2002	1,9700	0,9181	22.01.2003	1,9082	0,9268
04.12.2002	1,9695	0,9131	27.01.2003	1,9025	0,9145
05.12.2002	1,8782	0,9387	28.01.2003	1,8968	0,9280
06.12.2002	1,9877	0,9228	03.02.2003	1,9739	0,9013
17.12.2002	1,9265	0,9216	04.02.2003	1,8723	0,9260
07.01.2003	1,9387	0,9178	06.02.2003	1,8973	0,9210
09.01.2003	1,9297	0,9245	07.02.2003	1,9183	0,9174
10.01.2003	1,9528	0,9164	10.02.2003	1,8657	0,9332
15.01.2003	1,9626	0,9055	11.02.2003	1,8263	0,9340
16.01.2003	1,9463	0,9200			

Ein Vergleich der Ergebnisse aus Tabelle 5 mit den Ergebnisse von Adamic und Huberman (Tabelle 4) zeigt, daß die beobachteten Werte von Land24 nahezu identisch mit den Werten sind, die für die Teilmenge der Websites mit der Top-Level-Domäne ‚.edu' gemessen worden sind.

Aufgrund der beobachteten großen Abstände an Hits zwischen den Top-Sites lag die Vermutung nahe, daß zwischen diesen Sites die Rangplätze selten wechseln. Eine Untersuchung der Top-6-Sites zeigte, daß sich in der Tat die Rangplätze einer Site über den Beobachtungszeitraum kaum verändert haben. Wie Abbildung 5 zu entnehmen ist, änderten sich die Ränge der Top-3 überhaupt nicht und die Ränge der Top 3-6 an lediglich 5 Tagen. Nähere Betrachtungen des Rangtausches zwischen ‚@g Pferdeforum', ‚@grar.de' und ‚baywa.de' zeigten, daß diese Tauschvorgänge nur an Wochenenden auftraten und somit vermutlich durch ein abweichendes Internetpublikum an Wochenenden zu erklären sind.

Abbildung 5: Wechsel der Ränge der Top-6-Sites

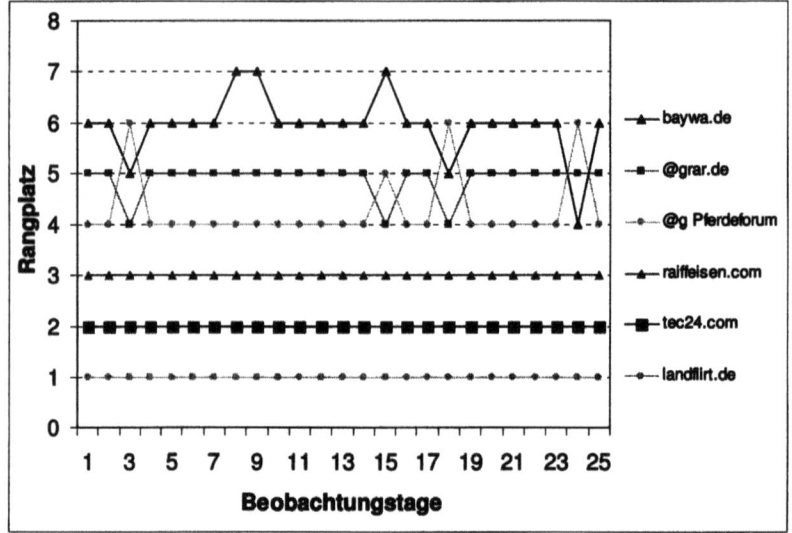

Den ersten Platz belegte während der gesamten Beobachtungsdauer die Site ‚landflirt.de', eine Kontaktbörse für landwirtschaftlich interessierte Singles. Daß auf dem zweiten Platz mit ‚tec24.com' ein Marktplatz für gebrauchte Maschinen zu finden ist, unterstreicht die Beobachtung aus Kapitel 3.1.3, daß sich im landwirtschaftlichen Bereich vor allem gebrauchte Maschinen für den Handel per Web eignen. Bei ‚raiffeisen.com' und ‚baywa.de' handelt es sich um die Internetauftritte von Landhandelsgenossenschaften in Deutschland und ‚agrar.de' stellt ein allgemeines Agrarportal dar, auf dessen Untersite ‚Pferdeforum' Informationen und Anzeigen rund um das Thema Pferd zu finden sind.

3.2.4 Größenverteilungen von Wertpapierbörsen

Die Analyse der Verteilung der Besucherzahlen auf landwirtschaftliche Websites zeigt die aus der Eigenschaft der Skalenfreiheit von Potenzverteilungen abgeleitete Vermutung bestätigt: Auch die Untermenge deutscher Agrarsites weist dieselbe Verteilungsform auf, wie sie für das gesamten Internet beobachtet wurde. Da in dieser Arbeit der Forschungsschwerpunkt auf digitalen Marktplätzen der Agrar- und Ernährungsindustrie liegt, lag es nahe, sich ebenfalls einen Überblick über die Größenverteilungen konventioneller Börsen zu verschaffen. Da keine Umsatzzahlen für Warenterminbörsen vorlagen, wurden ersatzweise die Umsätze großer internationaler Wertpapierbörsen miteinander verglichen.

Abbildung 6: Umsatzvergleich internationaler Wertpapierbörsen

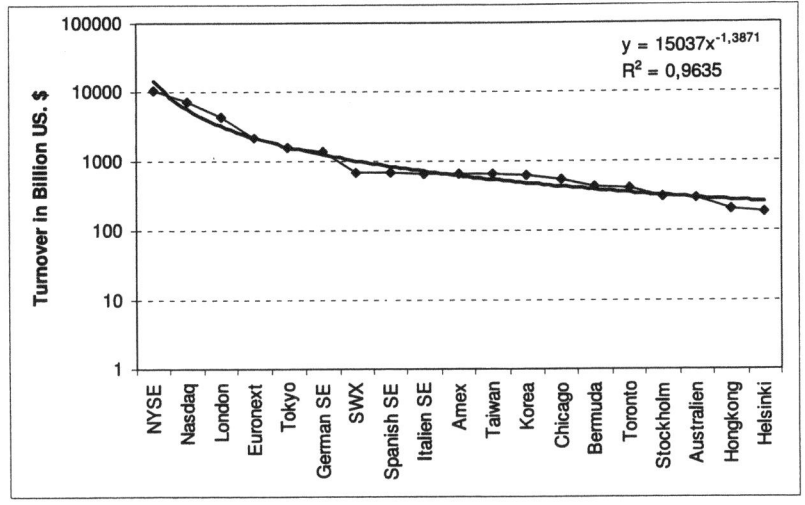

Quelle: SWX Swiss Exchange [Meier, 2002]

Wie Abbildung 6 entnommen werden kann, folgen auch die Umsätze der betrachteten Wertpapierbörsen einer Potenzverteilung, die mit einem Zipf-Koeffizienten von b = -1,39 etwas weniger schiefverteilt ausfällt als bei den deutschen Agrarsites (man beachte, daß in dieser Abbildung nur die Ordinate logarithmiert wurde). Nichtsdestotrotz handelt es sich auch auf dem Markt für konventionelle Börsendienstleistung um einen extrem wettbewerbsintensiven Markt, auf dem es Neueinsteiger vermutlich schwer haben werden, wirtschaftlich erfolgreich bestehen zu können.

3.2.5 Implikationen für digitale Marktplätze der Agrar- und Ernährungsindustrie

Die Ergebnisse dieser Voruntersuchungen haben gezeigt, daß sowohl das Internet als auch der Markt für Marktdienstleitung von einer hohen Wettbewerbsintensität geprägt sind. Unter diesen Prämissen scheint die Neugründung oder Migration eines Marktplatzes in das durch weltweiten Wettbewerb geprägte World Wide Web als ein extrem risikoreiches Unterfangen. Als mögliche Gründe für den härteren Wettbewerb im Web nennt Kollmann [2001, S. 128] die Abwesenheit von Mobilitätskosten und die somit gegen Null tendierenden Kosten für den Wechsel eines Marktplatzes. Es ist daher zu vermuten, daß nur sehr wenige digitale Marktplätze hohe Umsätze erzielen können und auf der großen Mehrheit aller digitalen Marktplätze nahezu kein Handel stattfinden wird. Die große Anzahl der in den letzten Jahren gescheiterten, digitalen Marktplätzen ist daher keineswegs verwunderlich, sondern eine logische Konsequenz des hohen Wettbewerbdrucks.

Eine weitere für den Einstieg in den Markt für digitale Marktdienstleistung sehr wichtige Eigenschaft von Potenzverteilungen stellen die großen Abstände zwischen den führenden Sites dar (Abbildung 5), aufgrund derer es kaum zu Rangplatzveränderungen zwischen diesen Sites kommen kann. Dies bedeutet für digitale Marktplätze, daß einem an der Spitze etablierten Marktplatz die Führungsposition vermutlich nur sehr schwer streitig gemacht werden kann.

3.3 Einstellungen und Erfahrungen landwirtschaftlicher Unternehmer in Deutschland zum Handel auf digitalen Marktplätzen

Um die in der Hauptuntersuchung identifizierten Erfolgsfaktoren digitaler Marktplätze besser interpretieren zu können, wurde flankierend eine Befragung unter deutschen Landwirten zu ihren Einstellungen und Erfahrungen bzgl. der Themenbereiche Internet, E-Commerce und digitale Marktplätze durchgeführt. Da Fragen zu diesen Themenbereichen nur von Landwirten fundiert beantwortet werden konnten, die schon erste Erfahrungen im E-Commerce gesammelt hatten, bestand die Zielgruppe dieser Untersuchung nur aus Landwirten, die bereits das Internet für betriebliche Zwecke nutzen. Wie Stricker et al. [2001, S. 140] zu entnehmen ist, waren bereits Ende 2000 69% aller landwirtschaftlichen Vollerwerbsbetriebe in Norddeutschland online, von denen nahezu jeder (93%) das Internet auch betrieblich nutzte. Da die Internetnutzung in der Landwirtschaft seit 2000 eher zugenommen haben sollte, ist diese Befragung für mehr als zwei Drittel aller landwirtschaftlichen Betriebe repräsentativ. Darüber hinaus dürfte es Landwirten, die sich neuen Technologien verschließen, in Zukunft immer schwerer fallen, dem Wettbewerb standzuhalten. Es ist daher zu erwarten, daß diese Gruppe von Landwirten für die zukünftige Entwicklung digitaler Marktplätze nur eine geringe Rolle spielen wird. Die Ergebnisse dieser Befragung, an der im Zeitraum von November 2002 bis August 2003 insgesamt 273 Landwirte teilnahmen, wurden ebenfalls in Clasen [2004] veröffentlicht.

3.3.1 Durchführung der Befragung

Die Befragung bestand aus einem achtseitigen Fragebogen (siehe Anhang B), der auf der Messe ‚EuroTier' in Hannover am 13. und 14. November 2002 von Landwirten ausgefüllt wurde. Da sich die Befragung nur an Landwirte richtete, die bereits einen Internetzugang betrieblich einsetzten, wurden überwiegend Messebesucher in der Nähe von Ständen für Agrarsoftware angesprochen. Es stellte sich jedoch heraus, daß der Fragebogen mit acht Seiten zu umfangreich war, um direkt auf der Messe ausgefüllt zu werden. Aus diesem Grunde wurden alternativ die E-Mailadressen der teilnahmewilligen Landwirte aufgenommen und der Fragebogen als MS-Word Dokument per E-Mail zugesandt. Insgesamt wurden 24 Fragebögen auf der EuroTier direkt ausgefüllt und weitere 44 E-Mailadressen von Landwirten aufgenommen. Von diesen 44 Landwirten haben 13 den Fragebogen ausgefüllt und per E-Mail oder Fax zurückgesendet.

Um zusätzliche Antworten zu erhalten, wurden weitere Fragebögen per E-Mail an bekannte Landwirte und an Agrarstudenten mit landwirtschaftlichen Betrieben verschickt. In dem Einleitungstext des Fragebogens wurden die Teilnehmer ermuntert, den Fragebogen ebenfalls an weitere Landwirte, die über einen Internetzugang verfügen, weiterzuleiten. Zusätzlich wurde in mehreren landwirtschaftlichen Newslettern (u.a. www.zadi.de und www.agrimanager.de) Werbung für die Befragung gemacht, die sich interessierte Teilnehmer auf der Website der Agrarökonomie der Christian-Albrechts-Universität zu Kiel herunterladen konnten. Insgesamt konnten auf diese Weise weitere 23 verwertbare Fragebögen gewonnen werden, so daß insgesamt 60 Antworten zur Verfügung standen.

Nach einer ersten Auswertung der Ergebnisse wurde ein deutlich verkürzter Fragebogen (siehe Anhang C) mit acht ausgewählten Fragen bei www.landtrends.de eingestellt. Landtrends ist ein Service der Raiffeisen AG bei dem Unternehmen der Agrarwirtschaft kurze und schnelle Befragungen unter Landwirten durchführen können. Hierzu hat Raiffeisen ein Panel von Landwirten rekrutiert, die für das Ausfüllen eines Fragebogens einen Betrag von 1 – 4 € gutgeschrieben bekommen. Da sich Landtrends zum Zeitpunkt der Befragung erst in der Aufbauphase befunden hat und somit noch wenig kommerzielle Befragungen vorlagen, konnte die Befragung kostenlos durchgeführt werden. Auf diese Weise konnten im Zeitraum vom 22.07.2003 bis zum 27.08.2003 weitere 213 Antworten erzielt werden. Die im nächsten Kapitel vorgestellten Ergebnisse geben die Antworten der bei Landtrends durchgeführten Kurzbefragung wider. In den Fällen, wo sich die Antworten der ausführlichen Landwirtbefragung nicht signifikant von denen bei Landtrends unterscheiden, wurden die Antworten gemeinsam interpretiert. Da der Begriff der ‚digitalen Marktplätze' in der Praxis wenig verbreitet ist, wurde bei der Formulierung der Fragen ausnahmsweise der geläufigere Begriff der ‚elektronischen Marktplätze' verwendet (zur Unterscheidung siehe Kapitel 1.2).

3.3.2 Ergebnisse der Befragung

Zu Beginn des Fragebogens wurden die Landwirte nach ihren Erwartungen an einen „guten elektronischen Marktplatz" befragt, indem 15 Antwortmöglichkeiten vorgegeben worden sind. Von allen befragten Landwirten legen mehr als 80% großen Wert auf eine „große Auswahl", „gute Preise" und „Verfügbarkeit von Preis- und Produktinformationen". Der „persönliche Kontakt" zum Handelspartner, wie auch die Bereitstellung von Zusatzdiensten wie „Wettervorhersagen", die Möglichkeit eines „elektronischen Datenaustausches" oder die Vermittlung von „Finanzierungen" oder „Versicherungen" waren dagegen nur für eine geringe Anzahl von Landwirten wichtig.

Abbildung 7: Erwartungen deutscher Landwirte an einen guten digitalen Marktplatz (n = 213)

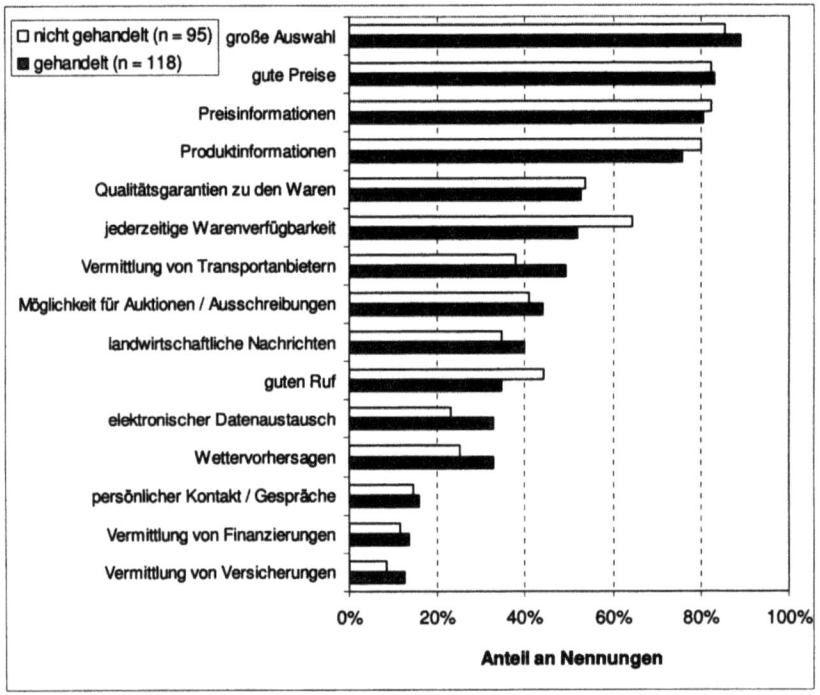

Abbildung 7 zeigt das Antwortverhalten der teilnehmenden Landwirte danach unterteilt, ob der antwortende Landwirt bereits über digitale Marktplätze gehandelt hat oder nicht. Wie man sieht, unterscheiden sich die Erwartungen an digitale Marktplätze kaum zwischen diesen beiden Gruppen. Es ist jedoch zu erkennen, daß die Gruppe der Landwirte mit Handelserfahrung auf digitalen Marktplätzen etwas häufiger Zusatzdienste wie die Vermittlung von Transportanbietern, Versicherungen und Finanzierungen, Ausschreibungen, Auktionen, elektronischen Datenaustausch, Nachrichten und Wetterberichte verlangen.

Van Baal und Hudetz [2003] kommen bei einer Befragung von 129 kleinen und mittelständischen Handels- und Dienstleistungsunternehmen zur Beschaffung über digitale Marktplätze zu ähnlichen Ergebnissen. Gefragt nach der Bedeutung einzelner Kriterien für die Auswahl eines elektronischen Marktplatzes zur Beschaffung, erachteten die meisten Handelunternehmen das „Preisniveau der Produkte" und „angebotene Produktinformationen" als am wichtigsten [van Baal und Hudetz, 2003, S. 33]. Eine hohe Sortimentstiefe und –breite wurde ebenfalls als überdurchschnittlich wichtig eingestuft. Das „Image des Betreibers" bzw. der „gute Ruf" eines digitalen Marktplatzes wurde sowohl von den Handelsunternehmen als auch von den Landwirten als weniger wichtig eingeschätzt und das Angebot von Zusatzdienstleitungen war sowohl den befragten Landwirten als auch den Handelsunternehmern eher unwichtig. Unterschiede ergaben sich jedoch bei der Einschätzung der Bedeutung von Ausschreibungen. Während in der Befragung der Landwirte die Möglichkeit der Durchführung von Auktionen und Ausschreibungen im Mittelfeld rangiert, sahen die befragten kleinen und mittelständischen Handels- und Dienstleistungsunternehmen die Möglichkeit von Ausschreibungen als am wenigsten wichtig an.

In einer Befragung von 56 internationalen Stahlhandelsunternehmen zu den Einstellungen und Erfahrungen mit digitalen Marktplätzen kommt Abrams [2002] jedoch zu abweichenden Ergebnissen. Gefragt nach dem Stellenwert einzelner Eigenschaften digitaler Marktplätze, belegten „Sicherheit und Vertrauen", „Flexibilität bzgl. der Anforderung der Nutzer", „Optimierung der Transaktionsprozesse", „Unterstützung bei der IT-Integration" und die Verfügbarkeit von „Finanz- und Logistikdienstleistungen" vordere Plätze. Lediglich das Vorhandensein eines vielfältigen Produktangebotes und die Verfügbarkeit von Brancheninformationen wurde von Stahlhandelsunternehmen und von den Landwirten als erfolgskritisch eingeschätzt. Daß ein großes Produktangebot für den Erfolg eines digitalen Marktplatzes eine *conditio sine qua non* darstellt, belegen auch die Ergebnisse von Kollmann [2001, S. 106], der 2143 kaufinteressierte Nutzer von AutoScout24 (www.autoscout24.de) zu den Erfolgsfaktoren eines digitalen PKW-Handelsplatzes befragt hat. Auch in dieser Befragung wurde die Menge an angebotenen Automobilen als besonders wichtig eingeschätzt.

Abbildung 8: Handelshäufigkeit deutscher Landwirte auf digitalen Marktplätzen (n = 213)

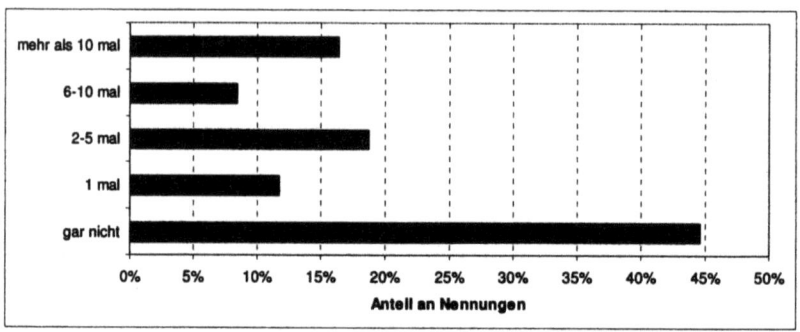

Abbildung 9: Von deutschen Landwirten auf digitalen Marktplätzen gehandelte Produktgruppen (n = 101)

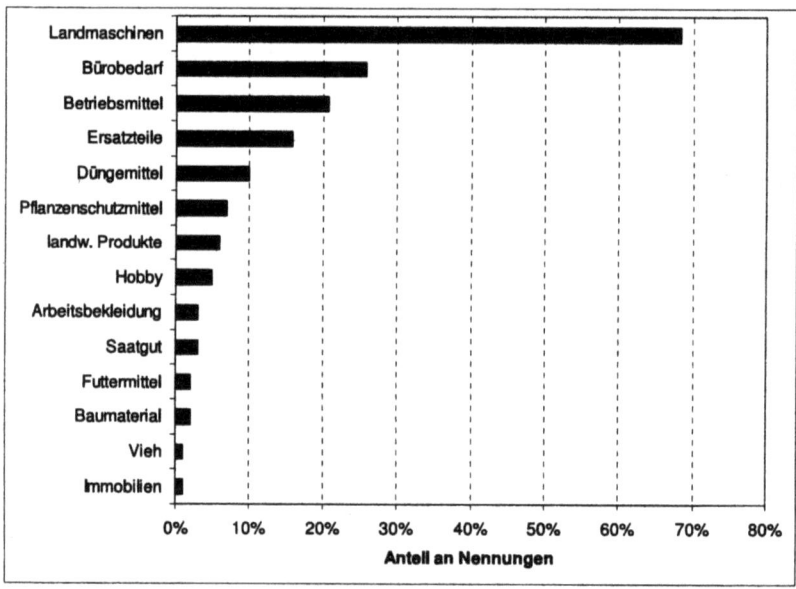

Von allen befragten Landwirten gaben knapp 45% an, noch nicht über digitale Marktplätze gehandelt zu haben (Abbildung 8). Auf der anderen Seite haben mehr als die Hälfte der Befragten mindestens einmal, 16% sogar mehr als 10 mal Waren über digitale Marktplätze gehandelt. Diese Werte erscheinen relativ hoch, verglichen mit den von Stricker et al. [2003, S. 6 f.] berichteten Zahlen. In dieser Studie zur Nutzung des Internets durch deutsche Landwirte, gaben nur 22% bzw. 46% aller befragten Landwirte an, bereits über das Internet für ihren Betrieb bzw. für den Privatgebrauch Produkte gekauft zu haben. Berücksichtigt man jedoch, daß in der Befragung von Stricker et al. 31% der befragten Landwirte über keinen Internetzugang verfügten, relativiert sich der beobachtete Unterschied.

Abbildung 10: Von deutschen Landwirten genannte digitale Marktplätze zum Handel von landwirtschaftlichen Erzeugnissen, Betriebsmitteln oder Maschinen; nur Marktplätze mit mehr als 2 Nennungen (n = 270)

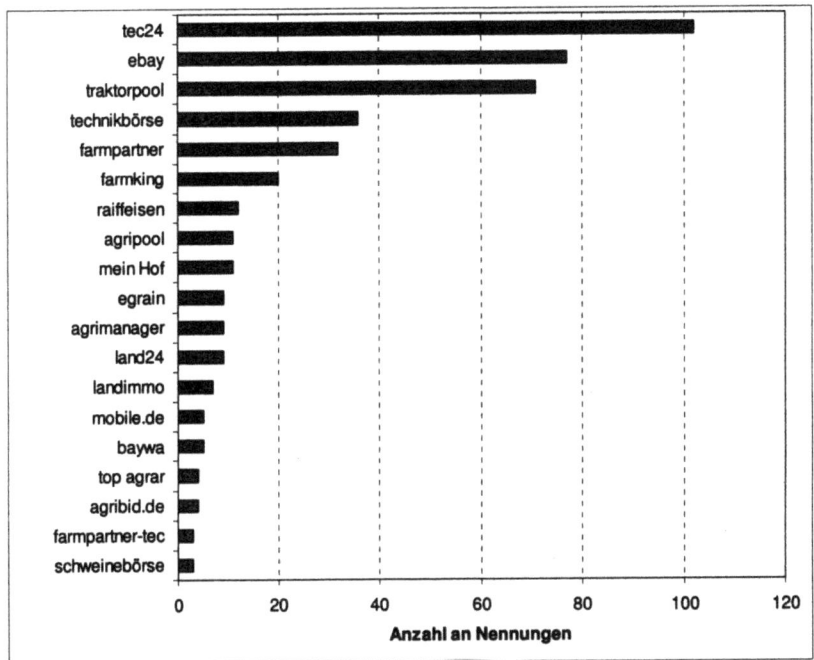

Wie aufgrund der Ergebnisse der Voruntersuchung zum Umschlag auf digitalen Marktplätzen zu erwarten war (siehe Kapitel 3.1), wurden Güter aus dem Bereich „Landtechnik" am häufigsten gehandelt. Von allen Landwirten, die bereits Erfahrungen mit dem Handel über digitale Marktplätze sammeln konnten, gaben knapp 70% an, auch „Landtechnik" gehandelt zu haben. Es folgten mit deutlichem Abstand „Bürobedarf", „Betriebsmittel" und „Ersatzteile". Alle anderen Güter wurden von weniger als 10% aller Landwirte mit Handelserfahrung auf digitalen Marktplätzen gehandelt (Abbildung 9). Um keine Antwortmöglichkeit auszuschließen oder zu vergessen, wurden die Fragen der Abbildungen 9 und 10 offen, d.h. ohne vorgegebene Antwortmöglichkeiten gestellt. Vor allem der Handel mit landwirtschaftlichen Produkten und Vieh liegt mit nur 6% bzw. 1% deutlich hinter den von Stricker et al. [2001, S. 142] berichteten Erwartungen. In der 2000/2001 durchgeführten Befragung gaben durchschnittlich 20% aller Landwirte mit Erfahrung im E-Commerce an, in Zukunft regelmäßig landwirtschaftliche Produkte und Vieh über das Internet verkaufen zu wollen. Daß bisher trotz dieser bekundeten Bereitschaft zum Verkauf kaum ein Handel bei diesen Produktkategorien zustande gekommen ist, läßt darauf schließen, daß für diese Produktgruppen bisher kaum Käufer auf digitalen Marktplätzen vorhanden waren.

Die beobachtete Dominanz der Landtechnik spiegelt sich ebenfalls im Bekanntheitsgrad der einzelnen Marktplätze wider. Die vier bekanntesten Marktplätze waren, neben *eBay*, die Landtechnikbörsen *tec24*, *traktorpool* und *technikbörse* (Abbildung 10).

Abbildung 11: Beweggründe deutscher Landwirte für den Handel über digitale Marktplätze; nur Landwirte mit Handelserfahrung auf digitalen Marktplätzen (n = 155)

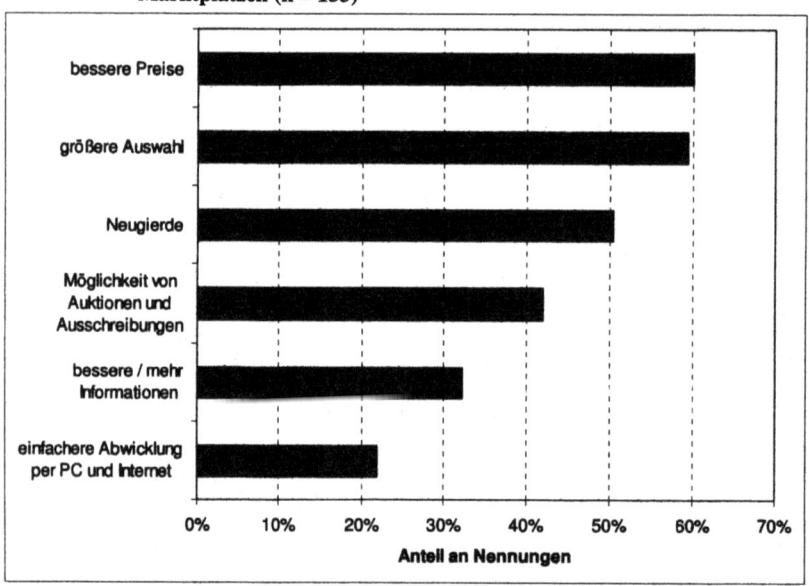

Auf die Frage nach den „Gründen für den Handel per Internet" gaben ca. 60% der Befragten an, „bessere Preise" erzielt bzw. eine „größere Auswahl" vorgefunden zu haben (Abbildung 11). Für immerhin die Hälfte aller Teilnehmer war die reine „Neugierde" auf die neue Technik mit ausschlaggebend. Vorteile in einer „einfacheren Abwicklung" der

Handelstransaktionen per PC und Internet gaben lediglich knapp 22% der antwortenden Landwirte als Grund für den Handel auf digitalen Marktplätzen an.

Abbildung 12: Beweggründe deutscher Landwirte gegen den Handel über digitale Marktplätze; nur Landwirte ohne Handelserfahrung auf digitalen Marktplätzen (n = 115)

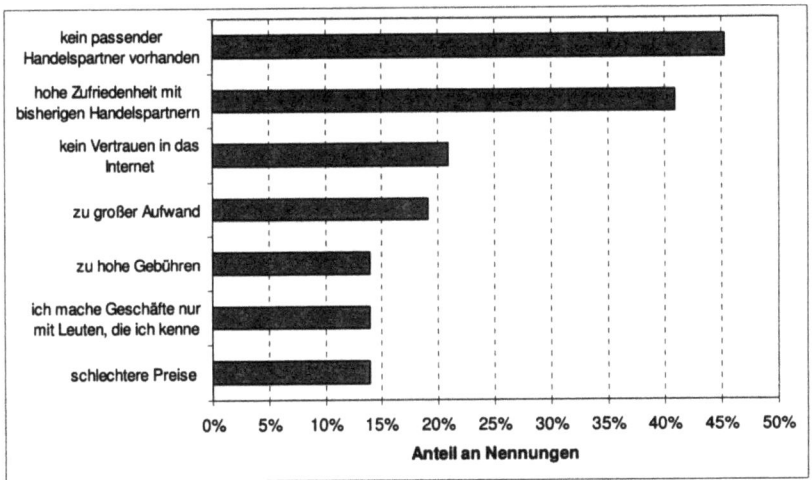

Gegen einen Handel auf digitalen Marktplätzen scheint vor allem mangelnde Liquidität, also ein unzureichendes Angebot bzw. eine unzureichende Nachfrage, sowie ein „hoher Zufriedenheitsgrad mit bisherigen Handelspartnern" zu sprechen. Auf die Frage „Warum haben Sie noch nicht über elektronische Marktplätze gehandelt?" antworteten mehr als 45% der Befragten, daß „kein passender Handelspartner vorhanden" war (Abbildung 12). Zu ähnliche Ergebnissen kommen auch die Untersuchungen von Abrams [2002, S. 200] und van Baal und Hudetz [2003, S. 37]. In beiden Untersuchungen wird als größtes Problem in Bezug auf die Nutzung digitaler Marktplätze ein unzureichendes Angebot an handelbaren Produkten angegeben. Dieser Mangel an Liquidität auf digitalen Märkten verwundert zunächst, da es gerade das Ziel vieler Marktplätze war, durch die Nutzung des international ausgerichteten Internets eine größere Anzahl potentieller Handelspartner zu erschließen [Homann, 2000, S. 6]. Dieses Ziel scheint bisher nur für den Bereich gebrauchter Landmaschinen erreicht worden zu sein. Ein Grund für den bisher eher schleppenden Handel mit landwirtschaftlichen Erzeugnissen und Betriebsmitteln (siehe Kapitel 3.1.3) könnte in der „hohe Zufriedenheit mit ihren bisherigen Handelspartnern" liegen, den über 40% der befragten Landwirte angaben. Die übrigen Antwortmöglichkeiten wie „kein Vertrauen in das Internet" (21%), „zu großer Aufwand" (19%), „schlechtere Preise" (14%), „ich mache Geschäfte nur mit Leuten, die ich kenne" (14%) und „zu hohe Gebühren" (14%) waren dagegen nur für wenige Landwirte ausschlaggebend.

Abbildung 13: Einschätzung deutscher Landwirte, auf digitalen Marktplätzen ‚über's Ohr' gehauen zu werden; Angaben beschreiben die relative Abweichung zum konventionellen Handel (n = 213)

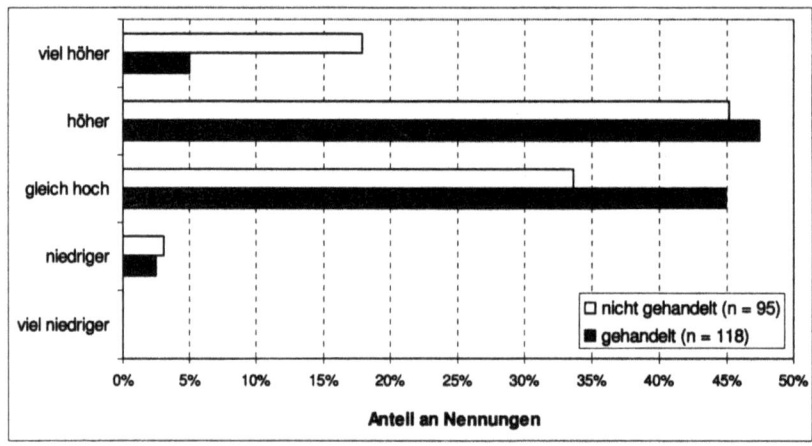

Ein weiteres häufig geäußertes Argument gegen einen Handel über das Internet ist die Angst, vom in der Regel unbekannten Handelspartner übervorteilt zu werden. Die Frage „Wie viel höher oder niedriger (im Verhältnis zum konventionellen Handel) schätzen Sie die Gefahr ein, auf elektronischen Marktplätzen im Internet über's Ohr gehauen zu werden?" beantworteten insgesamt 56% der Befragten mit „höher" oder „viel höher". Knapp 40% sahen das Gefahrenpotential als „gleich hoch" an und weniger als 3% fühlten sich im Internet sicherer. Eine Unterteilung der Antworten nach Landwirten mit bzw. ohne Handelserfahrung auf digitalen Marktplätzen zeigt, daß Landwirte, die noch nicht über digitale Marktplätze gehandelt haben, das Gefahrenpotential fast viermal so häufig als „sehr hoch" einstufen als Landwirte mit Erfahrungen im digitalen Handel.

Insgesamt konnten die digitalen Marktplätze sehr hohe Zufriedenheitsraten für sich verbuchen. Auf die Frage „Wie zufrieden waren Sie insgesamt mit den Ihnen bekannten elektronischen Marktplätzen?" gaben knapp 70% der Befragten an, „zufrieden" oder sogar „sehr zufrieden" gewesen zu sein (Abbildung 14). Lediglich weniger als 7% der Landwirte waren „wenig zufrieden" oder „nicht zufrieden".

Abbildung 14: Grad der Zufriedenheit mit digitalen Marktplätzen; nur Landwirte mit Handelserfahrung auf digitalen Marktplätzen (n = 153)

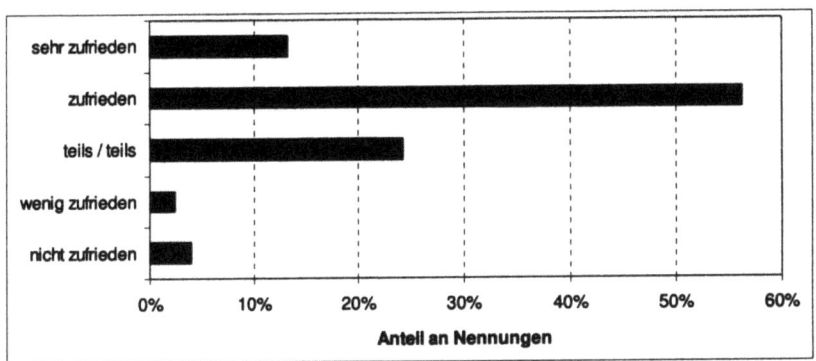

3.3.3 Interpretation der Ergebnisse

Die insgesamt hohe Zufriedenheit der Landwirte beim digitalen Handel zeigt, daß digitale Marktplätze im großen und ganzen den Erwartungen ihrer Nutzer entsprechen. Ein Hemmnis scheint dagegen weiterhin ein im Vergleich zum konventionellen Handel geringeres Vertrauen ins Internet zu sein. Es ist daher verwunderlich, daß kaum ein digitaler Marktplatz (Ausnahme: *eBay*) Möglichkeiten bieten, mit denen Nutzer eine Reputation aufbauen können, um somit das Vertrauen in den Marktplatz und die Handelstransaktionen zu erhöhen.

Ein weiteres Problem vieler digitaler Marktplätze scheint in einem unzureichenden Angebot bzw. in einer unzureichenden Nachfrage zu liegen. Für einen Käufer (Verkäufer) ist ein Marktplatz um so vorteilhafter, je mehr Verkäufer (Käufer) vorhanden sind, was zu Konzentrationsprozessen führt. Vor diesem Hintergrund erscheint es bemerkenswert, daß mit *tec24*, *traktorpool* und *technikboerse* noch immer drei große Landmaschinenbörsen in Deutschland existieren. Durch weitere Fusionen könnten diese Marktplätze ihren Kundennutzen weiter steigern und gegenüber neuen Konkurrenten wie beispielsweise der eBay-Tochter *mobile.de* Marktanteile sichern. Ein weiterer Konzentrationsprozeß ist daher zu erwarten.

Über die Hälfte aller befragten Landwirte, die bereits über digitale Marktplätze gehandelt haben, legten besonderen Wert auf ‚klassische' Beurteilungsmerkmale eines Marktplatzes, wie die Höhe der Preise der angebotenen Produkte, die Verfügbarkeit von Produktinformationen sowie eine große Auswahl. Die von den Anbietern digitaler Märkte häufig besonders hervorgehobenen Zusatzdienste, wie z.b. die Vermittlung von Finanzierungen oder Versicherungen sowie das Angebot von landwirtschaftlichen Nachrichten und Wettervorhersagen, waren dagegen für die meisten Nutzer von nur geringem Interesse. Ein Ergebnis das wenig verwundert, da spezialisierte Anbieter von Nachrichten oder Wettervorhersagen im Internet nur einen Klick entfernt sind. Für digitale Marktplätze scheint es daher sinnvoll zu sein, sich auf ihre Kernfunktion, nämlich die Vermittlung von Transaktionen zu spezialisieren.

Die Möglichkeit eines elektronischen Datenaustausches war nur für Unternehmen der Stahlhandelsbranche und in geringerem Maße auch für die kleinen und mittelständischen Handelsunternehmen eine wichtige Eigenschaft digitaler Marktplätze. Für die befragten landwirtschaftlichen Unternehmer und die Nutzer von *AutoScout24* spielte der elektronische Austausch von Daten nur eine geringe bis gar keine Rolle. Da die Einrichtung einer Verbindung zum elektronischen Datenaustausch trotz zahlreicher Anstrengungen zu Datenaustauschstandards immer noch sehr zeit- und kostenaufwendig ist [Buxmann und König, 1998, Deininger, 2001, Quanth und Wichmann, 2003, Reimers, 2001], lohnt eine solche Investition nur für Unternehmen, die eine hohe Anzahl an Handeltransaktionen abzuwickeln haben und die Handelsvorgänge im eigenen EDV-System weiterverarbeiten wollen. Die Anzahl an Handelstransaktionen eines landwirtschaftlichen Betriebes und vieler kleiner Handelsunternehmen scheinen demnach nicht auszureichen, um eine Automatisierung des Geschäftsverkehrs zu rechtfertigen.

3.4 Die großen digitalen Marktplätze der Ernährungsindustrie

Die Messung des Erfolges eines digitalen Marktplatzes über die Besucherfrequentierung wie in der Hauptuntersuchung der Kapitel 5 und 6 führt immer dann zu ungenauen Ergebnissen, wenn die frei zugängliche Marktplatzsite lediglich informellen Charakter hat, der eigentlich Handel aber über nur Mitgliedern zugängliche Bereiche abgewickelt wird. Besonders stark dürfte diese Verzerrung bei den großen digitalen Handelsplattformen der Konsumgüter- und Ernährungsindustrie ausgefallen sein. Aus diesem Grunde soll an dieser Stelle auf die Besonderheiten der großen vier digitalen Handelsplattformen *CPGmarket*, *GNX* (Global Net Xchange), *Transora* und *WWRE* (World Wide Retail Exchange) eingegangen werden. Die Informationen zu diesen Marktplätze stammen zum Großteil aus der Online-Version der Lebensmittelzeitung (www.lz-net.de), die im Zeitraum vom 24.10.2001 bis zum 11.05.2004 vollständig nach Meldungen zu digitalen Marktplätze durchsucht worden ist. Die einzelnen Meldungen zu den erwähnten vier großen Marktplätzen und zum Getränkemarktplatz *GetPort* sind im Anhang E, sortiert nach den Rubriken *Angebotene Dienstleistungen, Kooperationen, Kunden, Umsatz* und *Sonstiges*, aufgeführt. Da eine Meldung Informationen zu mehr als einer Rubrik enthalten kann, wurden einige Meldungen inhaltlich aufgeteilt und können somit in mehreren Rubriken auftauchen. Anhand derselben Einteilung soll im folgenden Kapitel ein kurzer Überblick über diese vier Marktplätze gegeben werden. Da es sich bei diesen Meldungen in der Regel um Pressemitteilungen der Marktplätze selbst handelt, wurden zusätzlich zwei Großkunden zu ihren Handelsgewohnheiten auf diesen Marktplätzen befragt. Als Kunde des Marktplatzes *WWRE* konnte ein Mitarbeiter des Otto-Versands und für *GNX* ein Mitarbeiter der Metro interviewt werden.

3.4.1 Kooperationen

Wie Abbildung 15 zeigt, sind alle vier Marktplätze über Kooperationen miteinander verbunden, wobei *Transora* den höchsten Vernetzungsgrad aufweist. *Transora* beliefert sowohl die drei konkurrierenden Marktplätze mit Artikelstammdaten und tauscht diese ebenfalls mit den Stammdatenpools *Sinfos* aus Deutschland und *Equadis* aus Frankreich.

Abbildung 15: Vernetzung der großen digitalen Marktplätze in der Ernährungsindustrie

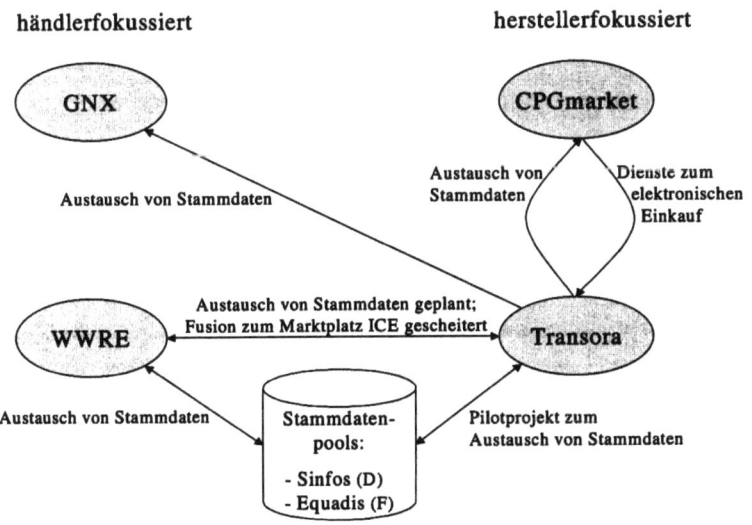

Im Gegenzug nutzt *Transora* die Auktions- und Ausschreibungsdienste von *CPGmarket*. Eine für Mai 2003 geplante Fusion der Marktplätze *WWRE* und *Transora* zur ‚International Collaboration Exchange' (ICE), die vor allem vom Konsumgüterhersteller Procter & Gamble forciert wurde, wurde jedoch bis zum Juli 2004 nicht verwirklicht.

3.4.2 Kunden

Die Hauptzielgruppe der Marktplätze *GNX* und *WWRE* sind Einzelhandelsunternehmen, während sich *CPGmarket* und *Transora* eher auf die Bedürfnisse der Konsumgüterhersteller konzentrieren. *GNX* zählt beispielsweise mit Carrefour, Kroger, Kmart, Metro, J. Sainsbury und Karstadt Quelle einige der weltweit größten Einzelhändler zu seinen Kunden. Mitglieder des Marktplatzes *WWRE* sind nach eigenen Angaben 62 Einzelhandelsketten, zu denen ebenfalls große Namen wie Ahold, Auchan, Coop, Edeka, Galaries Lafayette, Markant, Otto-Versand, REWE, Safeway, Schlecker, Tengelmann, Tesco und Woolworths zählen. Neben diesen und weiteren Einzelhändlern haben sich auch die beiden Konsumgüterhersteller Cambell's und Wyeth Consumer Healthcare *WWRE* angeschlossen.

Von den eher herstellerorientierten Marktplätzen nennt *CPGmarket* beispielsweise Bahlsen, Ferrero, Henkel, L'Oréal, Nestlé, Südzucker, sowie Coca-Cola und Danone als seine Kunden, während *Transora* u.a. Beiersdorf, British American Tobacco, Cambell Soup, Colgate-Palmolive, Heinz, Heineken, Kellogg, Kraft Foods, Mars, McCain Foods, Pepsi, Procter & Gamble, Unilever und ebenfalls Coca-Cola und Danone zu seinen Kunden zählt. Wie man am Beispiel Coca-Cola und Danone sieht, sind einige Konsumgüterhersteller nicht auf einen Marktplatz fokussiert, sondern durchaus auf mehreren vertreten.

3.4.3 Angebotene Dienstleistungen

Nicht zuletzt augrund der beschriebenen Kooperationen zwischen den großen digitalen Marktplätzen der Ernährungsindustrie und derselben Kundengruppe, bieten die ‚Großen Vier' ihren Kunden ein sehr ähnliches Produktspektrum an. Von derselben Kundengruppe kann trotz der unterschiedlichen Fokussierung auf Einzelhändler oder Konsumgüterhersteller gesprochen werden, da die abzuwickelnden Transaktionen überwiegend zwischen Hersteller und Einzelhändler stattfinden. Die Produktpalette der Marktplätze reicht von Reportingtools zur konzernweiten Lieferantenbewertung, über Online-Ausschreibungen und Auktionen, die Vermittlung von Logistikdiensten, Werkzeugen zur gemeinsamen Produktentwicklung, Stammdatensynchronisation, Integration von IT-Systemen bis zu Hilfsmitteln zur unternehmensübergreifenden Planung, Prognose und Lageraufüllung (CPFR).

3.4.4 Umsätze

Eine objektive Ermittlung des Umsatzes dieser vier Marktplätze ist, wie schon in Abschnitt 3.1.2 dieses Kapitels angesprochen, äußerst schwierig. Da die Handelstransaktionen nicht über die frei zugänglichen Marktplatzsites abgewickelt werden, kann auch die Besucherfrequentierung dieser Sites nicht als Maß herangezogen werden. Verfügbar sind daher lediglich Mitteilungen der Marktplätze selbst und Nachfragen bei den Kunden der Marktplätze.

Die in der Lebensmittelzeitung veröffentlichten Umsatzzahlen deuten auf eine beachtliche Anzahl an abgewickelten Transaktionen hin. *CPGmarket* berichtete am 04.12.03, daß seit seiner Eröffnung im März 2000 Transaktionen im Wert von 5 Milliarden Euro abgewickelt worden sind und 400 Ausschreibungen pro Monat stattfinden. Nahezu zeitgleich meldete *GNX* am 12.11.2003, daß im dritten Quartal 3.200 Einkaufsauktionen im Wert von 1,6 Mrd. $US durchgeführt worden sind. Bereits am 02.05.2002 meldete die Lebensmittelzeitung, daß 600 Hersteller insgesamt 2,5 Millionen Produkte bei *Transora* gelistet haben und am 09.01.2003, daß *Transora* mehr als 100.000 Katalognutzer unter Vertrag hat. Für *WWRE* nannte Herr Jürgen Kahmann [2003], Direktor – Central Europe and Scandinavia, daß die 62 beteiligten Einzelhandelsketten bei einem Transaktionsvolumen von 7 Milliarden $US im Zeitraum von 2001 bis 2003 Einsparungen von über 1,1 Milliarden $US erzielen konnten, was im Durchschnitt fast 18 Millionen $US pro Kunde entspräche.

Um diese Angaben zu den getätigten Umsätzen auf Plausibilität überprüfen zu können, wurde versucht, mit Kunden über ihre Erfahrungen mit den großen digitalen Marktplätzen der Ernährungsindustrie zu sprechen. Leider erwiesen sich von 13 kontaktierten Einzelhändlern und Konsumgüterherstellern nur zwei als auskunftsbereit. Die REWE leitet die Anfrage direkt an *WWRE* weiter und lediglich der Otto-Versand und die Metro AG machten Aussagen zur Nutzung der Marktplätze *WWRE* bzw. *GNX*.

Der Otto-Versand beteiligte sich vor ca. 2 Jahren an *WWRE*, verfolgte aber von Anfang an eine Doppelstrategie, indem auch eigene B2B-Lösungen entwickelt worden sind. Zur Zeit ist Otto nur noch stilles Mitglied von *WWRE*, zahlt keine Beiträge mehr und nutzt den Marktplatz nicht. Statt dessen wurde ein eigenes Auktionsmodul entwickelt, über welches

Handelswaren eingekauft werden und bisher über 400.000 Euro eingespart werden konnten.

Die Metro AG ist seit Mitte 2000 Gesellschafter von *GNX* und nutzt derzeit die Auktionsmöglichkeiten und CPFR-Funktionalitäten. Über Ausschreibungen werden vor allem Handleswaren beschafft, während im Bereich der Markenprodukte, vor allem bei Wasch- und Reinigungsmitteln, mit knapp 10 großen Industriepartnern gemeinsame Planung, Prognose und Lagerauffüllung betrieben wird. Als Vorteile nennt die Metro einen geringeren Entwicklungsaufwand und bessere Lösungen gegenüber einer Eigenentwicklung. Darüber hinaus müssen sich Lieferanten, die mit mehreren der an *GNX* beteiligten Einzelhändler Geschäftsbeziehungen pflegen, nur an einem System registrieren lassen. Keine Bedeutung hat dagegen für die Metro die Möglichkeit der Einkaufsbündelung mit anderen Einzelhändlern zur Erhöhung der Einkaufsmacht, da dies kartellrechtliche Probleme aufwerfen würde. Darüber hinaus wird der Marktplatz nicht dazu verwendet, neue Handelspartner aufzuspüren, da dem Einkauf der Metro alle potentiellen Geschäftspartner bekannt sein sollten. Ebenfalls ungenutzt sind derzeit die *Stammdatenkataloge* von *GNX*.

Allgemeingültige Aussagen zur Nutzung der großen Marktplätze der Ernährungswirtschaft sind aufgrund dieser beiden Fallbeispiele nicht möglich und bedürfen weiterer Untersuchungen. Interessant scheint jedoch die Tatsache, daß der Otto-Versand, obwohl immer noch als Mitglied von *WWRE* auf der Homepage ausgewiesen, den Marktplatz überhaupt nicht nutzt und die Metro lediglich Ausschreibungen und in begrenztem Maße CPFR-Funktionalität verwendet. Vor diesem Hintergrund erscheint auch das Ergebnis einer Studie der Europäischen Kommission zur Nutzung des E-Commerce in der Nahrungs-, Getränke- und Tabakindustrie [o.V., 2003b, S. 29] als wenig erstaunlich. Laut dieser Studie nutzten 2003 lediglich ein Prozent aller Unternehmen der untersuchten Branchen digitale Marktplätze und lagen damit weit hinter dem Durchschnitt aller Branchen zurück. Bei den Unternehmen mit mehr als 250 Angestellten stieg der Anteil der Nutzer digitaler Marktplätze auf 8 Prozent an. Die imposant klingenden Umsatzzahlen der in diesem Abschnitt näher vorgestellten Marktplätze sollten daher immer in Relation zum weltweiten Konsumgüterumsatz von 7530 Milliarden \$US im Jahre 2002 gesehen werden [Metro Group, 2003, S. 36f.]. Die berichteten 5 Milliarden Euro Umsatz, die *CPGmarket* seit seiner Gründung im März 2000 in 3,5 Jahren umgesetzt hat, ergeben durchschnittlich 1,43 Milliarden Euro pro Jahr, was lediglich einem Anteil von weniger als 0,02% des weltweiten Konsumgüterumsatzes entspricht.

4 Transaktionskosten und digitale Marktplätze

Einige wenige organisierte Marktplätze, wie z.b. frühe Formen von Wochenmärkten, mögen mehr oder weniger spontan in einem emergenten Prozeß entstanden sein. Der weit überwiegende Teil aller organisierten Marktplätze wurde jedoch von Einzelunternehmern oder Gruppen von Unternehmern mit dem Ziel geschaffen, den Betreibern dieser Märkte einen ökonomischen Profit zu verschaffen [Rosen, 1983, S. 306]. Da nach Rosen [1983, S. 303] in einer dynamischen Umwelt kein Markt perfekt ist, bietet sich dem Unternehmer immer wieder die Möglichkeit, neue Formen organisierter Märkte zu kreieren. Somit ist es wenig verwunderlich, daß auch durch die allgemeine Verfügbarkeit des Internets neue digitale Formen von Marktveranstaltungen entstanden sind. Da die meisten digitalen Marktplätze mit etablierten, konventionellen Marktveranstaltungen um Kunden und Handelsvolumen konkurrieren, muß es digitalen Marktplätzen entweder gelingen, a) anderen (konventionellen) Marktplätzen Marktanteile abzunehmen oder b) den Markt für Marktdienstleistung auszuweiten und neue Kundengruppen zu erschließen [Müller, 2002, S. 44], für die es bisher nicht lohnend war, über einen organisierten Markt Handel zu betreiben. In beiden Fällen ist es notwendig, das interne Kostenniveau des neuen Marktplatzes so zu gestalten, daß die Dienstleistung ‚Markttransaktion' zu einem konkurrenzfähigen Preis angeboten werden kann. Als gutes Beispiel für eine gelungene Marktausweitung kann *eBay* genannt werden. *EBay* ist es durch den Einsatz moderner Datenverarbeitung und der Nutzung des Internets gelungen, die Kosten einer Auktion so stark zu senken, daß auch geringwertige Gegenstände versteigert werden, die ansonsten kaum jemand über ein konventionelles Auktionshaus hätte versteigern lassen.

Aus volkswirtschaftlicher Sicht kann die Senkung der Kosten von Markttransaktionen zusätzliche positive Wohlfahrtseffekte aufweisen. Nach Adam Smith [1776, S. 19] ist es die Macht des Handels, die es ermöglicht, Spezialisierungsgewinne der Arbeitsteilung zu nutzen. Da das Ausmaß der Arbeitsteilung von der Effizienz der Märkte abhängt, kann eine Steigerung der Effizienz von Märkten die Nutzung weiterer Spezialisierungsgewinne ermöglichen. Da in dieser Arbeit jedoch lediglich einzelwirtschaftliche Aspekte digitaler Marktplätze untersucht werden sollen, bleiben mögliche Wohlfahrtseffekte im Folgenden unberücksichtigt.

Die gesamten Kosten einer Handelstransaktion werden definiert als die Summe aller Transaktions- und Transportkosten, die für einen Handelsvorgang zwischen zwei Handelspartnern anfallen. Da die meisten Produkte des Agrar- und Ernährungssektors physischer Natur sind und somit nicht über das Internet transportiert werden können, fallen sowohl für den Handel über konventionelle als auch über digitale Marktplätze Transportkosten an. In der Literatur wurde schon früh darauf hingewiesen [z.B. Henderson, 1984], daß durch den Handel über digitale Marktplätze Transportkosten eingespart werden können. Hierzu muß es gelingen, die handelsrelevanten Eigenschaften der zu handelnden Waren so gut virtuell nachzubilden oder zu beschreiben, daß auf eine physische Anwesenheit der Waren während der Verhandlung verzichtet werden kann. In diesem Falle kann die erfolgreich gehandelte Ware direkt vom Verkäufer zum Käufer transportiert werden, so daß der Umweg über den Marktplatz eingespart werden kann. Das Einsparpotential an Transportkosten ist dann besonders hoch, wenn die Entfernungen groß sind, die Waren aufwendig zu transportieren sind [z.B. Gebrauchtwagenhandel in den USA; Garciano und Kaplan, 2000] oder die Waren während des Transportes stark an Wert verlieren können [z.B. beim Handel mit lebenden Tieren; Müller, 1981].

Ob Transportkosten durch eine direkte Lieferung vom Verkäufer zum Käufer eingespart werden können, hängt jedoch weniger von der Organisationsform der Marktplätze als von den Eigenschaften der zu handelnden Ware ab. Fahrzeuge werden schon seit langem über Anzeigenblätter angeboten und auch Ferkel werden gehandelt, ohne daß die Tiere physisch beim Handelsvorgang vor Ort sind. Die Nutzung digitaler Marktplätze führt deshalb nur dann zu niedrigeren Transportkosten gegenüber herkömmlichen Handelsformen, wenn es erst durch den Einsatz digitaler Marktplätze möglich wird, die Eigenschaften von Handelswaren ausreichend gut zu beschreiben und erst dadurch der Ort der Verhandlung vom Ort der Ware getrennt werden kann. Wie hoch dieses Einsparungspotential an Transportkosten durch den Einsatz von digitalen Marktplätzen für die Agrar- und Ernährungsindustrie ist, wurde im Rahmen dieser Arbeit nicht untersucht und auch aus der Literatur sind keine Angaben hierzu bekannt. Aus diesem Grunde wurden in dieser Arbeit keine Transportkosten berücksichtigt und somit werden in der folgenden Untersuchung lediglich die Transaktionskosten einer Handelstransaktion betrachtet.

Zur Analyse der Transaktionskosten von Marktplätzen werden in diesem Kapitel zwei Marktplatzmodelle vorgestellt. Bei dem ersten Modell handelt es sich um ein statisches Modell, in dem die gesamten Transaktionskosten einer Markttransaktion in Koordinations–, Motivations–, und Liquiditätskosten aufgeteilt werden. Anschließend wird jede dieser drei Kostenarten auf mögliche Kostenvorteile digitaler Marktplätze gegenüber konventionellen Marktplatzformen untersucht. Auf Basis dieses Kostenvergleichs werden Hypothesen abgeleitet, wie ein digitaler Marktplatz gestaltet sein sollte, um erfolgreich bestehen zu können. Diese Hypothesen werden in den folgenden Kapiteln operationalisiert und empirisch getestet. Weil der Erfolg eines Marktplatzes maßgeblich von der Höhe seiner Transaktionskosten bestimmt wird, bietet sich die Transaktionskostentheorie als theoretische Basis für die Ableitung der Hypothesen zur Wettbewerbsfähigkeit digitaler Marktplätze gegenüber konventionellen Marktplatzformen an.

Ein statisches Modell kann keine Aussagen über die zeitliche Entwicklung der vorteilhaften Gestaltung von Marktplätzen während der frühen Phase innovativer Vielfalt und des einsetzenden Selektionsprozesses machen. Deshalb wurde zur Analyse dieser Phasen ein zweites, dynamisches Marktplatzmodell entwickelt. Da in diesem dynamischen Marktplatzmodell Kostenbestandteile enthalten sind, die sich auf die Höhe der Transaktionskosten späterer Perioden auswirken, weist dieses Modell Pfadabhängigkeiten auf, die sich einer reduktionistischen Analyse entziehen. Die Eigenschaften dieses dynamischen Modells wurden daher mittels einer Multi-Agenten-Simulation untersucht. Da keine empirischen Zeitreihendaten für digitale Marktplätze vorlagen bzw. erhoben werden konnten, die eine Überprüfung von Hypothesen zur zeitlichen Entwicklung von Marktplätzen ermöglicht hätten, wurden aus dem dynamischen Modell keine Hypothesen abgeleitet. Die Ergebnisse der Multi-Agenten-Simulation fließen daher direkt in die Diskussion der Erfolgsfaktoren digitaler Marktplätze mit ein.

Im nächsten Abschnitt wird zunächst ein Überblick über die unterschiedlichen Ansätze der Transaktionskostentheorie gegeben. Auf Ansätze, die sich besonders zur Ableitung von Hypothesen zu Erfolgsfaktoren digitaler Marktplätze eignen, wird näher eingegangen. Anschließend wird das statische Marktplatzmodell entwickelt und Hypothesen für die empirische Untersuchung werden abgeleitet.

4.1 Geeignete Ansätze der Transaktionskostentheorie zur Untersuchung von Erfolgsfaktoren digitaler Marktplätze

Warum gibt es Unternehmen? Ausgelöst von dieser scheinbar simplen Frage von Ronald Coase im Jahre 1937 hat sich eine nahezu unüberschaubare Vielfalt an Literatur zur Transaktionskostentheorie herausgebildet, deren vollständige Beschreibung unmöglich ist. In Anbetracht der umfangreichen Literatur zur Transaktionskostentheorie ist es daher wenig verwunderlich, daß auch das zentrale Element der Transaktionskostentheorie, die Transaktionskosten, uneinheitlich definiert ist.

„Transaction costs may be defined as the cost of exchanging ownership titles" [Demsetz, 1968] oder in einer anderen Variante „the costs of using the price mechanism" [Coase, 1937]. Die meisten mehr operational ausgerichteten Definitionen der Transaktionskosten beziehen sich in der Regel auf die einzelnen Phasen einer Handelstransaktion. In diesem Sinne bemerkte Coase [1988] „In order to carry out a market transaction it is necessary to discover who it is that one wishes to deal with, to inform people that one wishes to deal and on what terms, to conduct negotiations leading up to a bargain, to draw up the contract, to undertake the inspection needed to make sure that the terms of the contract are being observed". In Anlehnung an Coase präzisierte Dahlman [1979] das Konzept der Transaktionskosten, indem er sie als "search and information costs, bargaining and decision costs, policing and enforcement costs" beschrieb. Demsetz [1968] erweiterte die Transaktionskosten um Kosten, die durch unzureichend liquide Märkte verursacht werden und Barzel [1982] fokussierte seine Definition auf die Kosten der Messung von Produkteigenschaften. North [1990b, S. 27] definierte Transaktionskosten als Kosten der Messung der wertbestimmenden Eigenschaften einer Handelsware und als Kosten zum Schutz, zur Kontrolle und zur Durchsetzung der Vereinbarungen. Williamson [1985, S. 20ff.] trifft eine zeitliche Unterteilung in *ex ante* und *ex post* Transaktionskosten. Unter *ex ante* Transaktionskosten werden Kosten zusammengefaßt, die zum Abschluß eines Vertrages führen, während *ex post* Transaktionskosten für die Überwachung, Durchsetzung und eventuelle Anpassung der vertraglichen Vereinbarungen entstehen. Milgrom und Roberts [1992] unterteilen die Transaktionskosten in Koordinations- und Motivationskosten, wobei in den Koordinationskosten alle Kostenbestandteile enthalten sind, die durch die Suche nach einem geeigneten Handelspartner und durch die Vertragsverhandlungen entstehen, während unter Motivationskosten die Summe aller durch unvollständige oder asymmetrische Informationen und unvollkommene Verhandlungen verursachten Kosten zusammengefaßt werden.

Ein klassifizierender Überblick über die unterschiedlichen Strömungen der Transaktionskostentheorie wird in den Arbeiten von Wang [2003] und James [2004] gegeben, deren Einteilungen in Tabelle 7 zusammengefaßt sind. Zur Ableitung von Hypothesen zur vorteilhaften Gestaltung digitaler Marktplätze werden neben *allgemeinen Aussagen* der Transaktionskostentheorie vor allem die Ansätze der *Geld- und Finanzökonomie* und der *Meß- und Informationsprobleme* verwendet. Aus diesem Grunde werden diese Ansätze im Folgenden näher vorgestellt. Als Grundlage für die Modellierung des Erfolges organisierter Märkte dient der Ansatz von Spulber [1999], mit dem neben dem Markt und der Hierarchie der Intermediär als dritte Koordinationsform von Austauschbeziehungen eingeführt wurde. Da Spulber auf dem *Transaktionskostenansatz* nach Williamson aufbaut, wird auch dieser Ansatz im Folgenden kurz dargestellt.

Tabelle 7: Einteilungen von Arbeiten zur Transaktionskostentheorie

nach Wang [2003]	nach James [2004]
Geld- und Finanzökonomie Demsetz, (Bhardwaj, Brooks, Stoll, Whaley)	Theoretische Arbeiten: - Unternehmensorganisation
Transaktionskosten nach dem Ansatz von Williamson (Markt – Hierarchie) Williamson, Coase	- Vertikale Integration - Beschäftigung und Hierarchie - Verwaltungsangelegenheiten
Der Transaktionssektor	- *Meß- und Informationsprobleme* Barzel, Akerlof, Stiegler
Nicht-marktliche Transaktionskosten	- Transaktionskosten und Eigentumsrechte
Transaktionskosten und Ökologie	Empirische Arbeiten:
Institutionen und Wirtschaftswachstum	- vertikale Integration - Langzeitverträge
Individuenspezifische Transaktionskosten	- Organisationsprobleme

4.1.1 Allgemeine Aussagen der Transaktionskostentheorie

Ziele

Das Ziel der Transaktionskostentheorie ist zu erklären, warum bestimmte Transaktionen in unterschiedlichen Organisationsformen abgewickelt werden [Ebers und Gotsch, 1995, S. 208]. Dabei wird angenommen, daß sowohl die Umweltbedingungen als auch die Art der abzuwickelnden Transaktion Einfluß auf die Höhe der Kosten einer Transaktion und die Kosten wiederum Einfluß auf die Organisationsform haben. Somit wird die Organisationsform transitiv durch die Umwelt und die Art der durchzuführenden Transaktion beeinflußt. Dieser Zusammenhang kann folgendermaßen dargestellt werden:

Organisationsform = f (Transaktionskosten = g (Umwelt, Art der Transaktion)) (3)

Verhaltensannahmen der Akteure

Bezüglich der Annahmen über das Verhalten der Akteure zeigt sich die Transaktionskostentheorie gegenüber der Neoklassischen Theorie wirklichkeitsnäher.

a) Die Transaktionskostentheorie geht nicht mehr davon aus, daß Wirtschaftssubjekte unbegrenzt rational handeln, sondern dies lediglich versuchen. Als Gründe für diese *beschränkte Rationalität* nennt Simon [1976, S. xxviii] eine limitierte Informationsverarbeitungskapazität des menschlichen Gehirns und unvollkommene Kommunikation. Aufgrund der beschränkten Rationalität und aufgrund von Kosten bei der Informationsbeschaffung [Stigler, 1961] müssen Entscheidungen in der Regel auf Basis unvollkommener Informationen getroffen werden. Eine beschränkte Rationalität erweist sich immer dann als ein Problem, wenn die Umwelt komplexer als die maximale Beherrschbarkeit der Akteure ist.

b) Die zweite Verhaltensannahme unterstellt den Wirtschaftssubjekten ein *opportunistisches Verhaltenspotential* [vgl. Williamson, 1985, S. 47-50]. Diese Annahme stellt eine Verschärfung der neoklassischen Annahme der Nutzenmaximierung dar, da bei opportunistischem Verhalten damit gerechnet werden muß, daß die Akteure bei der Verfolgung ihrer Interessen auch unfair handeln, d.h. auch List, Täuschung oder Zurückhaltung von Informationen einsetzen.

c) Neben diesen beiden substantiellen Verhaltensannahmen unterstellt Williamson [1985, S. 388ff.] den Wirtschaftssubjekten zusätzlich *Risikoneutralität*. Diese Annahme dient jedoch hauptsächlich der Vereinfachung der Argumentation und Präzisierung der Kernthesen.

Ohne beschränkte Rationalität oder opportunistisches Verhalten wären institutionelle Regelungen nach Auffassung der Transaktionskostentheorie nicht notwendig, da bei vollständiger Information alles *ex ante* geplant oder bei nicht-opportunistischem Verhalten alle auftretenden Probleme *ex post* gelöst werden könnten.

Vorteilhaftigkeiten und Effizienzmaße
Zur Beurteilung der Effizienz von Organisationen betrachtet die Transaktionskostentheorie den Ressourcenverzehr, der für die Herstellung und den Austausch von Gütern oder Leistungen anfällt. Eine Organisationsform ist einer anderen vorzuziehen, wenn sie *ceteris paribus* weniger Kosten verursacht, wobei lediglich die entscheidungsrelevanten Kostenkategorien in die Analyse einbezogen werden dürfen [Riebel, 1994, S. 15]. Im Kern bildet die Transaktionskostentheorie daher einen Kostenvergleich alternativer Organisationsformen von Transaktionen. Das ökonomische Prinzip wird somit auch auf das grundlegendste aller ökonomisch relevanten Handlungen, den Tausch, angewendet.

Obwohl sowohl Produktionskosten als auch Transaktionskosten entscheidungsrelevant sind [Williamson, 1985, S. 22], liegt der Fokus der Diskussion auf den Transaktionskosten, die schon 1871 von Menger [1968, S. 153 ff.] in seinen Ausführungen zur „Lehre vom Tausche" beschrieben worden sind. Da angenommen werden kann, daß die Produktionskosten eines Landwirtes oder Konsumgüterherstellers von der Wahl des Marktplatzes nahezu unbeeinflußt sind, wird auch in der folgenden Untersuchung auf eine Berücksichtigung der Produktionskosten verzichtet.

Bei der Analyse der Vorteilhaftigkeit alternativer Organisationsformen ist es notwendig, zwischen den Transaktionskosten von Käufern und Verkäufern zu unterscheiden [Spulber, 2002b, S. 161ff.]. Eine Organisationsform kann durchaus für die eine Handelsseite vorteilhaft sein, für die andere Seite jedoch unakzeptabel hohe Kosten verursachen. Organisierte Märkte werden daher nur dann erfolgreich sein, wenn sie für beide Handelseiten konkurrenzfähige Transaktionskosten aufweisen, über Ausgleichszahlungen die Einsparungen auf beide Seiten aufgeteilt werden oder die mächtigere Handelsseite die weniger mächtige zur Teilnahme am Marktplatz zwingen kann [z.B. Automobil- und Zuliefererindustrie auf dem digitalen Marktplatz Covisint; Konicki und Gilbert, 2001, S. 18]. In der folgenden Untersuchung wird davon ausgegangen, daß unterschiedlich hohe Transaktionskostenvorteile so auf die Handelspartner aufgeteilt werden, daß die Marktplatzform mit den niedrigsten Gesamtkosten auch die kostengünstigste Alternative für Käufer und Verkäufer darstellt. Aus diesem Grunde wird in der folgenden Untersuchung nicht mehr zwischen den Transaktionskosten für Käufer und Verkäufer unterschieden und nur noch die gesamten Transaktionskosten eines Handelsvorganges betrachtet.

Um Aussagen über die Vorteilhaftigkeit der betrachteten Organisationen zu machen, ist es im Rahmen der Transaktionskostentheorie nicht zwingend notwendig, die Kosten exakt zu messen. Häufig werden lediglich relative Aussagen der Art gemacht, daß eine Organisationsform einer anderen bzgl. der anfallenden Transaktionskosten überlegen und daher vorzuziehen ist. Besonders die Kostenbestandteile aus den Bereichen, die Milgrom und Roberts [1992] als Motivationskosten bezeichnen, können in der wissenschaftlichen Praxis nur sehr schwer oder überhaupt nicht gemessen werden. Diese schwachen Anforderungen an die Genauigkeit der betrachteten Transaktionskosten wird von den Befürwortern dieser Theorie als großer Vorteil, von den Kritikern jedoch als gravierende Schwachstelle angesehen.

4.1.2 Der Ansatz nach Williamson

Nach Williamson [1990, S. 59] hängt die Höhe der Kosten für die Abwicklung einer Transaktion hauptsächlich von den Faktoren *Spezifität der Investition*, *Unsicherheit der Transaktion* und *Häufigkeit der Transaktion* ab. Daneben nennt Williamson [1993] auch soziale und technologische Rahmenbedingungen, die er als *Transaktionsatmosphäre* bezeichnet.

Spezifität und Opportunismus
Zur Senkung der Produktionskosten durch Spezialisierung werden häufig spezifische Investitionen getätigt, für die kennzeichnend ist, daß sie nur schlecht für andere Tätigkeiten eingesetzt werden können. Die Höhe der (Transaktions-)Spezifität kann als Differenz zwischen der Produktivität einer Investition in ihrer vorteilhaftesten Verwendung und der nächst schlechteren Verwendung ausgedrückt werden und wird als Quasi-Rente bezeichnet [Marshall, 1890].

„Durch opportunistisches Handeln können die Quasi-Renten der Vertragspartner, die spezifische Güter oder Leistungen in eine Transaktion eingebracht haben, verringert bzw. von dem sich opportunistisch verhaltenden Vertragspartner vereinnahmt werden" [Brinkmeyer, 1996, S.52]. Um solch ein Verhalten zu vermeiden, bietet es sich bei hoher Spezifität der Investition an, Koordinationsformen zu wählen, die die Transaktionspartner möglichst eng und langfristig gegenseitig binden [Masten und Crocker, 1985, S. 1084]. Da Investitionen häufig wechselseitig spezifisch sind, d.h. beide Vertragspartner auf die Leistung des jeweils anderen angewiesen sind, sind gegenseitige vertragliche Bindungen häufig anzutreffen. Als Voraussetzung für opportunistisches Handeln bildet Spezifität eine wesentliche Ursache für Transaktionsprobleme [Williamson, 1990, S. 64].

Unsicherheit, Komplexität und beschränkte Rationalität
Williamson [1984, S. 204f.] unterscheidet zwischen zwei Formen der Unsicherheit, der *Umweltunsicherheit* und der *Verhaltensunsicherheit*. Unter Umweltunsicherheit wird jegliche Form von Unsicherheit verstanden, die nicht durch die Transaktionspartner beeinflußt werden kann. Beispiele hierfür sind nicht voraussehbare Gesetzesänderungen, Innovationen der Konkurrenten, Katastrophen oder das Wetter. Die Verhaltensunsicherheit resultiert dagegen aus dem möglichen opportunistischen Verhalten des Transaktionspartners, wobei die Höhe der Verhaltensunsicherheit häufig von der Höhe der Umweltunsicherheit abhängig ist. Bei hoher Umweltunsicherheit und asymmetrischer Informationsverteilung beste-

hen für den besser informierten Transaktionspartner mehr Möglichkeiten, sich opportunistisch zu verhalten, was zu einer Erhöhung der Verhaltensunsicherheit führen kann. Beide Unsicherheitsarten führen dazu, daß die Transaktionskosten sowohl *ex ante* als auch *ex post* steigen. Bei größerer Unsicherheit müssen bei der Informationsbeschaffung und Vertragsverhandlung mehr Eventualitäten berücksichtigt werden, was die *ex ante* Kosten steigen läßt. Niemals können begrenzt rationale Vertragspartner jedoch alle Möglichkeiten bedenken, was zu kostspieligen Nachverhandlungen und Konfliktlösungen und somit zu höheren *ex post* Kosten führt. Beide Formen der Unsicherheit, *Umweltunsicherheit* und *Verhaltensunsicherheit*, werden von der Höhe der Komplexität einer Transaktion beeinflußt. Je komplexer eine Transaktion ist, desto mehr Unsicherheit birgt sie für begrenzt rationale Handelspartner.

Häufigkeit

Durch eine hohe Anzahl gleichartiger Transaktionen lassen sich *ceteris paribus* meist Skaleneffekte erzielen, die zu sinkenden Kosten einer weiteren Transaktion führen. Da diese Skaleneffekte in der Regel bei jeder gewählten Organisationsform auftreten, wird die Transaktionshäufigkeit bei der Beurteilung der Effizienz unterschiedlicher Organisationsformen häufig ignoriert [z.B. Picot und Dietl, 1990]. Diese Argumentation vernachlässigt jedoch, daß unterschiedliche Organisationsformen unterschiedlich hohe Skaleneffekte erzielen können. Daher kann durchaus eine Organisationsform bei hohen Transaktionszahlen deutlich niedrigere gesamte Transaktionskosten aufweisen als eine alternative Organisationsform, während dies bei einer geringen Transaktionshäufigkeit nicht der Fall sein muß. So verursacht beispielsweise der Einsatz von automatisierten Verfahren, wie dem elektronischen Datenaustausch (EDI) oder der Einsatz von Fertigungsrobotern, häufig hohe Fixkosten aber nur geringe Grenzkosten. Die Vorteilhaftigkeit einer automatisierten gegenüber einer manuellen Organisationsform hängt somit in erster Linie von der Häufigkeit der abzuwickelnden Transaktionen ab.

Transaktionsatmosphäre

Unter der Transaktionsatmosphäre werden soziale und technologische Rahmenbedingungen zusammengefaßt, die Einfluß auf die Gestaltung einer Organisation haben können. Beispielsweise kann es in verschiedenen Kulturen durch gesellschaftliche Wertvorstellungen unterschiedlich wahrscheinlich sein, daß sich Transaktionspartner opportunistisch verhalten. Des weiteren ist durch den rasanten technischen Fortschritt im Bereich der Informationsbeschaffung und -verarbeitung die Informationsverarbeitungskapazität der Wirtschaftssubjekte gestiegen. Auch politische Rahmenbedingungen wie Kontinuität der Politik oder Rechtssicherheit können sich auf die Transaktionskosten und somit die Form einer Organisation auswirken.

4.1.3 Transaktionskosten bei Meß- und Informationsproblemen

Unter der Bezeichnung *Meß- und Informationsprobleme* werden bei James [2004] Arbeiten zur Transaktionskostentheorie zusammengefaßt, die sich mit den Kosten der Messung von Produkteigenschaften und der Informationsbeschaffung befassen. Die bekanntesten Veröffentlichungen dieser Gruppe von Arbeiten sind "The Market for 'Lemons': Quality, Uncertainty and the Market Mechanism" von Akerlof [1970], "The Economics of Innovation" von Stigler [1961] und "Measurement Costs and the Organization of Markets" von Barzel [1982]. Ebenfalls in diese Gruppe gehört die Literatur über den ökonomischen Nutzen von Handelsklassen.

Akerlof [1970] beschreibt, wie Unsicherheit bezüglich der Eigenschaften eines Produktes Vertragsverhandlungen erschwert oder unmöglich macht. Er zeigt am Beispiel des Gebrauchtwagenmarktes, daß der Marktpreis eines Gebrauchtwagens nicht seiner Qualität, sondern der durchschnittlichen Qualität aller angebotenen Gebrauchtwagen entspricht. Dies führt dazu, daß auf diesem Markt nur noch Fahrzeuge angeboten werden, deren Qualität unterhalb der bisherigen durchschnittlichen Qualität liegt. Dies führt zu einer weiteren Senkung der durchschnittlichen Qualität der angebotenen Fahrzeuge. Im Endeffekt werden nur noch Fahrzeuge mit einem niedrigen Qualitätsniveau (bei Akerlof ‚Lemons' genannt) angeboten oder aber der Markt für Gebrauchtwagen scheitert vollständig. Um dieser negativen Spirale zu einer immer niedrigeren Qualität der angebotenen Waren auf einem Markt zu entkommen, können organisatorische Maßnahmen wie Garantien oder Markennamen eingesetzt werden.

Stigler [1961] untersucht, wie sich Kosten für die Suche nach Handelspartnern und Produktpreisen auf die Handelsweisen von Wirtschaftssubjekten auswirken. Nach Stigler suchen Wirtschaftssubjekte so lange nach besseren Angeboten, bis die Grenzkosten der Suche dem erwarteten zusätzlichen Nutzengewinn entsprechen. Da Suchkosten bei bestimmten Produkten hoch sein können, besteht der Anreiz neue Organisationsformen zu entwickeln, um diese Suchkosten zu senken. Als Beispiel hierfür nennt Stigler die Werbung, mit deren Hilfe potentielle Käufer mit Informationen über Produkte versorgt werden und somit der Suchaufwand der Käufer gesenkt wird.

Die Bedeutung der Meßkosten hebt Barzel [1982] hervor. Meßkosten haben nach Barzel einen signifikanten Einfluß auf alle ökonomischen Transaktionen, so daß Handelspartner bemüht sind, Verträge und Handelsvorgänge derart zu gestalten, daß die Kosten der Bestimmung von Produktqualitäten vermindert werden. Als Beispiele zur Senkung von Meßkosten nennt Barzel Garantien, Vertrauen, Markenamen und langfristige Handelsbeziehungen [Barzel, 1982, S. 48]. Nach Barzel [1982, S. 46] liegt ein Grund für die Existenz von organisierten Märkten (hier am Beispiel der Warenterminbörsen aufgezeigt) darin, daß die Börse die Produkteigenschaften der gehandelten Waren garantiert und darüber hinaus die Zahlungsabwicklung übernimmt. Auf diese Weise besteht für den Käufer keine Gefahr, mangelhafte Waren zu erhalten und der Verkäufer muß keine zusätzlichen Ressourcen für das Eintreiben der Kaufsumme aufwenden.

Könnten sämtliche Produkteigenschaften und Charaktereigenschaften des Handelspartners exakt gemessen werden, bestünde bezüglich des bevorstehenden Handelsvorganges keinerlei Unsicherheit. Da es wirtschaftlich jedoch nicht sinnvoll ist, Meßfehler vollständig auszuschließen [Barzel, 1982, S. 48], sollten Transaktionen derart organisiert sein, daß die aus Meßfehlern resultierenden Kosten minimal werden. Für einen Verkäufer kann es u.U. sehr aufwendig sein, alle angebotenen Produkte auf Qualitätsmängel zu untersuchen, während der Verbraucher diese während des Konsums nahezu kostenlos ermitteln kann. In diesem Falle könnten durch das Gewähren einer Produktgarantie Meßkosten auf Seiten des Verkäufers eingespart werden [Barzel, 1982, S. 33]. Barzel kommt zu dem Schluß, daß es in vielen Fällen kostengünstiger ist, auf eine vollständige Messung der Produkteigenschaften zu verzichten und alternativ Garantien über die versprochenen Produkteigenschaften zu geben.

4.1.4 Transaktionskosten in der Geld- und Finanzökonomie

In der Finanzökonomie werden Transaktionskosten gewöhnlich als Kosten der Nutzung von Finanzmärkten verstanden und beinhalten vor allem Gebühren und Handelsspannen der Broker und Betreiber von Finanzmärkten [Bhardwaj und Brooks, 1992, Demsetz, 1968, Stoll und Whaley, 1983]. Empirische Studien zu Transaktionskosten von Finanzmärkten stoßen vor allem bei professionellen Anlegern auf ein großes Interesse und sind aufgrund einer hohen Übereinstimmung bzgl. der Definition von Transaktionskosten auf Finanzmärkten und der hohen Verfügbarkeit von Finanzdaten relativ unproblematisch durchzuführen [Wang, 2003]. Die Höhe der Transaktionskosten, gemessen als Handelsspanne und Gebühren, wurde von Stoll und Whaley [1983] mit 2% bis 9% des Marktwertes einer Aktie angegeben. Bhardwaj und Brooks [1992] kommen auf Werte von 2% für Aktien mit einem Kurswert über $20 U.S. und 12,5% für Aktien, die für weniger als $5 U.S. gehandelt wurden.

Für die New York Stock Exchange (NYSE) konnte Demsetz [1968] zeigen, daß Brokergebühren und Handelsspannen nahezu sämtliche Transaktionskosten einer Finanztransaktion beinhalten. Hierbei stellt die Handelsspanne einen Preisaufschlag dar, der für einen vorhersehbaren und jederzeit möglichen Handel von Aktien auf organisierten Märkten bezahlt werden muß. Dieser Aufschlag entspricht der Handelsspanne von Groß- und Einzelhändlern auf Gütermärkten, die diese zur Deckung ihrer Lagerhaltungskosten erheben [Demsetz, 1968, S. 35f.]. Analog zu Groß- und Einzelhändlern spielen Broker auf organisierten Börsen eine wichtige Rolle. Broker erzielen Gewinne, indem sie auf eigene Rechnung Wertpapiere kaufen oder verkaufen, wenn die Preise für Angebote und Gesuche so weit auseinanderliegen, daß es zu großen Preissprüngen bei einer Aktie kommen würde. Durch das Eingreifen eines Brokers werden die Angebots- und Nachfragekurven geglättet und eine höhere Marktliquidität erzielt [Demsetz, 1968, S. 38].

Demsetz [1968, S. 50] konnte zeigen, daß die Handelsspannen der Broker, und somit auch die Transaktionskosten an der Börse, mit zunehmender Handelsaktivität einer Aktie immer niedriger ausfallen und somit Skaleneffekte auftreten. Mit diesen Skaleneffekten erklärte Demsetz die zunehmende Konzentration der Handelsaktivitäten an der NYSE, da Märkte mit einer hohen Liquidität aufgrund sinkender Transaktionskosten weitere Händler anlocken, wodurch sich die Liquidität auf diesen Märkten weiter erhöht.

4.2 Statisches Marktplatzmodell zur Analyse der Vorteilhaftigkeit organisierter Marktplätze

Aufbauend auf dem Markt-Hierarchie-Paradigma von Coase [1937] und Williamson und Ouchi [1981, S. 349] führt Spulber [2002b, S. 161] den Intermediär als dritte Variante der Koordination von Tauschvorgängen ein. Käufer und Verkäufer haben daher die Möglichkeit der vertikalen Integration (Hierarchie), des bilateralen Handels (Markt) und des Handels unter Einbeziehung eines auf die Ausführung von Handelstransaktionen spezialisierten Intermediärs. Ein Intermediär wird immer dann in Anspruch genommen, wenn die Kosten einer Handelstransaktion unter Einbeziehung eines Marktmittlers niedriger sind als beim direkten Handel zwischen den Handelspartnern. Als Aufgaben eines Marktmittlers nennt Spulber [1999, S. xiii ff.]:

a) die Reduzierung der Kosten der Suche nach geeigneten Handelspartnern

b) die Koordination der Verhandlungen von Käufern und Verkäufern

c) die Bereitstellung von Diensten zur Abwicklung des Daten-, Güter- und Geldaustausches

d) das Garantieren der Produktqualität der gehandelten Waren

e) die Sicherung der Zahlungsfähigkeit des u.U. unbekannten Handelspartners

f) das Halten von Lagerbeständen und die Bereitschaft jederzeit Waren anzubieten und nachzufragen, was zu einer Verringerung der Angebots- und Nachfrageschwankungen führt.

Durch die Spezialisierung auf die Abwicklung von Handelstransaktionen können Marktmittler bei der Erfüllung der oben genannten Aufgaben Skaleneffekte realisieren und somit die gesamten Kosten einer Handelstransaktion senken.

Kosten, die durch die Suche nach Handelspartnern, die Koordination der Verhandlungen und die Abwicklung der Tauschvorgänge verursacht werden (Aufgaben a-c), werden im Folgenden in Anlehnung an die Notation von Milgrom und Roberts [1992, S. 29f.] zu *Koordinationskosten* zusammengefaßt, während Kosten für Garantien zur Produktqualität oder Zahlungsfähigkeit des Handelspartners (Aufgaben d-e) im Folgenden als *Motivationskosten* bezeichnet werden. Aufgrund der besonderen Bedeutung einer ausreichenden Liquidität eines Marktplatzes [z.B. Wheatley, 2003, S. 13], werden alle Kosten, die zur Verringerung von Angebots- und Nachfrageschwankungen anfallen (Aufgabe f) und Kosten, die durch ein unzureichendes Angebot oder eine unzureichende Nachfrage auf einem Marktplatzes verursacht werden, separat als *Liquiditätskosten* definiert. Die Gesamtkosten einer Handelstransaktion (TAK) setzen sich daher aus *Koordinationskosten (KK)*, *Motivationskosten (MK)* und *Liquiditätskosten (LK)* zusammen.

$$TAK = KK + MK + LK \qquad (4)$$

Um einen digitalen Marktplatz wirtschaftlich erfolgreich betreiben zu können, muß es gelingen, die Dienstleistung ‚Markttransaktion' zu einem konkurrenzfähigen Preis anzubieten. Käufer und Verkäufer haben für die meisten Produkte die Wahl zwischen dem bilateralen Handel ohne Einbeziehung eines Marktmittlers, dem Handel mit Unterstützung von konventionellen Marktmittlern und der Nutzung digitaler Marktplätze. In allen drei Fällen ist das Ergebnis eine <u>erfolgreich</u> abgewickelte Handelstransaktion, da sich eventuell auftauchende Probleme bei der Abwicklung der Handelstransaktion ‚lediglich' auf die Höhe der Transaktionskosten, z.B. durch Anwaltsgebühren bei Vertragsstreitigkeiten oder Zahlungsunwilligkeit (Motivationskosten), schlechtere erzielte Preise oder Kosten für erneuten Handel auf einem alternativen Marktplatz (Liquiditätskosten), auswirken. Die Dienstleistung ‚Markttransaktion' ist somit ein vollständig homogenes Gut, so daß die Vorteilhaftigkeit einer Handelsform alleine von ihrem Preis, d.h. der Höhe ihrer Transaktionskosten bestimmt wird. Ein digitaler Marktplatz wird daher um so erfolgreicher sein, je niedriger die Summe der Transaktionskosten beim Handel unter Einbeziehung dieses Marktplatzes ist.

Die Erfolgbedingung eines digitalen Marktplatzes i (MP_i) läßt sich daher folgendermaßen mathematisch modellieren:

$$\text{Erfolg von } MP_i = h\ (TAK_i) \qquad (5)$$

mit

$$\frac{\delta\ \text{Erfolg } MP_i}{\delta\ TAK_i} < 0 \qquad (6)$$

$$TAK = KK + MK + LK \qquad (4)$$

Um die gesamten Transaktionskosten eines digitalen Marktplatzes zu minimieren und somit seinen Erfolg zu maximieren, muß der Betreiber eines digitalen Marktplatzes jede Kostenkomponente der Transaktionskosten minimieren. Im folgenden Abschnitt werden daher für jede der drei Kostenbestandteile aus Gleichung (4) Hypothesen zu den Erfolgsfaktoren digitaler Marktplätze aus der Transaktionskostentheorie abgeleitet. Da für das Auftreten von *Motivationskosten* in erster Linie Meß- und Informationsprobleme ausschlaggebend sind, bietet sich der von Ackerloff, Demsetz und Spulber geprägte und in Abschnitt 4.1.3 vorgestellte Ansatz an. Aufgrund der Thematisierung von Liquiditätskosten auf Finanzmärkten, werden die Hypothesen bzgl. der *Liquiditätskosten* digitaler Marktplätze aus dem in Abschnitt 4.1.4 vorgestellten Ansatz der Geld- und Finanzökonomie abgeleitet. Konkrete Aussagen zur kostengünstigen Gestaltung eines digitalen Marktplatzes bzgl. der anfallenden *Koordinationskosten* werden von keiner Strömung der Transaktionskostentheorie vorgenommen. Aus diesem Grunde werden die Hypothesen in Bezug auf die Reduzierung der Koordinationskosten aus den in Abschnitt 4.1.1 vorgestellten allgemeinen Aussagen der Transaktionskostentheorie hergeleitet. Gestützt werden diese Hypothesen durch die Einbeziehung von Untersuchungen zur Senkung von Transaktionskosten durch den Einsatz moderner Informations- und Kommunikationsmittel.

4.2.1 Koordinationskosten

Unter Koordinationskosten werden Kosten zusammengefaßt, die für die Suche nach geeigneten Gütern und Handelspartnern, für die Koordination der Verhandlungen und Abwicklung des Daten-, Güter- und Geldtausches anfallen.

Kosten der Suche nach geeigneten Gütern und Handelspartnern

Durch den Einsatz moderner Datenbanken, Rechner und Kommunikationsnetze ist es möglich, auch große Datenmengen kostengünstig zu speichern, auszuwerten und weltweit verfügbar zu machen. Der Einsatz dieser Technologien zur Unterstützung von Handelsgeschäften erlaubt es, sowohl die Suchkosten eines Käufers für die Erhebung von Produkt- und Preisinformationen [Bakos, 1991b, S. 7], als auch die Kosten des Verkäufers für die Kommunikation relevanter Produkteigenschaft zu senken [Bakos, 1998, S. 7]. Dieser Effekt kann dazu führen, daß konventionelle Intermediäre an Bedeutung verlieren und von verbesserten, digital unterstützen Formen abgelöst werden [Sen und King, 2003, S. 154]. Der Kostenvorteil digitaler Marktplätze gegenüber ihren konventionellen Konkurrenten dürfte immer dann besonders groß ausfallen, wenn die gehandelten Produkte bezüglich ihrer Produkteigenschaften ein besonders hohes Maß an Heterogenität aufweisen und sich somit die Suche nach einem passenden Handelspartner erschwert.

H1: Digitale Marktplätze sind (gegenüber ihrer konventionellen Konkurrenz) um so erfolgreicher, je heterogener die gehandelten Güter sind.

Koordination der Verhandlungen

Das Angebot von Produktkatalogen stellt die einfachste Form digitaler Marktvermittlung dar [Bichler, 2001, S. 7], bei der entweder feste Preise angegeben oder aber die Preisverhandlungen zwischen den Handelspartnern außerhalb des Marktplatzes direkt abgewickelt werden. Zur Unterstützung der Preisverhandlungen wurden auf vielen digitalen Marktplätzen unterschiedliche Arten von Auktionen eingerichtet, bei denen der Handelspreis nach festgelegten Regeln vom Auktionssystem ermittelt wird. Während im Jahre 1998 nur 11% aller Internettransaktionen Auktionssysteme nutzten, hat sich ihr Anteil bis zum Jahre 2002 mit 37% mehr als verdreifacht [Keenan, 1998, S. 4]. Da Auktionen zunehmend nachgefragt werden und durch Einsatz moderner Computern und Datennetze kostengünstig angeboten werden können, sollten digitale Marktplätze die Möglichkeit der Durchführung von Auktionen ihren Kunden anbieten.

H2: Das Angebot von Auktionen wirkt sich positiv auf den Erfolg eines digitalen Marktplatzes aus.

Abwicklung des Daten-, Güter- und Geldtausches
Neben der eigentlichen Vermittlung von Käufern und Verkäufern können digitale Marktplätze weitere Transaktionsstufen unterstützen. Während der Verhandlungsphase kann der Austausch von Geschäftsdokumenten wie Anfragen, Bestellungen, Lieferbestätigungen, etc. digital über die Marktplatzsite abgewickelt werden [Schmitz, 2001, S. 17]. Für dieses sog. Web-EDI werden in der Regel semantisch standardisierte XML-Dokumente ausgetauscht [Deininger, 2001]. Da Web-EDI auf die vorhandene Infrastruktur des Internets zurückgreifen kann, fallen für diese Art des elektronischen Datenaustauschen deutlich niedrigere Kosten als für herkömmliche Formen des EDI an [Ahlert, 2001, S. 20f.]. Neben den geringen variablen Kosten des elektronischen Datenaustausches liegen die Vorteile vor allem in einer hohen Austauschgeschwindigkeit und der Möglichkeit Bestell- und Verkaufsvorgänge ohne Systembruch direkt aus den ERP-Systemen (Enterprise Resource Planning) der Unternehmen vorzunehmen [Reimers, 2001, S. 231f.]. Da ein durchgängiger Datenaustausch vom ERP-System des Verkäufers zum ERP-System des Käufers über konventionelle Marktplätze nicht möglich ist, können sich digitale Marktplätze durch das Angebot von Diensten zum elektronischen Datenaustausch komparative Vorteile verschaffen.

Eine Erweiterung des Austausches von Dokumenten für die Abwicklung von Handelstransaktionen stellt das sog. Collaborative Planning, Forecasting and Replenishment (CPFR) dar. Bei dieser Variante des EDI werden neben Bestelldokumenten auch Informationen über Abverkäufe, Lagerbestände, etc. ausgetauscht. „Durch die Erstellung gemeinsamer Geschäftspläne, Verbesserung der Event- und Promotionsplanung und dadurch verbesserte Verfügbarkeit der Artikel im Regal des Outlets werden zusätzliche Umsatzsteigerungen erwartet. Kostenreduzierungen können durch eine verbesserte Prognosegenauigkeit erreicht werden, in deren Folge die Bestände auf allen Stufen der Supply Chain optimiert und Produktions-, Lager und Transportkapazitäten besser genutzt werden [CCG, 2004]". Durch das Angebot von CPFR-Diensten können digitale Marktplätze daher weitere Kostenvorteile gegenüber konventionellen Marktformen erzielen.

Die Einbeziehung eines digitalen Marktplatzes in den Austausch von Geschäftsdokumenten kann deswegen sinnvoll sein, da die Marktplätze Datenstrukturen und Semantiken vorgeben und somit als standardisierende Instanz wirken. Die Teilnehmer (n) eines solchen Marktplatzes müssen lediglich eine Schnittstelle zu diesem Marktplatz entwickeln (n : 1), um dann mit allen anderen Teilnehmern dieses Marktplatzes Dokumente elektronisch austauschen zu können (n : n) [Schmitz, 2001, S. 17].

H3: Die Möglichkeit zum elektronischen Datenaustausch (Web-EDI) und zur unternehmensübergreifenden Zusammenarbeit (CPFR) wirkt sich positiv auf den Erfolg eines digitalen Marktplatzes aus.

Nach erfolgreicher Vermittlung eines Handelsgeschäftes, können digitale Marktplätze Hilfestellungen bei der Erfüllung der Verträge leisten, indem geeignete Transport- und Versicherungsdienstleistungen angeboten bzw. vermittelt werden [Richter und Nohr, 2002, S. 101]. So könnten beispielsweise digitale Marktplätze mit Speditionen zusammenarbeiten und schon während der Kaufverhandlungen prüfen, wie hoch die Kosten für die Lieferung der Ware vom Verkäufer zum Käufer inkl. einer Transportversicherung sein werden.

H4: Die Möglichkeit der Vermittlung von Transportanbietern und Versicherungen wirkt sich positiv auf den Erfolg eines digitalen Marktplatzes aus.

Da jede Integration von Zusatzdiensten die Komplexität der Marktplatzsite erhöht und sich dadurch ihre Übersichtlichkeit verschlechtert, sollten nur diejenigen Zusatzdienste integriert werden, die mit hoher Wahrscheinlichkeit zu einer Senkung der Transaktionskosten von Handelsvorgängen führen. Eine Verschlechterung der Übersichtlichkeit eines Marktplatzes führt zu einem höheren Einarbeitungsaufwand potentieller Handelspartner, der als spezifische Investition in einen Marktplatz angesehen werden kann, was seine Konkurrenzfähigkeit verschlechtert. Es gilt daher auch für digitale Marktplätze die These, daß Angebote im Web einfach und auf das Kerngeschäft fokussiert gestaltet sein sollten [Nielsen, 2004]. Die Ergebnisse der Befragung landwirtschaftlicher Unternehmer in Kapitel 3.3.3

unterstreichen diese Vermutung. Die häufig auf Agrarmarktplätzen angebotenen Informationsdienste wie Agrarnachrichten, Wetterberichte, Kurse von Warenterminbörsen oder Chatforen werden von den meisten Landwirten als überflüssig angesehen.

H5: Das Angebot von Informationsdiensten, die über die eigentliche Transaktionsabwicklung hinausgehen, wirkt sich negativ auf den Erfolg eines digitalen Marktplatzes aus.

Neben der Übersichtlichkeit einer Marktplatzsite kann sich die Höhe der sog. E-Readiness eines Landes auf die Höhe der Investitionskosten eines potentiellen Handelspartners auswirken. Die E-Readiness wird in der Regel als Index gemessen und gibt für jedes der untersuchten Länder an, wie gut es für den digitalen Handel gerüstet ist. Im E-Readiness Index der *Economist Intelligence Unit* werden Maßzahlen zur Verfügbarkeit von Internetzugängen, zur technologischen Infrastruktur, zum allgemeinen Geschäftsklima, zum Anteil des E-Commerce am Gesamthandel eines Landes, zu gesetzlichen und politischen Rahmenbedingungen, zum Alphabetisierungsgrad und zur Verfügbarkeit von IT-Beratung zusammengefaßt [o.V., 2003a, S. 24]. Je höher die E-Readiness eines Landes ist, desto weniger spezifisch sind die notwendigen Investitionen potentieller Handelspartner, um am Handel auf digitalen Marktplätzen teilzunehmen. Bei einer sehr hohen E-Readiness eines Landes kann davon ausgegangen werden, daß nahezu keine spezifischen Investitionen getätigt werden müssen. Für Deutschland haben Studien ergeben, daß die meisten landwirtschaftlichen Betriebe [Stricker, et al., 2001, S. 141] und Unternehmen der Ernährungsindustrie [Jessen, 2003, S. 117] das Internet bereits betrieblich nutzen. Für diese Betriebe und Unternehmen sind daher für die Teilnahme am Handel über digitale Marktplätze nahezu keine Investitionen mehr notwendig. Sind dagegen viele potentielle Handelspartner noch nicht vernetzt, verursacht die Teilnahme am Handel über digitale Marktplätze zusätzliche Investitionskosten. Für die E-Readiness läßt sich daher folgende Hypothese ableiten:

H6: Eine hohe E-Readiness auf dem Zielmarkt eines digitalen Marktplatzes, wirkt sich positiv auf seinen Erfolg aus.

4.2.2 Motivationskosten

Wie im vorigen Abschnitt beschrieben, kann es durch die Nutzung moderner Computer und internationaler Datennetze gelingen, die Koordinationskosten von Handelstransaktionen zu senken. Für die Motivationskosten, die aus unvollständigen oder asymmetrische Informationen und unvollkommenen Verhandlungen resultieren [Milgrom und Roberts,

1992, S. 29f.], liegt jedoch die Vermutung nahe, daß durch eine größere Anonymität der Handelspartner beim Handel über das Internet ein höherer Anreiz besteht, sich opportunistisch zu verhalten [Clasen, et al., 2003, S. 13]. Sollte ein digitaler Marktplatz keine Vorkehrungen zur Eindämmung opportunistischen Verhaltens institutionalisieren, können die erzielten Kostenvorteile gegenüber konventionellen Marktformen bei den Koordinationskosten schnell durch Kostennachteile bei den Motivationskosten aufgezehrt werden und die digitalen Marktplätzen ihre Wettbewerbsfähigkeit verlieren [Gillette, 2002, S. 33]. Schon Williams [2001, S. 13] wies darauf hin, daß die entscheidungsrelevanten Kosten für oder gegen ein Handelsystems nicht in dem einen Dollar für Faxe oder Telegramme zu sehen sind, sondern in der möglichen 1000 Dollar Rechnung eines Anwalts für die Schlichtung späterer Streitigkeiten.

Nach Stigler [1961, S. 216] und Barzel [1982, S. 48] ist es für Handelpartner ökonomisch nicht sinnvoll, sich vollständig über Produktqualitäten und Reputationen potentieller Handelspartner zu informieren. Vielmehr sollten institutionelle Maßnahmen getroffen werden, um die Kosten der Informationsbeschaffung zu reduzieren und die Möglichkeit des opportunistischen Verhaltens zu erschweren. Eine mögliche Maßnahme zur Reduzierung der Kosten zur Informationsbeschaffung ist nach Barzel [1982, S. 33] die Gewährung von Garantien über die versprochene Produktqualität. Eine Hauptaufgabe organisierter Märkten stellt daher die Gewährleistung von Produktqualität und Zahlungsfähigkeit des Käufers dar [Barzel, 1982, S. 46]. Um der Anonymität des Internets entgegen zu wirken und somit opportunistisches Verhalten einzudämmen, sollten digitale Marktplätze ebenfalls Möglichkeiten bieten, mit denen Handelspartner eine Reputation und somit eine Identität aufbauen können [McDonald und Slawson, 2002, S. 648].

H7: Das Angebot von Garantien, Diensten zur Zahlungsabwicklung und reputationsbildenden Maßnahmen für Handelspartner wirkt sich positiv auf den Erfolg eines digitalen Marktplatzes aus.

4.2.3 Liquiditätskosten

In Marktwirtschaften können Käufer und Verkäufer frei entscheiden, mit wem sie ein Handelsgeschäft abwickeln wollen und ob sie hierzu die Dienstleistung eines Marktmittlers in Anspruch nehmen. Märkte weisen daher im Vergleich zu Hierarchien ein geringeres Maß an Kopplung zwischen den Wirtschaftssubjekten auf. Aufgrund dieser losen Kopplung [Weick, 1998, S. 163] potentieller Handelspartner kann es vorkommen, daß auf einigen Marktplätzen nur sehr wenig Angebote und korrespondierende Gesuche vorliegen. Im Folgenden wird aufgezeigt, wie eine geringe Anzahl an Angeboten und Gesuchen zu zusätzlichen Transaktionskosten führen kann. Transaktionskosten, die durch ein ungenügendes Angebot oder eine ungenügende Nachfrage auf einem Marktplatz entstehen, werden im Folgenden als Kosten der Nicht-Liquidität, bzw. kurz als Liquiditätskosten bezeichnet. Liquiditätskosten können in drei unterschiedlichen Ausprägungen auftauchen, wobei die Ursache für das Auftreten dieser Kostenart immer in einem zu geringen Marktumschlag zu sehen ist.

Der erste Grund für die Entstehung von Liquiditätskosten sind Verhandlungskosten und Preisnachteile. In Abbildung 16 ist ein Markt mit einer niedrigen und ein Markt mit einer höheren Liquidität dargestellt. Auf dem Markt mit der niedrigen Liquidität treten 4 Käufer (K) mit unterschiedlichen Nachfragemengen und unterschiedlich hohen maximalen Zahlungsbereitschaften auf. Ebenso sind auf diesem Markt 4 Verkäufer (V) vorhanden, die ebenfalls unterschiedlich hohe Mengen zu verschiedenen Mindestpreisen anbieten. Verlangt man, daß auf diesem Markt nur ein Handelpreis existieren darf, also keine Preisdiskriminierung vorliegt, kann ein Handel nur zwischen den Käufern K(1) bis K(3) und den Verkäufern V(1) bis V(2) zustande kommen, da nur bei diesen Handelspartnern die maximale Zahlungsbereitschaft höher als der geforderte Mindestpreis der Verkäufer ist. Die Höhe dieses Einheitspreises ist zwischen p_1 und p_2 unbestimmt. Je nach Verhandlungsgeschick und Informationsstand über die gegnerischen maximalen Zahlungsbereitschaften bzw. Mindestpreise, kann sich ein Preis zwischen p_1 und p_2 einstellen und somit die Höhe der Konsumenten- und Produzentenrenten beeinflussen. Marktteilnehmer müssen daher Ressourcen für Preisverhandlungen und Informationsbeschaffung aufwenden oder einen schlechteren Preis akzeptieren, was beides zu zusätzlichen Kosten der Transaktion führt.

Auf dem Markt mit der höheren Liquidität tritt ein zusätzlicher Verkäufer V+ auf, der die Menge $q_2 - q_1$ zu einem Mindestpreis von p_3 anbietet. Hierdurch verkleinert sich die Verhandlungszone für den Einheitspreis auf den Bereich zwischen p_2 und p_3. Da die zu verteilenden Renten in diesem Szenario viel kleiner sind, ist eine Investition in eine geschickte Preisverhandlung weniger lohnend. Die Kosten der Preisverhandlung oder des Akzeptierens eines schlechteren Preises sind in diesem Fall niedriger. Da die Höhe dieser Kosten von der Anzahl an Marktteilnehmern abhängt, können dieses Kosten als Liquiditätskosten bezeichnet werden.

Der zweite Grund für das Auftreten von Liquiditätskosten liegt darin, daß auf Märkten mit einer sehr geringen Anzahl an Angeboten und Gesuchen u.U. überhaupt kein Handel stattfindet, da es keinen Verkäufer gibt, der bereit ist, zu den gebotenen Preisen zu verkaufen, und vice versa. In diesem Falle sind alle Aufwendungen in diese mißglückte Handelstransaktion als versunkene Kosten abzuschreiben und können als Kosten durch Nicht-Liquidität angesehen werden.

Abbildung 16: Ursachen für Liquiditätskosten

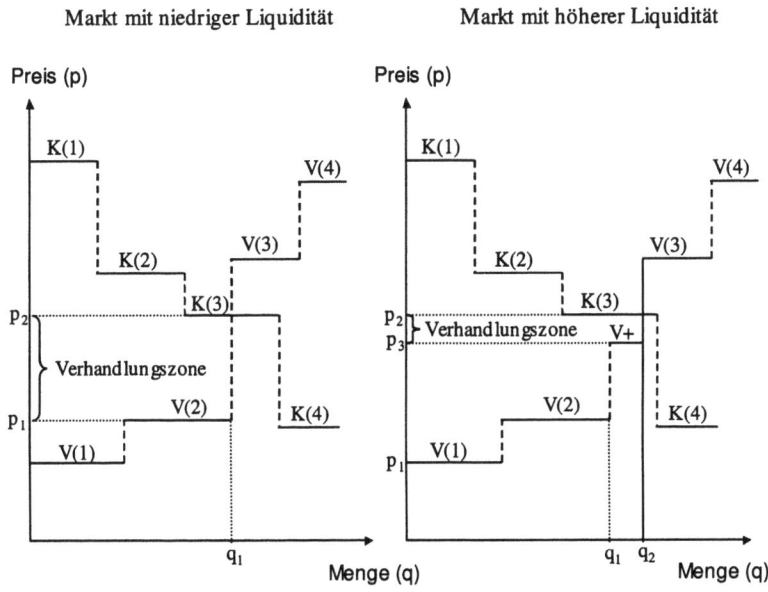

Quelle: [Müller, 2004]

Um die Verhandlungszone bei den Preisverhandlungen (siehe Abbildung 16) möglichst klein zu halten, können auf organisierten Märkten Broker tätig sein, die bereitstehen, um auf eigene Rechnung auftretende Angebots- und Nachfrageüberhänge auszugleichen und somit die Liquidität des Marktes zu erhöhen [Demsetz, 1968, S. 38]. Broker treten hierbei als zusätzliche Käufer oder Verkäufer, wie z.B. Verkäufer V+ in Abbildung 16, auf und verringern somit den Verhandlungsspielraum bei der Preisfestsetzung, wodurch für die Marktteilnehmer niedrigere Verhandlungskosten anfallen. Für diese Dienstleistung berechnen die Broker Gebühren und vereinnahmen eine Handelsspanne [Demsetz, 1968, S. 38].

Diese Gebühren und Handelsspannen bilden die dritte Ursache für die Entstehung von Liquiditätskosten. Da Broker auf vielen organisierten Märkten anzutreffen sind und das Geschäftsmodell eines Brokers nur dann erfolgreich sein kann, wenn es ihm gelingt, die Liquiditätskosten eines Marktplatzes zu senken, müßte sich die Anwesenheit von Brokern positiv auf den Erfolg eines Marktplatzes auswirken.

H8: Die Anwesenheit von Brokern wirkt sich positiv auf die Liquidität eines Marktplatzes aus und steigert somit seinen Erfolg.

Da die Liquiditätskosten mit steigender Handelsaktivität abnehmen [Demsetz, 1968, S. 50], die Handelsaktivität aber stark von der Höhe der Transaktionskosten und somit auch der Höhe der Liquiditätskosten abhängt, ergeben sich positiv rückgekoppelte Effekte. Marktplätze mit niedrigen Liquiditätskosten werden weitere Handelspartner anziehen und somit ihre Liquiditätskosten weiter senken können. Von Marktplätzen mit hohen Liquiditätskosten werden sich dagegen Handelspartner abwenden, was die Liquidität des Marktplatzes weiter verringert. Aus diesem Grunde kann ein anfänglicher Mangel an Liquidität schnell zu sehr hohen Liquiditätskosten führen (siehe hierzu auch die Ergebnisse der Multi-Agenten-Simulation aus Kapitel 4.3). Auf der anderen Seite kann ein bestehender Kundenstamm eines ins Web migrierten konventionellen Marktplatzunternehmens einen anfänglichen Liquiditätsvorsprung gegenüber einem neugegründeten digitalen Marktplatz bedeuten. Dieser Liquiditätsvorsprung kann sich durch die geschilderten positiven Rückkoppelungen schnell vergrößern. Ebenso ist zu erwarten, daß digitale Marktplätze, die schon lange online sind, über einen größeren Kundenstamm verfügen und somit niedrigere Liquiditätskosten als Neugründungen aufweisen [Albers und Clement, 2004, S. 38].

H9: Ein Kundenstamm und ein früher Markteintritt wirkt sich positiv auf den Erfolg eines digitalen Marktplatzes aus.

Zur Förderung der Liquidität eines Marktplatzes sollte ein digitaler Marktplatz eine möglichst große Anzahl potentieller Handelspartner ansprechen. Hierzu sollten digitale Marktplätze die Internationalität des Internets nutzen und sich nicht auf die regionale Vermittlung von Anbietern und Nachfragern beschränken. Nach Evans und Wurster [2000, S. 30ff.] ist es durch den Einsatz elektronischer Datennetze erstmalig möglich, die Reichweite von Handelsbeziehungen auszudehnen, ohne auf Informationsqualität zu verzichten.

H10: Eine internationale Ausrichtung wirkt sich positiv auf den Erfolg eines digitalen Marktplatzes aus.

Aufgrund des nahezu unbegrenzten Informationsverarbeitungspotentials moderner Datenverarbeitung scheint es ebenfalls sinnvoll zu sein, einen großen Markt anzusprechen, d.h. eine große Anzahl an Handelsräumen [zur Definition von Handelräumen siehe Kapitel 5.3 und Kollmann, 1998, S. 199f.] für viele unterschiedliche Produkte anzubieten. Die Ausdehnung der Handelsaktivität auf weitere Produktbereiche führt, anders als bei konventionellen Marktplätzen, kaum zu erhöhten Kosten. Eine große Anzahl an Besuchern der Marktplatzsite könnte, ähnlich wie in großen Einkaufszentren, zu Impulskäufen von Personen führen, die eigentlich nach einer anderen Ware Ausschau gehalten haben. Über sog. cross-selling Funktionen [Schäfer, 2002] können Interessenten bestimmter Produkte, weitere komplementäre Produkte vorgeschlagen und zu zusätzlichen Kaufvorgängen animiert werden. Digitale Marktplätze könnten sich daher von ihren konventionellen Konkurrenten als generelle und unspezialisierte Marktplatzform absetzen.

H11: Eine große Vielfalt an Handelsräumen wirkt sich positiv auf den Erfolg eines digitalen Marktplatzes aus.

Die Erhebung von Gebühren jeglicher Art erhöht die Transaktionskosten für den Handel über einen Marktplatz und verschlechtert somit seine Konkurrenzfähigkeit. Gebühren können dazu führen, daß weniger Handelspartner einen Marktplatz besuchen und somit die Liquiditätskosten erhöhen. Um keine potentiellen Käufer und Verkäufer vom Marktplatz fernzuhalten, sollten digitale Marktplätze, zumindest in der Startphase, keine Gebühren von ihren Handelspartnern erheben [Kollmann, 2001, S. 127].

H12: Die Erhebung von Gebühren wirkt sich negativ auf die Frequentierung eines digitalen Marktplatzes aus.

4.3 Dynamisches Marktplatzmodell zur Analyse des Selektionsprozesses digitaler Marktplätze

Die im vorigen Kapitel aus der Transaktionskostentheorie und dem statischen Marktplatzmodell abgeleiteten Hypothesen machen Aussagen über wettbewerbsfähige Organisationsformen digitaler Marktplätze unter bestimmten Umweltbedingungen. Als Effizienzmaß verwendet die Transaktionskostentheorie hierzu die Höhe der gesamten Transaktionskosten einer Handelstransaktion und unterstellt dabei, daß alle Kostenbestandteile in gleichem Maße zum zukünftigen Erfolg eines Unternehmens beitragen. Aufgrund dieser Gleichbehandlung aller Bestandteile der Transaktionskosten ist es der Transaktionskostentheorie nicht möglich, Aussagen zur wechselnden Bedeutung einzelner Kostenarten in unterschiedlichen Phasen des Lebenszyklus eines Unternehmens zu machen. Daß sich jedoch die Erfolgsfaktoren von Marktplätzen im Zeitablauf ändern können, erwähnen bereits Fischer et al. [2001]. „In einer frühen Phase des Lebenszyklus haben die Teilnehmerzahl und die Liquidität eine hohe Bedeutung für den Erfolg eines Marktplatzes, während zu einem späteren Zeitpunkt der Gewinn zum Hauptindikator für den Erfolg wird." Es liegt daher nahe zu vermuten, daß auch die Kostenbestandteile der Transaktionskosten digitaler Marktplätze im Zeitablauf einen sich verändernden Einfluß auf den Erfolg dieser Marktplätze ausüben.

Für den Entscheidungsträger eines Unternehmens kann es von großem Wert sein zu wissen, welche Kostenarten zum jeweiligen Entwicklungsstadium einen besonders großen Einfluß auf den zukünftigen Erfolg des Unternehmens haben. Um erste Einblicke in die wechselnde Bedeutung einzelner Kostenbestandteile digitaler Marktplätze während des Selektionsprozesses zu erhalten, wird im Folgenden ein dynamisches Marktplatzmodell vorgestellt, mit dem die Entwicklung einzelner Kostenbestandteile digitaler Marktplätze im Zeitablauf analysiert wird. Das Modell macht sich dabei den Umstand zunutze, daß im Falle der Evolution digitaler Marktplätze nahezu alle Teilnehmer gleichzeitig in einer Phase innovativer Vielfalt entstanden sind und sich anschließend in einer Selektionsphase die erfolgreichen Organisationsformen herauskristallisiert haben.

Unterteilt man die gesamten Transaktionskosten einer Markttransaktion (TAK) nicht wie in Gleichung (4) des statischen Marktplatzmodells in Kapitel 4.2 nach Kostenarten, sondern danach, ob die Kosten pfadabhängige Bestandteile enthalten (PAK) oder pfadunabhängig sind (PUK), erhält man folgendes dynamische Modell für den Erfolg eines digitalen Marktplatzes i zum Zeitpunkt t (MP_{it}):

Erfolg von $MP_{it} = k\,(TAK_{it})$ (5)

mit

$$\frac{\delta\,\text{Erfolg}\,MP_{it}}{\delta\,TAK_{it}} < 0 \quad (6)$$

$TAK_t = PUK_t + PAK_t$ (7)

$PAK_t = m\,(PAK_{t-1})$ (8)

$$\frac{\delta\,PAK_t}{\delta\,PAK_{t-1}} > 0 \quad (9)$$

t : ein Zeitindex

Der Erfolg eines Marktplatzes i hängt auch in diesem Modell antiproportional von seinen gesamten Transaktionskosten ab. Um die gesamten Transaktionskosten des Marktplatzes zu minimieren und somit seinen Erfolg zu maximieren, muß der Betreiber des Marktplatzes auch in diesem Modell jede Kostenkomponente der Transaktionskosten minimieren. Das dynamische Modell der Erfolgsbedingungen eines digitalen Marktplatzes unterscheidet sich lediglich durch die Aufteilung der Transaktionskosten in Gleichung (7) und der Einführung eines Zeitindex t vom statischen Modell aus Kapitel 4.2.

$TAK = KK + MK + LK$ (4)

$TAK = PUK + PAK$ (7)

Hierbei entsprechen die pfadunabhängigen Kosten (PUK) größtenteils den Koordinationskosten und die pfadabhängigen Kosten (PAK) größtenteils den Motivations- (MK) und Liquiditätskosten (LK). Welche Eigenschaften der Koordinations-, Motivations-, und Liquiditätskosten dazu führen, daß sie unterschiedlich hohe Pfadabhängigkeiten aufweisen, wird im nächsten Abschnitt diskutiert.

4.3.1 Pfadabhängigkeiten bei Transaktionskosten digitaler Marktplätze

Positive Rückkoppelungen, wie sie schon in Kapitel 4.2.3 für die Liquiditätskosten beschrieben worden sind, bilden nach Arthur [1994, S. 111] ein zentrales Element von Pfadabhängigkeiten. Prozesse mit positiven Rückkoppelungen weisen Elemente auf, die einen einmal eingeschlagenen Weg verstärken und somit nicht wie Prozesse mit negativen Rückkoppelungen stabilisierend wirken. Als mögliche Ursachen für positive Rückkoppelungen werden von Arthur [1994, S. 112] folgende Faktoren genannt:

- hohe Fixkosten, die zu stark fallenden Grenzkosten führen können,

- Lerneffekte, die Produkte besser nutzbar machen,

- Koordinationseffekte, die aus der Abstimmung mit anderen Wirtschaftssubjekten hervorgerufen werden und

- selbstverstärkende Erwartungen, bei denen eine hohe Verbreitung eines Produktes die Erwartungen erhöht, daß dieses Produkt auch künftig weit verbreitet sein wird.

Für die Herausbildung von Pfadabhängigkeiten genügen sogenannte kleine Ereignisse (small events), die dafür sorgen, daß ein instabiles Gleichgewicht verlassen und ein bestimmter Pfad eingeschlagen wird, der dann nicht mehr oder nur unter hohen Kosten wieder verlassen werden kann (lock-ins) [z.B. Balmann, 1995, S. 18].

Bei digitalen Marktplätzen dürften vor allem die von Arthur [1994, S. 112] genannten Koordinationseffekte und die selbstverstärkenden Erwartungen zu Pfadabhängigkeiten bei den Transaktionskosten führen. Die Aufgabe von Marktplätzen ist die Koordination von Anbietern und Nachfragern. Die Wahrscheinlichkeit einen passenden Handelspartner zu finden steigt, wenn viele potentielle Handelspartner anwesend sind, der Marktplatz also einen hohen Liquiditätsgrad (siehe Kapitel 4.2.3) aufweist. Somit führt eine hohe Marktplatzliquidität zu niedrigeren Transaktionskosten und einer höheren Vorteilhaftigkeit dieses Marktplatzes. Da von einem Marktplatz, auf dem zum Zeitpunkt $t = 1$ ein reger Handel stattgefunden hat, erwartet wird, daß auch zum Zeitpunkt $t = 2$ ein reger Handel stattfinden wird, werden immer mehr Wirtschaftssubjekte versuchen, von den Kostenvorteilen dieses Marktplatzes zu profitieren, so daß die Vorteilhaftigkeit dieses Marktplatzes weiter steigt. Die Liquiditätskosten (LK) des statischen Marktplatzmodells weisen daher zu einem großen Teil Pfadabhängigkeiten auf und sind daher ein Hauptbestandteil der pfadabhängigen Kosten (PAK) des dynamischen Marktplatzmodells.

Selbstverstärkenden Erwartungen können ebenfalls bei den Motivationskosten zu Pfadabhängigkeiten führen. Positive Erfahrungen bei der Abwicklung von Handelsvorgängen führen dazu, daß Handelspartner und Marktplätze eine Reputation aufbauen können, die das Vertrauen in zukünftige Handelstransaktionen mit bekannten Partnern erhöht und somit teure Absicherungsmaßnahmen immer weniger notwendig erscheinen läßt [Bajari und Hortacsu, 2003, S. 19ff.]. Die Motivationskosten (MK) des statischen Marktplatzmodells weisen daher ebenfalls zu einem großen Teil Pfadabhängigkeiten auf und sind daher ein weiterer Bestandteil der pfadabhängigen Kosten (PAK) des dynamischen Marktplatzmodells.

Die von Arthur [1994, S. 112] ebenfalls als Ursache für Pfadabhängigkeiten genannten hohen Fixkosten und Lerneffekte, dürften bei den Transaktionskosten digitaler Marktplätze eher geringe Pfadabhängigkeiten hervorrufen. Obwohl die Errichtung eines digitalen Marktplatzes hohe Fixkosten aufweist, wirken sich diese kaum auf die Entscheidung potentieller Handelspartner aus, da die meisten digitalen Marktplätze aufgrund eines hohen Wettbewerbsdrucks nicht in der Lage sind (siehe auch Abbildung 30), fixe Kosten über Gebühren an die Handelsteilnehmer weiterzugeben.

Die Ergebnisse der Landwirtbefragung aus Kapitel 3.3 haben gezeigt, daß trotz geringer Handelserfahrung auf digitalen Marktplätzen, die Abwicklung der Handelstransaktion über eine Marktplatzsite kaum Probleme verursacht (siehe Abbildung 14). Aus diesem Grunde ist auch nicht mit größeren Lerneffekten durch eine stärkere Nutzung digitaler Marktplätze zu rechnen. Zusammenfassend kann festgestellt werden, daß Pfadabhängigkeiten hauptsächlich im Bereich der Motivations- und Liquiditätskosten, jedoch kaum bei den Koordinationskosten auftreten.

Viele der digitalen Marktplätze wurden nahezu zeitgleich um die Jahrtausendwende gegründet und konnten bei der Gründung keinen bestehenden Kundenstamm vorweisen. Welche dieser Marktplätze sich als erfolgreich und welche als erfolglos herausstellen sollten, war damals offen. Unterstellt man das Vorliegen von Pfadabhängigkeiten während der Phase der Selektion auf dem Markt für digitale Marktdienstleistung, könnten kleine Ereignisse zu einem frühen Zeitpunkt dafür ausschlaggebend gewesen sein, daß sich erfolgreiche von erfolglosen Marktplätzen getrennt haben. Da kleine Ereignisse in der Regel als unbedeutend angesehen und daher häufig *ex post* nicht mehr identifiziert werden können, ist es wahrscheinlich, daß bei Vorliegen starker Pfadabhängigkeiten nicht mehr alle Erfolgsfaktoren digitaler Marktplätze zu einem späten Zeitpunkt aufgedeckt werden können.

Nachdem in diesem Abschnitt festgestellt worden ist, daß Teile der Transaktionskosten auf digitalen Marktplätzen Pfadabhängigkeiten aufweisen, soll im folgenden Abschnitt geprüft werden, ob sich Multi-Agenten-Systeme für die Simulation des dynamischen Marktplatzmodells eignen.

4.3.2 Eignung von Multi-Agenten-Systemen zur Simulation des dynamischen Marktplatzmodells

Um zu überprüfen, ob sich Multi-Agenten-Systeme zur Simulation des dynamischen Marktplatzmodells eignen, wird zunächst vorgestellt, welche Ziele die Simulation verfolgt und wie das Simulationsmodell aufgebaut ist. Anschließend werden kurz die Charakteristika von Multi-Agenten-Systemen beschrieben und auf ihre Eignung zur Simulation des Modells überprüft.

Das Ziel der Simulation des dynamischen Marktplatzmodells besteht darin, prinzipielle Erkenntnisse über den Prozeß der Marktbereinigung zu erhalten und zu untersuchen, welche Faktoren die Anzahl an Marktplätzen limitieren und welche Kostenbestandteile sich auf die Überlebensfähigkeit von Marktplätzen auswirken. Konkret wurde in der Simulation folgenden Fragestellungen nachgegangen:

- Welche Faktoren bestimmen die Anzahl überlebensfähiger Marktplätze?
- Welche Muster weist ein typischer Anpassungsprozeß auf?
- Wie schnell erfolgt die Marktbereinigung?
- Wie wirkt sich die Höhe pfadabhängiger und pfadunabhängiger Kostenbestandteile auf den Erfolg eines Marktplatzes aus?

Zur Beantwortung der Fragestellungen wurde ein Simulationsmodell entwickelt, mit dem der Selektionsprozeß digitaler Marktplätze für den Handel mit Getreide simuliert wird. Getreide wird von Landwirten produziert und in der Regel einmal pro Jahr verkauft. Da der Getreidemarkt aufgrund der großen Anzahl an Anbietern einen hohen ‚Zersplitterungsgrad' aufweist, welcher die Erfolgsaussichten für digitale Marktplätze positiv beeinflussen sollte [Böcker und Brodersen, 2001, S. 207], wurden in den letzten Jahren eine große Zahl digitaler Marktplätzen für den Handel mit Getreide gegründet. Da der Erfolg der Marktplätze von ihrer Akzeptanz bei den Landwirten abhängt, muß der Entscheidungsprozeß der Landwirte für einen Marktplatz simuliert werden. Die Entscheidung für oder gegen einen Marktplatz hängt in diesem Modell alleine von der Höhe der Transaktionskosten der Marktplätze ab. Die Transaktionskosten der Marktplätze weisen sowohl pfadabhängige (PAK) als auch pfadunabhängige Kostenbestandteile (PUK) auf. In dem Simulationsmodell müssen daher die Entscheidungen einer Vielzahl von Landwirten, die auf den Kostenfunktionen der Marktplätze beruhen, abgebildet werden. Zu Interaktionseffekten kommt es, da die Kostenfunktionen der Marktplätze wiederum von den Entscheidungen der Landwirte abhängen.

Multi-Agenten-Systeme bestehen aus n autonomen Agenten, die homogene oder heterogene Eigenschaften aufweisen können. Die Agenten eines Multi-Agenten-Systems werden durch ihre internen Zustände und durch ihre Regeln beschrieben, mit Hilfe derer die Agenten ihre eigenen internen Zustände oder die Zustände anderer Agenten verändern können. Die Regeln können fix sein oder sich anhand vorgegebener Meta-Regeln im Zeitablauf verändern [Hanf und Müller, 2004, S. 4]. Multi-Agenten-Systeme können als lose gekoppelte Systeme zur Lösung von Problemen betrachtet werden, die jenseits der Problemlösungskapazität der einzelnen Agenten liegen [Durfee und Lesser, 1989]. Aufgrund der mitunter problematischen Validierung von Simulationsmodellen (zur Validierung von Modellen siehe auch Kapitel 4.3.3) sind diese in der Regel besser für prinzipielle und vergleichende, als für absolute Aussagen geeignet [Law und Kelton, 1982, S. 338]. Laut Axelrod [1997, S. 3] eignen sich Multi-Agenten-Systeme besonders für Modelle, deren mathematische Lösung aufgrund einer großen Anzahl von Akteuren mit wechselnden Interaktionseffekten zu komplex ist. Bei Multi-Agenten-Systemen wird lediglich die Interaktion der Agenten spezifiziert, um anschließend die Auswirkungen auf das Gesamtsystem zu beobachten. Um die Ergebnisse einer Multi-Agenten-Simulation interpretierbar zu halten, muß diese auf bewußt einfach gewählten Annahmen beruhen. Diese Einfachheit ist nach Axelrod eine notwendige Bedingung für die Aussagefähigkeit einer Multi-Agenten-Simulation. Da sowohl der Forscher als auch die Leser der Ergebnisse begrenzte kognitive Fähigkeiten besitzen, wird es bei komplexen Modellen unmöglich, die Entstehung interessanter Ergebnisse nachzuvollziehen. Die Komplexität einer Multi-Agenten-Simulation sollte daher in den Ergebnissen und nicht in den Annahmen des Modells liegen [Axelrod, 2003, S. 6].

Marktplätze und Landwirte können somit als zwei Typen von Agenten simuliert werden. Landwirte beeinflussen durch ihre Handelsentscheidungen (Regeln) die Höhe der Umsätze und die Höhe der pfadabhängigen Kosten der Marktplätze. Die Methode der Multi-Agenten-Simulation erscheint daher geeignet, die Auswirkungen des Zusammenspiels einer großen Anzahl an Agenten, unter Berücksichtigung pfadabhängiger Effekte, auf die Entwicklung der Anzahl digitaler Marktplätze zu analysieren.

4.3.3 Simulation des dynamischen Marktplatzmodells

Bevor im nächsten Abschnitt die Ergebnisse der Multi-Agenten-Simulation vorgestellt werden, soll in diesem Abschnitt zunächst das Simulationsmodell vorgestellt und validiert werden.

Simulationsannahmen und -ablauf

Der prinzipielle Ablauf des Simulationsmodells wird in Tabelle 8 mit Hilfe eines sog. Pseudo-Codes dargestellt. Zu Beginn der Simulation werden n Landwirte und m Marktplätze generiert (Zeile 3 in Tabelle 8). Anschließend werden die pfadabhängigen Kosten (PAK) für jeden Marktplatz einheitlich auf 100 Geldeinheiten und die pfadunabhängigen Transaktionskosten (PUK) für jede Kombination aus Marktplatz und Landwirt in einem Intervall zwischen 0 und 1000 Geldeinheiten zufällig gesetzt. Somit weisen die PAK eines Marktplatzes für alle Landwirte die gleiche Höhe auf, während die PUK eines Marktplatzes in der Regel für die einzelnen Landwirte eine unterschiedliche Höhe aufweisen. Durch die unterschiedliche Höhe der PUK sollen Präferenzen von Landwirten für bestimmte Marktplätze abgebildet werden. Die Präferenzen für bestimmte Marktplätze können z.B. dadurch begründet sein, daß es diesen Marktplätzen besser gelingt, die Anforderungen einzelner Landwirte zu erfüllen.

In einer Schleife (Zeile 7 und Zeile 19) werden nun 300 Ernteperioden simuliert, in denen jeder Landwirt eine zufällig bestimmte Erntemenge in Höhe von 100 bis 500 Mengeneinheiten Getreide erntet. Danach wird für jeden Landwirt der Marktplatz ermittelt, der die niedrigsten gesamten Transaktionskosten (TAK = PAK + PUK) aufweist. Auf diesem Marktplatz wird dann die gesamte Erntemenge des Landwirts in einer Handelstransaktion an einen nicht weiter spezifizierten Käufer verkauft. Ein Marktplatz hat in jeder Periode fixe Kosten in Höhe von 10 Geldeinheiten (Zeile 12), die vom Budget des Marktplatzes abgezogen werden. Als Einnahmen erhält jeder Marktplatz eine Provision von einem Prozent der umgeschlagenen Getreidemenge (Zeile 13). Die pfadabhängigen Kosten (PAK) reduzieren sich für jeden Marktplatz um eine Geldeinheit pro angewickelter Handelstransaktion (Zeile 14). Der Grund für die Reduzierung der PAK liegt in der oben beschriebenen

Senkung der Liquiditäts- und Motivationskosten durch abgewickelte Handelstransaktionen. Alle Marktplätze, die es nicht schaffen, die fixen Kosten durch Handelsprovisionen zu decken, machen Verluste und scheiden bei einem negativen Budget aus dem Markt für Marktdienstleistung aus (Zeile 15). Der Umschlag der ausgeschiedenen Marktplätze muß sich daher in der nächsten Periode auf die verbleibenden Marktplätze aufteilen.

Tabelle 8:   Ablauf der Multi-Agenten-Simulation (Pseudo-Code)

```
1  Begin
2  for z = 1 to Anzahl_Simulationläufe (500)
3    Generierung von n Landwirten (LW) und m Marktplätzen (MP);
4    setzen der PAK durch Zufallswerte pro MP;
5    setzen der PUK durch Zufallswerte pro MP pro LW;
6    setzen des Budgets pro MP;
7    for i = 1 to Anzahl_Ernteperioden (300)
8      setzen der Erntemenge durch Zufallswerte pro LW;
9      ermitteln des günstigsten MP pro LW;
10     Handel der gesamten Erntemenge eines LW auf günstigstem MP;
11     for j = 1 to Anzahl MP
12     Budget_MP[j] = Budget_MP[j] - Periodenfixkosten;
13     Budget_MP[j] = Budget_MP[j] + Provision_MP[j];
14     PAK_MP[j] = PAK_MP[j] - Anzahl_abgew._Transaktionen
15       if (Budget_MP[j] < 0)
16         MP[j] löschen;
17       end;
18     next j;
19   next i;
20 next z;
21 ausgeben Ergebnisse und Parameter;
22 End.
```

Als zu variierende Parameter gehen die *Anzahl an Landwirten*, die *Anzahl an Marktplätzen zum Startzeitpunkt* und ein *Multiplikator für die pfadunabhängigen Kosten (PUK)* in die Simulation ein. Durch den *Multiplikator der PUK* kann der Anteil dieser Kostenart gegenüber den PAK variiert werden. Zur Beantwortung der oben gestellten Fragen wurden die Parameter *Anzahl an Landwirten*, *Anzahl an Marktplätzen zum Startzeitpunkt* und der *Multiplikator der PUK* vor jedem Simulationsdurchlauf per Zufallsgenerator gesetzt. Hierbei variierte die *Anzahl an Landwirten* zwischen 1 und 200, die *Anzahl an Marktplätzen zum Startzeitpunkt* zwischen 1 und 100 und der *Multiplikator der PUK* zwischen 1 und 5. Die gesamte Simulation wurde 500 mal wiederholt und am Ende des letzten Simulationslaufes wurden die Ergebnisse und die zufällig bestimmten Parameter kumuliert als Text-Datei ausgegeben.

Implementierung

Die Simulation des dynamischen Marktplatzmodells wurde in der Programmiersprache C implementiert (Quellcode siehe Anhang D) und generiert als Output eine Text-Datei, die mittels MS-Excel eingelesen und verarbeitet werden kann. Im Vorfeld der Programmierung wurden einige Simulations-Tools wie *StarLogo* und *Ascape* analysiert und mit der proprietären Programmierung in einer Hochsprache verglichen. Die Vorteile der Simulations-Tools wie leichtere Erlernbarkeit, schnellere Umsetzung, Beobachtung der Variablenwerte während der Simulation und die graphische Datenausgabe, konnten sich jedoch nicht gegen den Nachteil der begrenzten Programmiermöglichkeiten durchsetzen. Zu weiteren Vor- und Nachteilen von Simulationswerkzeugen sei auf [Clasen, 2002] verwiesen. Als Zufallsgenerator wurde eine Implementierung des Algorithmus von Schrage [1979] verwendet, der als Eingabe einen Initialwert benötigt. Da vom Computer erzeugte Zufallszahlen nie wirklich zufällig gezogen, sondern stets per Algorithmus aus einem Startwert errechnet werden, führen dieselben Startwerte auch immer zu denselben Zufallszahlen. Diese Vorgehensweise hat den Vorteil, daß die hier vorgestellten Ergebnisse durch Eingabe desselben Initialwertes stets nachvollzogen werden können.

Validierung und Verifikation des Modells

Um zu überprüfen, inwieweit die durch Simulation ermittelten Ergebnisse auf die Wirklichkeit übertragen werden können, muß ein Simulationsmodell verifiziert und validiert werden. Bei der *Verifikation* wird getestet, ob ein Simulationsmodell so funktioniert, wie es vorgesehen war, und mittels der *Validierung* wird geprüft, ob das Modell die Wirklichkeit in angemessener Weise widerspiegelt. Im Folgenden wird zunächst ein Überblick über die Methoden der Verifikation und Validierung gegeben und anschließend das dynamische Marktplatzmodell anhand dieser Methoden bewertet.

Methoden der Verifikation

Da heutzutage die meisten Simulationen als Computerprogramm implementiert werden, muß für die Verifikation einer Simulation sichergestellt werden, daß das Computerprogramm fehlerfrei arbeitet. Um ein Computerprogramm fehlerfrei zu erstellen, sollten dieses nach Law und Kelton [1982, S. 334f.]:

- Modular aufgebaut und jedes Modul separat getestet sein,

- von mindestens einer weiteren Person als dem Programmierer überprüft werden,

- *getraced* werden, d.h. Schritt für Schritt ausgeführt und dabei alle Variablenwerte auf Plausibilität überprüft werden,

- mit einfachen oder extremen Startwerten getestet werden, da die Ergebnisse dieser Startwerte häufig bekannt sind und

- Variablenwerte während der Laufzeit graphisch ausgeben werden.

Methoden der Validierung

Da ein Modell immer ein vereinfachtes Abbild der Wirklichkeit darstellt, kann ein Modell niemals eine absolute Validität aufweisen, sondern höchsten einen als ausreichend erachteten Validitätsgrad. Weiterhin ist zu berücksichtigen, daß Modelle in der Regel für eine bestimmte Fragestellung entwickelt werden und daher nur einen bestimmten Blickwinkel der Wirklichkeit abbilden. Ein Modell kann somit durchaus für eine bestimmte Fragestellung als valide eingestuft werden, sich für andere Fragestellungen jedoch als vollkommen unvalide erweisen [Law und Kelton, 1982, S. 337f.].

Zur Validierung von Simulationsmodellen kann prinzipiell zwischen Verfahren der *Validierung während der Konstruktion* und *Validierung anhand von Ergebnissen* unterschieden werden [McCarl und Apland, 1986, S. 156]. Da sich die Validierung von Simulationsmodellen häufig als schwer durchführbar herausstellt, sollten bei der Validierung stets mehrere Verfahren angewendet werden [Naylor und Finger, 1967, S. B-92ff.].

Bei der *Validierung während der Konstruktion* sollten schon in der Entwicklungsphase neben Modellexperten auch Fachleute aus dem zu simulierenden Forschungsgebiet beteiligt sein, so daß das Modell von vornherein auf plausiblen Annahmen aufgebaut wird und den Experten vernünftig erscheint. Darüber hinaus sollten Simulationsmodelle auf zuverlässigen Theorien, Schätzungen, Meßmethoden und Präzedenzfällen aufbauen [McCarl und Apland, 1986, S. 157f.]. In machen Fällen ist es zusätzlich möglich, die Annahmen eines Modells durch die Anwendung statistischer Tests mit empirischen Daten zu vergleichen [Law und Kelton, 1982, S. 339f.].

Zur *Validierung* eines Modells *anhand von Ergebnissen* werden die Simulationsergebnisse mit empirischen Daten oder Daten ähnlicher Simulationen verglichen. Ein interessanter Vorschlag zur Durchführung dieses Vergleiches ist die Anwendung des Turing-Tests [Law und Kelton, 1982, S. 341]. Der Turing-Test wurde ursprünglich von Alan Turing [1950] konzipiert, um Künstliche Intelligenz von Systemen zu testen. Angewendet auf die Validierung von Simulationsmodellen werden bei diesem Test Experten gebeten, Datenreihen zu analysieren, um dann zu entscheiden, ob diese Daten empirischen Ursprungs oder das Resultat eines Simulationslaufes sind. Gelingt dies den Experten in signifikantem Maße nicht, kann das Simulationsmodell als ausreichend valide betrachtet werden.

Eine weitere Möglichkeit der *Validierung anhand von Ergebnissen* besteht in der Analyse der Sensivität und Robustheit der Ergebnisse [z.B. Berger, 2000, S. 135]. Verändern sich die Ergebnisse bei Änderungen der Inputparameter nur sehr wenig, kann von einem robusten Modell in bezug auf die variierten Parameter gesprochen werden. Robuste Modelle werden in der Regel als valider als sehr sensitive Modelle angesehen [Linnemann, 2001, S. 105]. Ebenso wie bei der Verifikation kann es auch bei der Validierung sinnvoll sein, zu testen, ob sich ein Simulationsmodell auch unter extremen Parameterausprägungen weiterhin sinnvoll verhält [Sterman, 2000, S. 103].

Beurteilung der Simulation des dynamischen Marktplatzmodells
Bis auf eine graphische Ausgabe der Variablenwerte während der Laufzeit wurden alle vorgestellten Methoden zur Verifizierung von Simulationsprogrammen auch bei der Programmierung der Simulation des dynamischen Marktplatzmodells angewendet, so daß davon auszugehen ist, daß das Programm korrekt arbeitet.

Zur Sicherstellung einer ausreichenden Validität der Marktplatzsimulation wurden Experten für organisierte Märkte [Becker, 2002] schon während der Entwicklung miteinbezogen. Außerdem beruht das Modell auf plausiblen Annahmen und basiert auf bewährten Theorien, wie der Transaktionskostentheorie und der Theorie der Pfadabhängigkeit. Da keine Zeitreihendaten für die Entwicklung digitaler Marktplätze im Zeitablauf vorliegen, konnten nur wenige Simulationsergebnisse empirisch bestätigt werden. Der anhand der Simulation ermittelte geringe Einfluß pfadunabhängiger Kosten (PUK) auf den Erfolg eines Marktplatzes (siehe Abschnitt 4.3.4) wurde jedoch von der empirischen Untersuchung bestätigt (siehe Kapitel 6.2). Darüber hinaus weisen die ermittelten Kurvenverläufe (siehe z.B. Abbildung 21) eine starke Ähnlichkeit mit den Ergebnissen einer prinzipiell vergleichbaren Simulation von Radzicki und Sterman [1994, S. 81] auf. Zur Beantwortung der in Abschnitt 4.3.2 formulierten Fragen zum prinzipiellen Verhalten des Selektionsprozesses digitaler Marktplätze, scheint das Simulationsmodell daher geeignet zu sein.

4.3.4 Ergebnisse der Simulation des dynamischen Marktplatzmodells

Im folgenden Abschnitt werden die Ergebnisse der Multi-Agenten-Simulation des dynamischen Marktplatzmodells vorgestellt. Der Abschnitt gliedert sich nach den in Kapitel 4.3.2 formulierten Fragen an das Simulationsmodell.

Welche Faktoren bestimmen die Anzahl überlebensfähiger Marktplätze?

Von den drei variierten Parametern *Anzahl an Landwirten*, *Anzahl an Marktplätzen zu Beginn der Simulation* und *Multiplikator der PUK*, weist lediglich die Anzahl an Landwirten einen positiven Zusammenhang mit der Anzahl an überlebenden Marktplätzen auf. Wie Abbildung 17 zeigt, läßt sich dieser Zusammenhang mit einem R^2 von 0,725 gut linear schätzen. Des weiteren ist zu erkennen, daß keine Werte oberhalb einer gedachten Gerade, etwas steiler als die Winkelhalbierende, liegen. Da die Anzahl an Landwirten über die durchschnittlich pro Periode erzielte Erntemenge die gesamte Handelsmenge bestimmt, determiniert die Anzahl an Landwirten gleichzeitig über die Höhe der insgesamt auf die Marktplätze verteilbaren Provisionen die maximale Anzahl an Marktplätzen.

Abbildung 17: Anzahl an Marktplätzen nach 300 Iterationsschritten in Abhängigkeit der Größe des Getreidemarktes (determiniert durch die Anzahl an Landwirten)

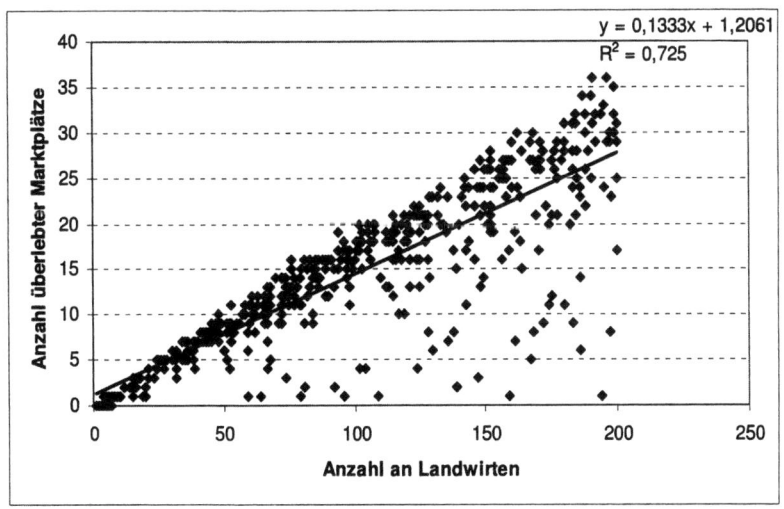

Es ist jedoch durchaus möglich, daß sich in einem Simulationslauf ein Endgleichgewicht mit deutlich weniger Marktplätzen als dem möglichen Maximum einstellt. Bei den Simulationsläufen mit ca. 195 Landwirten (siehe Abbildung 17) variiert die Anzahl an überlebenden Marktplätzen zwischen 1 und 36. Eine niedrigere Anzahl an Marktplätzen als durch die Provisionsrestriktion möglich, ergibt sich immer dann, wenn viele Landwirte hohe Präferenzen für dieselben Marktplätze haben. Den restlichen, wenig präferierten Marktplätzen gelingt es dann nicht, ihre laufenden Kosten durch Provisionen zu decken, so daß diese aus dem Markt für Marktdienstleitung ausscheiden müssen.

Abbildung 18 zeigt, daß kein Zusammenhang zwischen der Anzahl überlebensfähiger Marktplätze und der Anzahl an Marktplätzen zu Beginn der Simulation besteht. Die Datenpunkte scheinen nahezu zufällig im zulässigen Bereich unterhalb der Achse y = x verteilt zu sein.

Abbildung 18: Anzahl an Marktplätzen nach 300 Iterationsschritten in Abhängigkeit der Marktplatzanzahl zu Beginn der Simulation

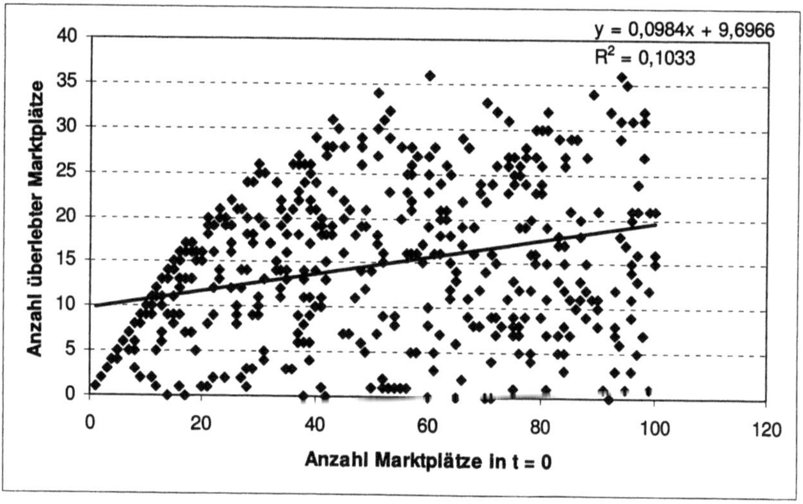

Zwischen der Anzahl überlebensfähiger Marktplätze und der Höhe der pfadunabhängigen Kosten (Multiplikator PUK) konnte ebenfalls nahezu kein Zusammenhang festgestellt werden, was zunächst verwundert. Die Höhe der PUK gibt die Präferenz eines Landwirtes für einen bestimmten Marktplatz an. Da Landwirte unterschiedliche Marktplätze präferieren, wäre zu erwarten, daß bei einer Anhebung der pfadunabhängigen gegenüber den pfadabhängigen Kosten, die persönlichen Präferenzen der Landwirte eine höhere Bedeutung erhalten. Somit müßten mehr Marktplätze überleben können, die sich auf die speziellen Bedürfnisse einer kleinen Gruppe von Landwirten ausgerichtet haben. Diese intuitive

Vermutung konnte jedoch durch die Simulation nicht bestätigt werden, da die Unterschiede zwischen den Mittelwerten der Anzahl an überlebenden Marktplätzen mit 11,66 (Multiplikator PUK = 1) bis 16,53 (Multiplikator PUK = 5) nur sehr gering ausfallen. Eine Verfünffachung der pfadunabhängigen Kosten (PUK) führt lediglich zu einer Zunahme der Anzahl an überlebenden Marktplätzen um den Faktor 1,41.

Eine nähere Analyse der Simulationsläufe zeigte, daß bei extrem hohen pfadunabhängigen Kosten zunächst wie erwartet jeder Landwirt auf dem am meisten präferierten Marktplatz Handel treibt. Der Umschlag, den ein auf die Präferenzen einer kleinen Gruppe von Landwirten spezialisierter Marktplatz erzielen konnte, ist häufig aber zu gering, um langfristig seine Kosten zu decken. Da dieser Marktplatz nach dem Aufbrauchen seines Startkapitals aus dem Markt für Marktdienstleistung ausscheiden muß, sind die bisherigen Händler dieses Marktplatzes gezwungen, ihr Getreide künftig auf einem weniger präferierten Marktplatz anzubieten.

Welche Muster weist ein typischer Anpassungsprozeß auf?

Die Abbildungen 19 und 20 zeigen den Verlauf eines ausgewählten Simulationslaufes mit fünf Marktplätzen. In Abbildung 19 ist auf der Abszisse die Zeit und auf der Ordinate der Umsatz der Marktplätze aufgetragen, während in Abbildung 20 die dazugehörigen Budgets der Marktplätze dargestellt sind. Durch Eingabe des in jeder Graphik angegebenen Initialwertes des Zufallszahlengenerators (z.B. init = 83) beim Start des Simulationsprogramms (Anhang D), können sämtliche Ergebnisse reproduziert werden.

Man erkennt in Abbildung 19, daß nur ein Marktplatz (MP1) von der ersten Periode an hohe Umsätze generiert und von Beginn an Gewinne erzielt, während alle anderen Marktplätze zunächst in die Verlustzone fallen. Der von Beginn an erfolgreiche Marktplatz 1 scheint den Präferenzen vieler Landwirte besonders nah zu kommen, so daß diese aufgrund der anfänglich ausschlaggebenden pfadunabhängigen Kosten ihr Getreide von Anfang an über diesen Marktplatz handeln. Durch diese frühen und hohen Umsätze konnte dieser Marktplatz seine pfadabhängigen Kosten schnell senken und somit seine Konkurrenzfähigkeit weiter verbessern. Im unteren Bereich der Graphen in Abbildung 19 und Abbildung 20 sind zwei Marktplätze zu erkennen (MP4 und MP5), die es lediglich auf Umsätze von unter 500 Mengeneinheiten bringen. Da in der Simulation von einem Fixkostensatz von 10 Geldeinheiten pro Periode und einer Provision von einem Prozent ausgegangen wird, muß ein Marktplatz pro Periode mindestens einen Umsatz von 1000 Mengeneinheiten tätigen, um nicht in die Verlustzone zu geraten und sein Startkapital zu verbrauchen. Mit einem Umsatz von weniger als 500 Mengeneinheiten pro Periode verbrauchen die Marktplätze 4 und 5 ihr Kapital recht schnell und scheiden in den Perioden 12 und 15 aus dem Markt aus.

Abbildung 19: Beispiel einer Umsatzentwicklung von fünf Marktplätzen

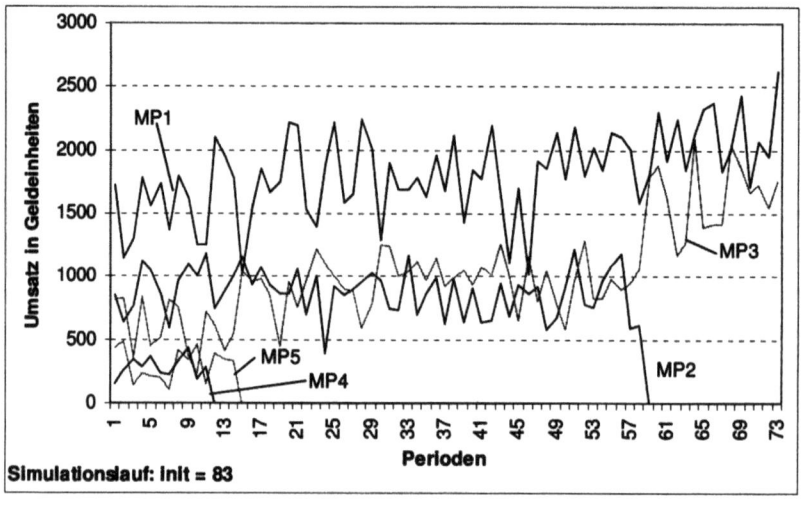

Abbildung 20: Beispiel einer Budgetentwicklung von fünf Marktplätzen

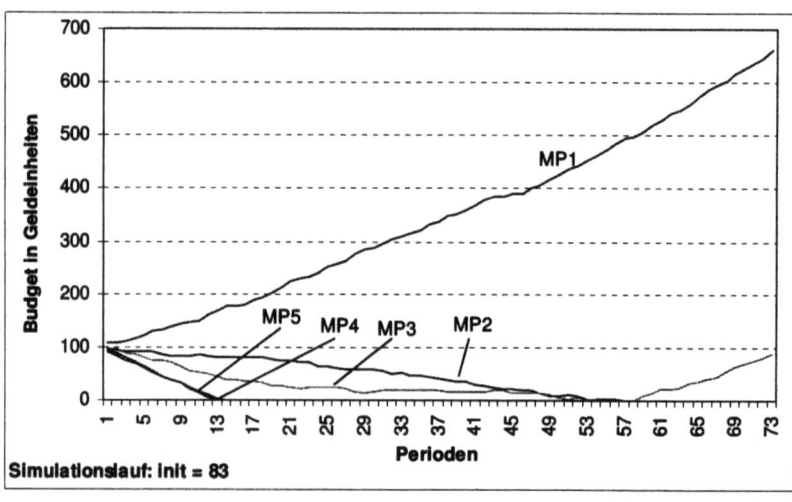

Transaktionskosten und digitale Marktplätze 89

Die beiden Marktplätze mit mittleren Umsätzen (MP2 und MP3) generieren in der Startphase Umsätze zwischen 400 und 1200 Mengeneinheiten, was in der langen Frist für beide Kontrahenten zu wenig ist um ihre Fixkosten zu decken, so daß auch sie einen Teil ihrer Ausgaben aus dem Startkapital decken müssen. Da beide Marktplätze um dieselben Landwirte konkurrieren, liefern sie sich bis Periode 60 ein Kopf-an-Kopf-Rennen (siehe Abbildung 20) und stehen beide kurz vor dem Konkurs. Erst als Marktplatz 2 aufgeben muß und aus dem Markt ausscheidet, kann der überlebende Marktplatz 3 den gesamten Umsatz für sich verbuchen und gerät in die Gewinnzone.

Da die in Abbildung 20 angegeben Budgetentwicklungen nur die Ergebnisse eines einzelnen Simulationslaufs darstellen und nicht als allgemein gültig angesehen werden können, sind in Abbildung 21 vier weitere zufällig ausgewählte Budgetentwicklungen dargestellt.

Abbildung 21: Vier beispielhafte Budgetentwicklungen

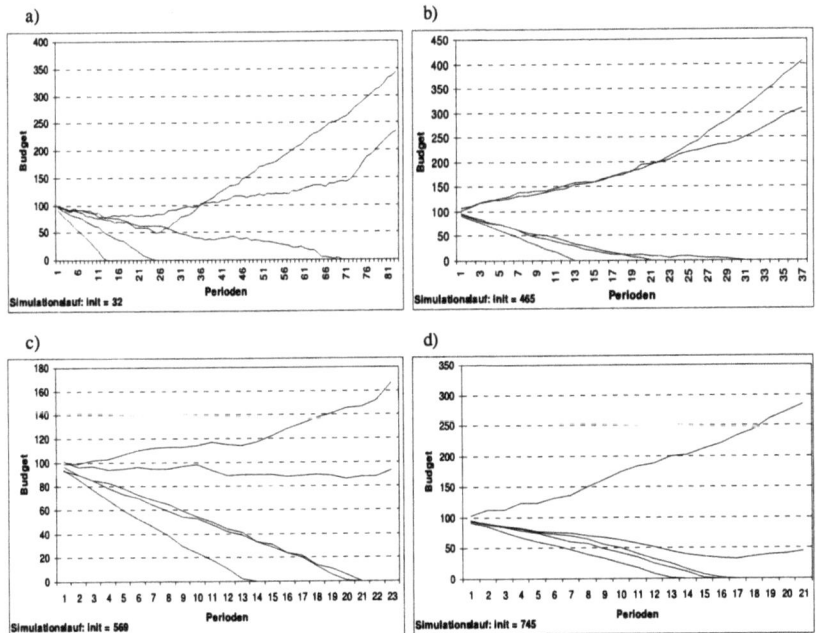

Der Vergleich der Kurvenverläufe in Abbildung 21 läßt folgende Aussagen plausibel erscheinen:

a) Die Kurvenverläufe weisen chaotisches Verhalten auf. Eine prägnante Definition chaotischen Verhaltens gibt Kanitschneider [1994], die auf Kolmogorow et al. [1984] zurückgeht. Hier wird „Chaos als Zufälligkeit im Sinne der algorithmischen Komplexitätstheorie" verwendet. „Wir nehmen ein physikalisches System, das durch eine Zustandsvariable Q beschrieben werden kann. Die Größe Q kann man dann auch als digitale Folge S ausdrücken. S und damit Q sind genau dann zufällig, wenn das kürzeste Computerprogramm, das S wiedergeben kann, im Kopierbefehl besteht: drucke S. ... Die Zufälligkeit drückt aus, daß die chaotischen Bahnen nicht durch einen Algorithmus berechnet werden können, der einfacher ist als der simple Druckbefehl". Angewendet auf die vorgestellte Simulation der Marktplätze besagt die Definition, daß es keinen Algorithmus geben darf, der einfacher als die Simulation selbst ist, um zu denselben Ergebnissen zu gelangen. Ein Blick auf die unterschiedlichen Kurvenverläufe in Abbildung 21 läßt die Existenz eines solchen Algorithmus als sehr unwahrscheinlich erscheinen.

Eine Quelle für chaotischen Verhalten liegt im Algorithmus für die Zufallszahlen, da es gerade Sinn und Zweck eines Zufallszahlengenerators ist, nicht vorhersagbare Zahlenfolgen zu generieren. Aufgrund der Rückkopplungseffekte der pfadabhängigen Kosten erscheint es zumindest als nicht unwahrscheinlich, daß auch dieses sehr einfach gehaltene Simulationsmodell chaotisches Verhalten aufweist. Um dies näher zu überprüfen, müßten die bisher per Zufallszahlengenerator erzeugten Werte der Simulation manuell um geringe Veränderungen variiert werden. Sollten diese geringen Veränderungen in den Ausgangswerten zu starken und nicht vorhersagbaren Änderungen der Ergebnisse führen, ist von chaotischen Verhalten der Simulation auszugehen. Auf realen Märkten erscheint das Vorhandensein chaotischen Verhaltens aufgrund einer deutlich höheren Komplexität, zahllosen Rückkopplungsmechanismen und einer daraus resultierenden Nicht-Linearität als nahe zu zwangsläufig. Einen Querschnitt über Forschungstätigkeiten an der Schnittstelle zwischen Ökonomie und Chaos, die im Rahmen dieser Arbeit nur angerissen werden konnte, gibt beispielsweise Leydesdorff und van den Besselaar [1994].

Trotz des unterstellten chaotischen Verhaltens weisen die Kurvenverläufe einige charakteristische Gemeinsamkeiten auf.

b) In nahezu allen beobachteten Simulationsläufen verschwindet der weit überwiegende Teil aller nicht überlebensfähigen Marktplätze innerhalb der Perioden 10 bis 20 vom Markt. Diese Marktplätze generieren so wenig Umsatz, daß sie ihr Eigenkapital schnell verbrauchen und aus dem Markt ausscheiden müssen.

c) Nur ein sehr geringer Teil der Marktplätze kann von Beginn an Überschüsse erwirtschaften. Im dargestellten Beispiel mit fünf Marktplätzen zum Startzeitpunkt kann meistens nur ein Marktplatz (nur im Beispiel Abbildung 21b sind es zwei Marktplätze) sofort seine Ausgaben durch Umsatzerlöse decken. Diese Marktplätze setzten sich sofort aufgrund ihrer schnell sinkenden pfadabhängigen Kosten weiter von der Konkurrenz ab und sind in der Regel von dieser nicht mehr einzuholen.

d) Erst nachdem die Marktbereinigung stattgefunden hat und sich die Landwirte auf die noch existierenden Marktplätze aufteilen müssen, hat die Gruppe derer, die bisher gerade ihre Umsätze decken konnten, eine Chance höhere Umsätze zu erzielen und in die Gewinnzone zu gelangen.

Wie schnell erfolgt die Marktbereinigung?

Einflußfaktoren auf die Geschwindigkeit der Marktbereinigung bei einem Überangebot an Marktdienstleistung konnten anhand der kumulierten Ergebnisse von 500 Simulationsläufen nicht gefunden werden. Sowohl die Anzahl an Landwirten als auch die Anzahl an Marktplätzen zu Beginn der Simulation als auch die Höhe der pfadunabhängigen Kosten weisen keinen Einfluß auf Zeitspanne auf, die verstreicht bis die Marktbereinigung abgeschlossen ist. Die in Abbildung 21 dargestellten Budgetentwicklungen zeigen jedoch, daß in diesen Fällen die Marktbereinigung zwischen der 16. (Fall d) und 70. Periode (Fall a) abgeschlossen war. Die Länge der Phase der Marktbereinigung weist somit starke Schwankungen auf.

Wie wirkt sich die Höhe pfadabhängiger und pfadunabhängiger Kostenbestandteile auf den Erfolg eines Marktplatzes aus?

Eine für den Betreiber eines Marktplatzes besonders interessante Frage ist, ob sich ein drohender Konkurs schon in einem frühen Stadium erkennen und durch Ergreifen geeigneter Maßnahmen verhindern läßt. Um eine Antwort auf diese Frage zu bekommen, wurde eine Simulation durchgeführt, in der der Einfluß pfadabhängiger und pfadunabhängiger Kostenbestandteile auf die Überlebenswahrscheinlichkeit eines Marktplatzes untersucht wurde. Für diese Simulation wurden die Parameter *Anzahl an Landwirten, Anzahl an Markt-*

plätzen zu Beginn der Simulation und *Multiplikator der PUK* nicht zufällig bestimmt, sondern für alle Simulationsläufe konstant gehalten. In jedem der 500 Simulationsläufe wurde die Entwicklung von 10 Marktplätzen simuliert, wobei die *Anzahl an Landwirten* immer 50 betrug und der *Multiplikator der PUK* konstant bei 1 gehalten wurde.

Die Ergebnisse der Simulation wurden mittels logistischer Regression (zur Vorgehensweise der logistischen Regression siehe z.B. Krafft 1997) untersucht, wobei die binäre Variable „Überleben des Marktplatzes" als abhängige und die Höhe der pfadabhängigen bzw. pfadunabhängigen Kosten als unabhängige Variable diente. Die Höhe der pfadabhängigen Kosten wurde jeweils in der achten Periode der Simulation gemessen, da sich bereits zu diesem frühen Zeitpunkt die Höhe der pfadabhängigen Kosten zwischen den einzelnen Marktplätzen stark unterschieden haben. Einigen Marktplätzen ist es in Periode 8 bereits gelungen, diesen Kostenbestandteil auf Null zu reduzieren, während andere Marktplätze noch die gesamten 100 Geldeinheiten der Startperiode aufweisen. Da die pfadunabhängigen Kosten eines Marktplatzes in diesem Simulationsaufbau für jeden Landwirt unterschiedlich hoch sind (siehe Abschnitt 4.3.3), wurde die Höhe der pfadunabhängigen Kosten eines Marktplatzes als Durchschnitt der pfadunabhängigen Kosten aller Landwirte errechnet.

Mit Hilfe der logistischen Regression konnte folgende Gleichungen für die Überlebenswahrscheinlichkeit von Marktplätzen geschätzt werden:

$$p(\text{überleben} = 1) = \frac{1}{1+e^{-(46,229-0,619*PAK)}} \quad (10)$$

$$p(\text{überleben} = 1) = \frac{1}{1+e^{-(11,002-0,02*PUK)}} \quad (11)$$

Die Gleichungen (10) und (11) sind graphisch in den Abbildung 22 und Abbildung 23 dargestellt, in dem auf der Abszisse die Höhe der Kosten und auf der Ordinate die Überlebenswahrscheinlichkeit eines Marktplatzes aufgetragen ist. Ein Vergleich der beiden Graphen zeigt deutlich, daß sich anhand der pfadabhängigen Kosten sehr sicher auf das spätere Überleben eines Marktplatzes geschlossen werden kann. Die Prognosegüte des Modells der pfadabhängigen Kosten ist mit einem McFadden R^2 von 0,82 sehr hoch, da nach Urban [1993, S. 62 f.] ein logistisches Modell bereits ab einem R^2 von 0,2 als gut eingeschätzt werden kann.

Transaktionskosten und digitale Marktplätze 93

Abbildung 22: Überlebenswahrscheinlichkeit von Marktplätzen bei unterschiedlich hohen pfadabhängigen Kosten

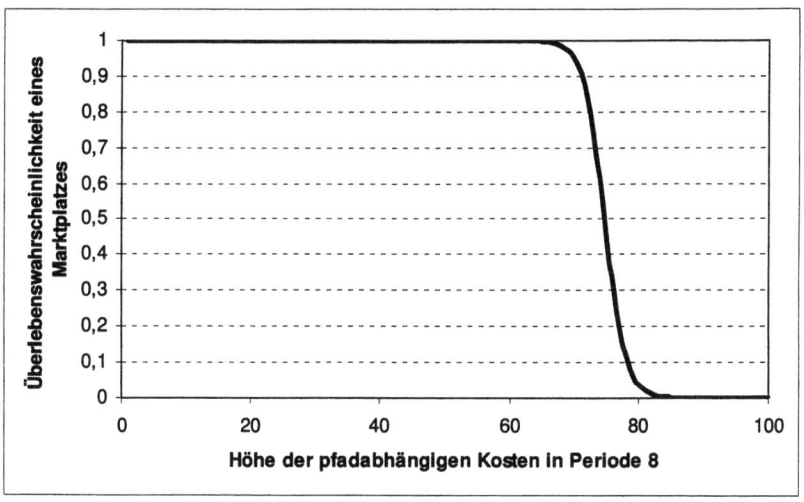

Abbildung 23: Überlebenswahrscheinlichkeit von Marktplätzen bei unterschiedlich hohen pfadunabhängigen Kosten

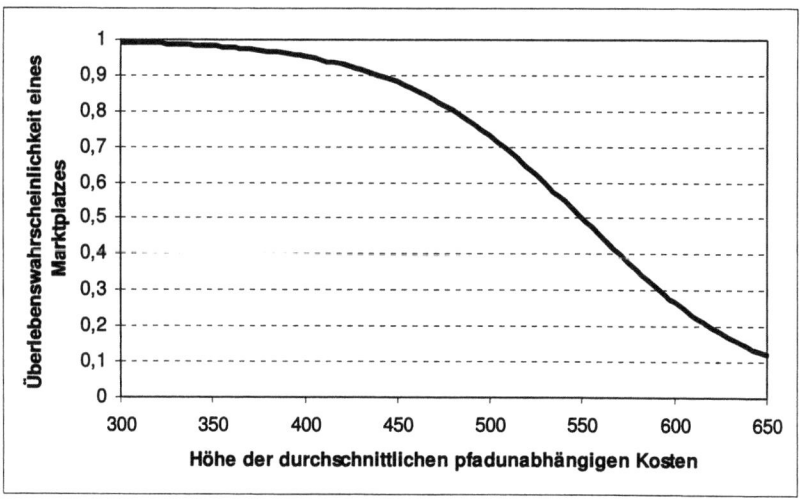

Alle Marktplätze, deren pfadabhängige Kosten in Periode 8 mehr als 81 Geldeinheiten betrugen, mußten innerhalb der 300 simulierten Perioden aus dem Markt ausscheiden, während alle Marktplätze, deren pfadabhängige Kosten in Periode 8 weniger als 60 Geldeinheiten betrugen, sich bis zum Ende der Simulation am Markt behaupten konnten. Nur in einem schmalen Bereich zwischen 60 und 81 Geldeinheiten war keine eindeutige Vorhersage möglich.

Eine Prognose des Überlebens von Marktplätzen anhand der pfadunabhängigen Kosten ist dagegen kaum möglich. Das McFadden R^2 nimmt für dieses Modell lediglich einen Wert von 0,09 an, was Ausdruck einer schlechten Prognosegüte ist. Über den gesamten Kostenbereich, der sich in der Simulation zwischen 300 und 650 Geldeinheiten bewegte, gab es sowohl Marktplätze, die bis zur Periode 300 überlebt konnten, als auch Marktplätze, die aus dem Markt ausgeschieden sind. Allerdings ist auch bei den pfadunabhängigen Kosten zu beobachten, daß die Überlebenswahrscheinlichkeit mit der Höhe der Kosten sinkt.

Aufgrund der Ergebnisse dieses Simulationslaufes kann daher vermutet werden, daß es für digitale Marktplätze von existentieller Bedeutung ist, sehr schnell ihre pfadabhängigen Kosten zu senken. Marktplätze mit hohen pfadunabhängigen Kosten haben dagegen durchaus Überlebenschancen.

Zusammenfassung der Ergebnisse

Nimmt man die in dieser Simulation getroffenen Annahmen als akzeptabel an, kann den Gründern von Marktplätzen empfohlen werden, sich zunächst auf die Senkung der stark pfadabhängigen Liquiditäts- und Motivationskosten zu konzentrieren. Eine Reduzierung der relativ pfadunabhängigen Koordinationskosten steigert die Überlebenswahrscheinlichkeit eines Marktplatzes dagegen nur unwesentlich.

Auch die Simulation ergab, daß nur wenige Marktplätze wirtschaftlich erfolgreich sein können. Gewinne werden häufig erst dann erzielt, wenn der Prozeß der Marktbereinigung abgeschlossen ist und sich die Umsätze nur noch auf die wenigen verbliebenen Marktplätze verteilen. Welcher Marktplatz als Gewinner hervorgehen wird, ist kaum vorherzusagen. Aufgrund chaotischer Prozesse können kleine Kostenvorteile bei den pfadabhängigen Bestandteilen der Transaktionskosten zu Beginn der Selektionsphase schnell zu einem von der Konkurrenz nicht mehr einzuholenden Wettbewerbsvorsprung werden.

5 Untersuchungsdesign der empirischen Analyse digitaler Marktplätze der Agrar- und Ernährungsindustrie

Dieses Kapitel ist in drei Abschnitte unterteilt und stellt das Design der empirischen Erhebung zur Überprüfung der im vorigen Kapitel abgeleiteten Hypothesen dar. Aufbauend auf den Erkenntnissen der Voruntersuchung zur Umschlagshäufigkeit auf digitalen Marktplätzen (Kapitel 3.1.2) wird zunächst darauf eingegangen, wie der Erfolg digitaler Marktplätze in dieser Untersuchung gemessen wurde. Anschließend wird beschrieben, wie die im vorigen Kapitel aufgestellten Hypothesen operationalisiert und die unabhängigen Variablen erhoben wurden. Der Aufbau und die Durchführung der Datenerhebung ist Gegenstand von Abschnitt 5.3.

5.1 Erfolgsmaße digitaler Marktplätze

Um Erfolgsfaktoren digitaler Marktplätze identifizieren zu können, muß zunächst definiert werden, wie der Erfolg eines Marktplatzes gemessen werden kann. Erfolgreich ist ein Unternehmen in der Regel dann, wenn die definierten Unternehmensziele erreicht werden. Für marktwirtschaftlich orientierte Unternehmen nennt Wöhe [1990, S. 122] die langfristige Gewinnmaximierung als oberstes Ziel. Unterstellt man, daß auch die Betreiber organisierter Märkte dieses Ziel verfolgen, kommen zur Messung des Erfolges digitaler Marktplätze grundsätzlich alle betriebswirtschaftlichen Gewinnbegriffe wie z.B. Erfolg (definiert als Differenz zwischen bewertetem Ertrag und bewertetem Einsatz der Produktionsfaktoren), Rentabilität, Wirtschaftlichkeit oder Produktivität in Frage [Wöhe, 1990, S. 45ff.]. Da diese betriebswirtschaftlichen Erfolgszahlen jedoch häufig nicht öffentlich verfügbar sind und sich die Betreiber digitaler Marktplätze als wenig auskunftsfreudig erwiesen haben, mußte auf alternative Erfolgsmaße zurückgegriffen werden.

Es ist plausibel anzunehmen, daß organisierte Märkte wirtschaftlich um so erfolgreicher sind, je höher der abgewickelte Marktumschlag ist. Marktplätze mit einem hohen Marktumschlag und somit einer hohen Liquidität (siehe hierzu Kapitel 4.2.3) sind für potentielle Handelspartner attraktiver und können somit eine (höhere) Abwicklungsgebühr verlangen. Die Ergebnisse der Voruntersuchung aus Kapitel 3.1.2 haben jedoch gezeigt, daß auch der Marktumschlag nicht mit einem angemessenen Aufwand erhoben werden kann.

Aus diesem Grunde wird der Erfolg eines Marktplatzes in dieser Arbeit, wie schon in der Untersuchung von Jirik und Sint [2003], über die bloße Existenz des Marktplatzunternehmens gemessen. So bezeichnet Diesch [1986, S. 39ff.] die langfristige Existenzsicherung als einen wesentlichen Bestimmungsfaktor des Erfolges. Bei der Analyse der Websites digitaler Marktplätze der Agrar- und Ernährungsindustrie (zur Datenerhebung siehe Kapitel 5.3) wurde ein digitaler Marktplatz als existent betrachtet, wenn die Marktplatzsite im Web noch vorhanden war (beobachtete Existenz). Eine nähere Betrachtung der Websites der noch existierenden Marktplätze legte jedoch die Vermutung nahe, daß viele dieser Web-Auftritte komatös und lediglich noch nicht abgeschaltet worden sind. Aus diesem Grunde wurde in einem zweiten korrigierten Existenzmaß die Zahl der noch existieren Marktplätze um diejenigen verringert, bei denen in den letzten 12 Monaten keine Änderung am HTML-Coding stattgefunden hat (korrigierte Existenz). Da diese Untersuchung Anfang 2003 durchgeführt worden ist, wurden alle digitalen Marktplätze als nicht mehr existent betrachtet, deren Websites seit Anfang 2002 unverändert geblieben sind. Die benötigten Informationen über die Änderungsdaten des HTML-Codings konnten durch die Verwendung der Way-Back-Machine des Internet-Archivs gewonnen werden. Eine Beschreibung des Internet-Archivs ist in Kapitel 5.3 zu finden.

Um weitere Informationen über das Ausmaß des Erfolges eines zum Beobachtungszeitpunkt existenten Marktplatzes zu erhalten, wurden neben den binären Erfolgsmaßen der beobachteten und korrigierten Existenz zusätzlich drei metrisch skalierte Erfolgsmaße erhoben. Dies waren im Internet öffentlich zugängliche Daten zum Vernetzungsgrad und zur Besuchsfrequenz der Marktplatzsites. Ein hoher Vernetzungsgrad einer Website wirkt sich vermutlich positiv auf die Anzahl an Besuchern aus und eine hohe Anzahl an Besuchern kann als notwendige, wenn auch nicht hinreichende, Bedingung für einen wirtschaftlich erfolgreichen digitalen Marktplatz angesehen werden.

Die metrischen Erfolgsmaße lauten im einzelnen:

Vernetzungsgrad: Der Vernetzungsgrad wurde über die Anzahl an Links auf fremden Websites gemessen, über die die betrachtete Marktplatzsite erreicht werden kann. Diese Daten konnten über die Suchmaschine Google (www.google.de) erhoben werden, indem anstelle des Suchbegriffs in der Eingabezeile der Ausdruck „link:*URL*" eingegeben wurde, wobei *URL* für den Uniform Resource Locator der Marktplatzsites steht. Als Treffermenge erhält man eine Liste aller Websites, die einen Link zum untersuchten Marktplatz enthalten. Die Anzahl der Einträge in dieser Liste ist der Vernetzungsgrad einer Marktplatzsite in dieser Untersuchung.

Anzahl an Besuchen: Die Anzahl der Besuche einer Marktplatzsite wurde mit Hilfe des Web-Informations-Tools Alexa (www.alexa.com), einem Gemeinschaftsunternehmen von Google, Amazon und dem Internet-Archiv, gezählt. Alexa wurde im April 1996 mit dem Ziel gegründet, die Navigation im Web zu verbessern. Zur Verwendung von Alexa kann eine Toolbar in den eigenen Web-Browser (nur Internet Explorer von Microsoft) integriert werden, über die u.a. Besucherzahlen zu den aufgerufenen Websites angezeigt werden. Gleichzeitig wird das eigene Surfverhalten an Alexa übermittelt und gespeichert. Diese Daten über das Surfverhalten der Alex-Nutzer bilden die Grundlage für Berechnung der Besucherzahlen. Zur Zeit haben laut Angaben auf der Alexa-Site mehr als 10 Millionen Webnutzer die Alexa-Toolbar installiert. Die erhobenen Besucherzahlen sind zu interpretieren als die durchschnittliche Anzahl an Besuchen von einer Million Alexa-Usern auf der untersuchten Marktplatzsite pro Tag, gemittelt über die letzten drei Monate. Ein *Besuch* ist bei Alexa als Aufruf mindestens einer Seite eines Internetauftritts mit derselben Top-Level-Domain definiert. Mehrere Aufrufe einer URL vom selben User, werden pro Tag nur einmal gezählt [Alexa, 2004].

Anzahl an Seitenaufrufen: Die Anzahl der Seitenaufrufe eines Nutzers pro Besuch ist ein Maß für die Intensität der Nutzung einer Marktplatzsite. Diese Daten wurden ebenfalls mit Alexa erhoben und geben an, wie viele Webseiten einer Marktplatzsite die Alexa-Nutzer durchschnittlich in den letzten drei Monaten pro Tag aufgerufen haben.

Da die Alexa-Daten nur auf dem Surfverhalten einer Teilmenge aller Internetnutzer basieren, kann es bei Seiten mit wenigen Besuchen zu Verzerrungen kommen. Alexa [2004] gibt an, daß 1000 Besuche von Alexa-Usern pro Monat ausreichend sind, um statistisch verläßliche Ergebnisse zu liefern. Für alle Marktplatzsites mit weniger als 1000 Besuchen pro Monat kann zumindest festgestellt werden, daß diese Sites nur sehr wenige Hits erzielen konnten und somit vermutlich wenig erfolgreich sind. Ein Vergleich der Alexa-Daten mit einer alternativen Meßtechnik der Informationsgemeinschaft zur Feststellung der Verbreitung von Werbeträgern e.V., bei der die Anzahl der übertragenen Bilder einer Webseite gemessen wird, ergab, daß beide Methoden zu ähnlichen Ergebnissen führen [Heindl, 2002].

5.2 Operationalisierung der Hypothesen und Messung der Variablen

Bevor die aus der Transaktionskostentheorie hergeleiteten Hypothesen statistisch getestet werden können, müssen diese zunächst operationalisiert werden. Jede der im vorigen Kapitel verbal formulierten Hypothesen besteht aus einem Bedingungsteil und einer Aussage über die Wirkungsrichtung auf den Erfolg eines digitalen Marktplatzes. Alle Hypothesen zusammen stellen somit ein Modell zur Erklärung des Erfolges digitaler Marktplätze dar, welches im Folgenden statistisch getestet wird. Formal kann dieses Schätzmodell wie folgt dargestellt werden:

$$y = f(x_1,...,x_n)) \qquad (12)$$

Hierbei steht y für ein Erfolgsmaß eines digitalen Marktplatzes und x für einen vermuteten Einflußfaktor. Die Funktion f gibt die erwartete Wirkungsrichtung des Einflußfaktors auf den Marktplatzerfolg an. Interaktionseffekte zwischen den Faktoren $x_1,...,x_n$ wurden nicht berücksichtigt, da die aus der Transaktionskostentheorie abgeleiteten Hypothesen keine Interaktionseffekte erwarten lassen. Kausale Aussagen über entdeckte Wirkungszusammenhängen wären somit nicht möglich. Eine Zusammenfassung aller Hypothesen, gemessenen Variablen und vermuteten Wirkungsrichtungen gibt Tabelle 9. Im Folgenden wird jede Variable definiert und beschrieben wie sie gemessen worden ist.

Tabelle 9: Operationalisierungen der Hypothesen und erwartete Wirkungsrichtungen

Hypothesen: Erfolg digitaler Marktplatz = f $(x_1,...,x_n)$	Einflußfaktoren $(x_1,...,x_n)$	erwartete Wirkungsrichtung (f)
zu den Koordinationskosten:		
H1: Digitale Marktplätze sind (gegenüber ihrer konventionellen Konkurrenz) um so erfolgreicher je heterogener die gehandelten Güter sind.	- Heterogenitätsgrad der gehandelten Produkte gemessen durch:	
	• Existenz eines Handelsraums für gebrauchte Landmaschinen *(binär)*	+
	• Existenz eines Handelsraums für landwirtschaftliche Erzeugnisse oder Betriebsmittel *(binär)*	-
H2: Das Angebot von Auktionen wirkt sich positiv auf den Erfolg eines digitalen Marktplatzes aus.	- Auktionen *(binär)*	+

Untersuchungsdesign der empirischen Analyse digitaler Marktplätze

Hypothese	Variable	
H3: Die Möglichkeit zum a) elektronischen Datenaustausch (Web-EDI) und b) zur unternehmensübergreifenden Zusammenarbeit (CPFR) wirkt sich positiv auf den Erfolg eines digitalen Marktplatzes aus.	- elektronischer Datenaustausch *(binär)* - CPFR-Werkzeuge *(binär)*	+ +
H4: Die Möglichkeit der Vermittlung von a) Transportanbietern und b) Versicherungen wirkt sich positiv auf den Erfolg eines digitalen Marktplatzes aus.	- Transportanbieter *(binär)* - Versicherungen *(binär)*	+ +
H5: Das Angebot von Informationsdiensten, die über die eigentliche Transaktionsabwicklung hinausgehen, wirkt sich negativ auf den Erfolg eines digitalen Marktplatzes aus.	- Informationsdienste, wie z.B. Wetterberichte, Nachrichten oder Communities *(binär)*	-
H6: Eine hohe E-Readiness auf dem Zielmarkt eines digitalen Marktplatzes, wirkt sich positiv auf seinen Erfolg aus.	- E-Readiness *(metrisch)*	+
zu den Motivationskosten:		
H7: Das Angebot von a) Garantien, b) Diensten zur Zahlungsabwicklung und c) reputationsbildenden Maßnahmen für Handelspartner wirkt sich positiv auf den Erfolg eines digitalen Marktplatzes aus.	- Garantien *(binär)* - Zahlungsabwicklung *(binär)* - reputationsbildende Maßnahmen *(binär)*	+ + +
zu den Liquiditätskosten:		
H8: Die Anwesenheit von Brokern wirkt sich positiv auf die Liquidität eines Marktplatzes aus und steigert somit seinen Erfolg.	- Broker *(binär)*	+
H9: Ein a) Kundenstamm und b) ein früher Markteintritt wirkt sich positiv auf den Erfolg eines digitalen Marktplatzes aus.	- Neugründung *(binär)* - Betriebsdauer *(metrisch)*	- +
H10: Eine internationale Ausrichtung wirkt sich positiv auf den Erfolg eines digitalen Marktplatzes aus.	- Website auf Englisch *(binär)* - Website in weiteren Sprachen *(nominal)*	+ +
H11: Eine große Vielfalt an Handelsräumen wirkt sich positiv auf den Erfolg eines digitalen Marktplatzes aus.	- Anzahl zum Handel zugelassener Produkte *(metrisch)* - Marktgröße *(metrisch)* - Existenz eines Handelsraumes für Jobs *(binär)*	+ + +
H12: Die Erhebung von Gebühren wirkt sich negativ auf die Frequentierung eines digitalen Marktplatzes aus.	- Gebühren Verkäufer *(binär)* - Gebühren Käufer *(binär)*	- -

Bei den meisten Variablen handelt es sich um Eigenschaften digitaler Marktplätze, die binär gemessen werden und den Wert ‚1' annehmen, wenn ein digitaler Marktplatz eine

Eigenschaft aufweist, und den Wert ‚0', wenn der Marktplatz diese Eigenschaft nicht aufweist. Lediglich die Variablen *E-Readiness*, *Marktgröße* und *Betriebsdauer* weisen ein metrisches Skalenniveau auf. Zusätzlich wurde erhoben, in welchen Sprachen die Marktplatzsites angeboten wurden.

Die binären Eigenschaftsvariablen konnten für Marktplätze, deren Internet-Auftritt zum Untersuchungszeitraum noch im Web verfügbar war, in den meisten Fällen direkt durch eine Analyse der Marktplatzsites beobachtet werden. Für Marktplätze, die zum Zeitpunkt der Untersuchung bereits ausgeschieden waren, stellte sich das Internet-Archiv (www.archive.org) als sehr hilfreich heraus (zum Internet-Archiv siehe auch Abschnitt 5.3). Konnte eine Variable weder über die Recherche auf der aktuellen Marktplatzsite noch über das Internet-Archiv erhoben werden, stellt diese einen fehlenden Wert (missing value) dar.

Die Möglichkeit der Einbeziehung von existenten als auch nicht mehr existenten digitalen Marktplätzen in die empirische Untersuchung ist als großer Vorteil gegenüber dem Großteil bisheriger Erfolgsfaktorenanalysen zu betrachten, bei denen lediglich erfolgreiche Unternehmen einbezogen werden konnten [z.B. Rieping, 2004, S. 135]. Derzeit existieren nahezu keine Untersuchungen über die Gründe des Scheiterns von Unternehmen, obwohl die Kenntnis der Mißerfolgsfaktoren ebenso nützlich wäre wie die Kenntnis der Erfolgsfaktoren eines Unternehmens [Baecker und Kluge, 2003, S. 38]. Der Grund für diesen Mangel an Untersuchungen über das Scheitern von Unternehmen ist in erster Linie darin zu sehen, daß Daten über aufgelöste Unternehmen in der Regel nicht mehr verfügbar sind [Rieping, 2004, S. 63].

Im Folgenden wird für jede Variable kurz beschrieben, wie sie definiert und erhoben wurde. Wenn nicht näher auf die Erhebungsweise eingegangen wird, konnte die Variable per Analyse der Marktplatzsite bestimmt werden.

Heterogenitätsgrad der gehandelten Produkte: Der Heterogenitätsgrad der gehandelten Produkte eines digitalen Marktplatzes kann nicht unmittelbar von der Website des Marktplatzes abgelesen werden. Die Produktheterogenität kann definiert werden als ein Maß für die Anzahl möglicher Ausprägungen eines Produktes mit demselben Bezeichner. Markenprodukte oder Warenterminkontrakte sind in der Regel stark standardisiert und mit einem eindeutigen Bezeichner versehen, was zu einer geringen Produktheterogenität führt. Beispiele für Produkte mit einem hohen Heterogenitätsgrad sind dagegen Güter, die nur schwer standardisierbar sind wie z.b. die meisten gebrauchten Güter, deren Zustand stark von der bisherigen Nutzung abhängt.

Da der Heterogenitätsgrad von Gütern nur schwer gemessen werden kann, wird im Rahmen dieser Arbeit stellvertretend geprüft, ob auf den untersuchten digitalen Marktplätzen Handelsräume für gebrauchte Landmaschinen, landwirtschaftliche Betriebsmittel und / oder landwirtschaftliche Erzeugnisse existieren. Hierbei stehen die gebrauchten Landmaschinen als Vertreter für Produkte mit einem hohen Heterogenitätsgrad und landwirtschaftliche Betriebsmittel und Erzeugnisse aufgrund von Markenbildung oder Einteilungen in Handelsklassen für Produkte mit einem niedrigen Heterogenitätsgrad. Es wird daher nicht der Heterogenitätsgrad der handelbaren Produkte eines digitalen Marktplatzes gemessen, sondern nur, ob Handelsräume für gebrauchte Landmaschinen, landwirtschaftliche Betriebsmittel und / oder landwirtschaftliche Erzeugnisse vorhanden sind.

Auktionen (binär): Bietet der Marktplatz die Möglichkeit, eine oder mehrere Formen von Auktionen oder Ausschreibungen durchzuführen? Hierbei wurde nicht unterschieden, um welche Art von Auktion es sich handelt.

elektronischer Datenaustausch (binär): Bietet der Marktplatz die Möglichkeit, Geschäftsdokumente wie z.B. Anfragen, Angebote, Bestellungen, Lieferavise, Rechnungen und Lieferscheine zwischen den EDV-Systemen der Handelspartner auszutauschen? Eine mögliche Form des elektronischen Datenaustausches ist das von einigen Marktplätzen angebotene Web-EDI (z.B. *www.edi-tradeportal.com* für den Handel oder *www.getport.de* für die Getränkeindustrie).

CPFR-Werkzeuge (binär): Bietet der Marktplatz Werkzeuge zum CPFR auf der Marktplatzsite an (zu CPFR siehe auch Ausführungen in Kapitel 4.2.1)?

Transportanbieter (binär): Bietet der Marktplatz die Möglichkeit, direkt über die Marktplatzsite bei der Abwicklung der Transaktion einen geeigneten Transportanbieter auszuwählen und zu beauftragen?

Versicherungen (binär): Bietet der Marktplatz die Möglichkeit, direkt über die Marktplatzsite Versicherungen bzgl. der Produkte und / oder des Transports abzuschließen?

Informationsdienste (binär): Bietet der Marktplatz mindestens einen der folgenden Informationsdienste an: Wetterberichte, fachbezogene oder allgemeine Nachrichten, Communities, Chatforen, Newsletter, Warenterminkurse?

E-Readiness (metrisch): Die E-Readiness stellt einen Index unterschiedlicher Faktoren dar, der die Bereitschaft eines Landes zur Teilnahme am E-Commerce abbilden soll. In dieser Untersuchung wurden zunächst drei E-Readiness-Indizes unterschiedlicher Organisationen betrachtet. Die Indizes stammen von der Economist Intelligent Unit aus den Jahren 2001 bis 2003 [o.V., 2001, o.V., 2003a], aus dem Networked Readiness Index der Harvard Universität [Kirkman, et al., 2002] und von der ICT Development Agenda der Commonwealth Telecommunications Organisation [o.V., 2002b]. Im E-Readiness Index der Economist Intelligence Unit werden beispielsweise Informationen zur Verfügbarkeit von Internetzugängen und zur technologischen Infrastruktur (Gewichtung im Index: 25%), zum allgemeinen Geschäftsklima (20%), zum Anteil des E-Commerce am Gesamthandel eines Landes (20%), zu gesetzlichen und politischen Rahmenbedingungen (15%), zu sozialen Faktoren wie z.B. dem Alphabetisierungsgrad (15%) und zur Verfügbarkeit von IT-Beratung (5%) zusammengefaßt. Eine Analyse der Indizes zeigte, daß sie hochgradig miteinander korreliert sind. Die Korrelationskoeffizienten wiesen bei einprozentiger Fehlerwahrscheinlichkeit Werte zwischen 0,811 und 0,993 auf. Aufgrund dieser hohen Korrelation wurden alle Indizes in der in Kapitel 6.2 beschriebenen Faktoranalyse auf einen Faktor verdichtet und sind somit gemeinsam in die Regressionsrechnungen eingegangen.

Jedem digitalen Marktplatz wurde jeweils der E-Readiness-Faktor des Landes zugeordnet, in dem das Betreiberunternehmen seinen Firmensitz hat. Diese Vereinfachung war notwendig, da nur von sehr wenigen Marktplätzen explizit ein Zielmarkt ausgewiesen wurde. Obwohl im Internet theoretisch ein globaler Markt herrscht, dürfte diese Vereinfachung akzeptabel sein, da in den meisten Fällen auch im Internet der Heimatmarkt die größte Bedeutung aufweist. So berichtet beispielsweise Horizont.Net, daß der Auslandsanteil am Umsatz bei über zwei Drittel aller Firmen, die in den USA E-Commerce betreiben, weniger als ein Zehntel des Umsatzes ausmacht [o.V., 2000]. Ein Grund hierfür könnte in den Transportkosten der gehandelten Güter oder in einer Präferenz für Handelspartner aus dem eigenen Land liegen. Eine starke Präferenz für heimische Produkte, wie z.B. für heimische Wertpapiere, wird schon seit längerer Zeit unter dem Begriff des ‚home bias' diskutiert [Ankenbrand, 2004].

Garantien (binär): Bietet der Marktplatz Qualitätsgarantien und / oder unabhängige Gutachten zu den gehandelten Produkten?

Zahlungsabwicklung (binär): Bietet der Marktplatz eine oder mehrere der folgenden Möglichkeiten zur Zahlungsabwicklung an: Zahlungsabwicklung über Treuhänderkonto, Vermittlung einer Finanzierung der Handelstransaktion oder Garantie zur Zahlungsfähigkeit des Käufers, z.b. über deponierte Mindesteinlagen?

reputationsbildende Maßnahmen (binär): Unterstützt der Marktplatz Funktionen, mit Hilfe derer Handelspartner eine Reputation aufbauen können? Dies kann über gegenseitige Bewertungsprozeduren der Handelspartner erfolgen, wie es z.b. bei *eBay* der Fall ist.

Broker (binär): Sind auf dem Marktplatz Broker aktiv, die eventuell auftretende Nachfrage- oder Angebotsüberhänge auf eigene Rechnung versuchen abzubauen?

Neugründung (binär): Handelt es sich bei dem Marktplatzunternehmen um ein Unternehmen, welches auf einen bestehenden Kundenstamm zurückgreifen kann, oder um eine Neugründung? Hierbei muß der Kundenstamm nicht aus früheren konventionellen Marktdienstleistungen resultieren, sondern kann auch aus anderen Handels- oder Dienstleistungsgeschäften der Agrar- und Ernährungsindustrie stammen. Die Historie eines Marktplatzunternehmens war in der Regel auf der Marktplatzsite verfügbar. Wenn keine Angaben zur Unternehmensgeschichte auffindbar waren, wurde kein Wert erhoben.

Betriebsdauer (metrisch): Die Betriebsdauer eines digitalen Marktplatzes gibt die Zeitspanne an, die dieser bisher online war. Diese Daten wurden ebenfalls über die Way-Back-Machine des Internet-Archivs erhoben, indem die Zeitspanne zwischen der ersten und letzten Speicherung der Marktplatzsite errechnet wurde. Das Internet-Archiv gibt an, daß keine Seiten gespeichert werden, die jünger als 6 Monate sind und das ein erneutes Speichern in Einzelfällen erst nach 12 Monate erfolgen kann [o.V., 2003f]. Diese Angaben decken sich mit eigenen Beobachtungen, bei denen die auf den Marktplatzsites angegebenen Gründungsdaten mit dem ersten Speicherdatum im Internet-Archiv verglichen worden sind. Die 37 Marktplatzsites, zu denen Gründungsdaten vorlagen, wurden durchschnittlich mit einer Verzögerung von 7 Monaten ins Internet-Archiv aufgenommen. 90 Prozent dieser Marktplätze wurden innerhalb von 12 Monaten erstmalig archiviert, wogegen es bei einem Marktplatz 37 Monate gedauert hat. Die Standardabweichung der Zeitspanne von der Gründung eines Marktplatzes bis zur ersten Archivierung ist daher mit 6 Monaten relativ hoch. Da für die meisten Marktplätze jedoch keine tatsächlichen Gründungsdaten erhoben werden konnten, mußte diese Verzerrung der Daten durch die Meßmethode hingenommen werden.

Website auf Englisch (binär): Ist die Marktplatzsite auch auf Englisch verfügbar?

Website in weiteren Sprachen (nominal): Ist die Marktplatzsite auch in weiteren Sprachen als in Englisch verfügbar? Für jede auftretende Sprache wurde eine zusätzliche binäre Variable aufgenommen.

Anzahl zum Handel zugelassener Produkte (metrisch): Für jeden digitalen Marktplatz wurde erhoben, welche der in Tabelle 10 aufgeführten Produkte gehandelt werden konnten. Anschließend konnte gezählt werden, für wieviele der 32 Produkte (ohne *sonstige Produkte*) Handelsräume auf den jeweiligen Marktplätzen zur Verfügung standen.

Tabelle 10: Gruppierung der gehandelten Produkte

Produktgruppen	gehandelte Produkte
landwirtschaftliche Maschinen	- Maschinen (neu) - Maschinen (gebraucht) - Ersatzteile - Treib- und Schmierstoffe
landwirtschaftliche Betriebsmittel	- Futtermittel - Düngemittel - Pflanzenschutzmittel - Saatgut
landwirtschaftliche Erzeugnisse	- Getreide / Reis - Ölsaaten - Kartoffeln - Obst / Gemüse - Milch - Eier - Baumwolle - Nüsse / Mandeln - Kaffee
Vieh	- Schlachtrinder - Jungrinder - Schlachtschweine - Ferkel - Geflügel
Handelswaren	- Fleischerzeugnisse - Molkereiprodukte - Tiefkühlprodukte - Nährmittel - Getränke - Blumen - Fisch- und Meeresfrüchte - Wein - Bürobedarf
Jobvermittlung	- Jobvermittlung
sonstige	- sonstige Produkte

Untersuchungsdesign der empirischen Analyse digitaler Marktplätze 105

Gebühren Verkäufer (binär): Fallen auf dem Marktplatz Gebühren für den Verkäufer an, um einen Handelsvorgang abwickeln zu können? Hierbei wurde nicht unterschieden, ob es sich um transaktionsmengen-, zeit-, oder wertabhängige Gebühren oder um eine einmalige Einlage handelt. Da die Höhe der Gebühren häufig stark differenziert war oder gar nicht erhoben werden konnte, wurden die Gebühren nur als binäre Variable und nicht metrisch gemessen.

Gebühren Käufer (binär): Analog zu *Gebühren Verkäufer*.

Marktgröße (metrisch): Die Marktgröße ist definiert als die Höhe des Umschlages einer Produktgruppe in einer geographisch abgegrenzten Fläche. Die Einteilung der gehandelten Produkte in fünf Produktgruppen kann Tabelle 10 entnommen werden (ohne *Jobvermittlung* und *sonstige Produkte*). Die Eingruppierung von Blumen, Wein und Fisch- und Meeresfrüchten als Handelsware und nicht als landwirtschaftliche Erzeugnisse resultiert daraus, daß diese Produkte auf den meisten betrachteten digitalen Marktplätzen in einer verarbeiteten Form bzw. abgefüllt zum Handel angeboten wurden, wie z.B. Wein in Flaschen. Als geographisch abgegrenzte Fläche wird, wie bei der Bestimmung der E-Readiness, das Land betrachtet, in dem der digitale Marktplatz seinen Firmensitz hat. Da die FAO (Food and Agriculture Organization of the United Nations; http://faostat.fao.org) für eine große Anzahl von Produkten in nahezu allen Ländern der Erde Produktions- und Umschlagdaten zur Verfügung stellt, war es möglich, für alle Produktgruppen und Länder Daten zu erheben.

Im Einzelnen wurde die Marktgröße für landwirtschaftliche Maschinen über die Anzahl an in der Landwirtschaft eingesetzten Traktoren, für landwirtschaftliche Betriebsmittel über den Verbrauch an Düngemitteln, für landwirtschaftliche Erzeugnisse über die Erntemengen von Getreide, Ölfrüchten, Kaffee, Nüssen, Gemüse, Obst und Kartoffeln, für Vieh über die Anzahl an Rindern, Büffeln und Schweinen und für Handelswaren über die Summe der Exporte und Importe in das betreffende Land approximiert. Da die Einheiten der erhobenen Variablen unterschiedlich sind, wurden die Daten für alle fünf Produktgruppen auf den Wertebereich zwischen 0 und 1 normiert, so daß das Land mit dem größten Markt für die betrachtete Produktgruppe den Wert 1 erhält. Um die gesamte Marktgröße eines digitalen Marktplatzes zu erhalten, wurden alle normierten Werte für alle fünf Produktgruppen aufaddiert, sofern diese Produktgruppen auf dem Marktplatz gehandelt werden konnten. Die gesamte normierte Marktgröße kann somit Werte im Bereich zwischen 0 und 5 annehmen.

Formal läßt sich die Berechnung der Marktgröße eines digitalen Marktplatzes folgendermaßen darstellen:

Marktgröße Marktplatz $h = \sum_{i=1}^{5} n_{ij} \cdot x_i$ (13)

wobei

$n_{ij} = e_{ij} / \max e_i$ (13.1)

$x_i = \begin{cases} 1, \text{ falls auf Marktplatz h für Produktgruppe i ein Handelsraum existiert} \\ 0, \text{ sonst} \end{cases}$

(13.2)

und

n_{ij} normierte Größe des Marktes für Produkt i in Land j

e_{ij} erhobene Größe des Marktes für Produkt i in Land j (= FAO-Daten)

5.3 Aufbau und Durchführung der Datenerhebung

Die Untersuchungen basieren auf einer Grundgesamtheit von 524 Websites, für die es Hinweise gab, daß es sich um digitale Marktplätze zum Handel mit Produkten der Agrar- und Ernährungsindustrie handelt. Diese 524 Marktplatzkandidaten wurden anhand von bereits existierenden Zusammenstellungen [B2Business.net, 2003, Berlecon Research, 2003, Fritz, et al., 2001, ifm, 2002, Line56.com, 2003, Thompson und Nageotte, 2001, Weyhofen, 2000] durch Hinweise in Newslettern oder Zeitschriften und per Suche mit der Suchmaschine *Google* ausfindig gemacht. Bei der Suche mit der Suchmaschine *Google* wurde nach folgenden Wortpaaren, jeweils auch auf Englisch und im Plural gesucht: digitaler Markt(platz), elektronischer Markt(platz), virtueller Markt(platz), Intermediär. Die Sammlung der Marktplatzkandidaten fand im Zeitraum von August 2001 bis April 2003 statt und berücksichtigte Websites weltweit. Ein Vergleich der bei der Suche entdeckten digitalen, landwirtschaftlichen Marktplätze mit zwei erst nach der Suche verfügbaren Zusammenstellungen digitaler Marktplätze in Australien [o.V., 2003b] und Irland [Morris, 2003] zeigte, daß für Australien etwas mehr als 60% und für Irland sämtliche relevante Marktplätze entdeckt worden sind.

Untersuchungsdesign der empirischen Analyse digitaler Marktplätze 107

Im Anschluß an die Suche wurde durch Aufruf der Websites geprüft, ob die Site im Web noch verfügbar ist, und ob es sich tatsächlich um einen digitalen Marktplatz der Agrar- und Ernährungsindustrie handelt. Als Prüfkriterium für einen digitalen Marktplatz wurde folgende Definition verwendet [Definition in Anlehnung an o.V., 2003d]:

Ein digitaler Marktplatz ist eine virtueller Ort in einem digitalen Datennetz (Website), auf dem eine Mehrzahl von Anbietern und Nachfragern zusammenkommen, um dort konkret spezifizierte Waren oder Dienstleistungen anzubieten oder nachzufragen, wobei der Betreiber des Marktplatzes zu keinem Zeitpunkt Eigentum an der Ware erwirbt.

Durch die Forderung nach einer *Mehrzahl* von Anbietern und Nachfragern werden alle digitalen Beschaffungs- oder Vertriebslösungen einzelner Unternehmen ausgegrenzt und sind somit nicht Bestandteil dieser Untersuchung. Des weiteren müssen *konkret spezifizierte* Waren oder Dienstleitungen gehandelt, d.h. konkrete Stücke oder Partien einer bestimmten Menge und Qualität angeboten oder nachgefragt werden. Eine Website mit der Auflistung von beispielsweise Winzern, die Wein über das Web verkaufen, ist demnach kein digitaler Marktplatz, da keine konkret spezifizierten Weine angeboten werden. Um schließlich digitale Marktplätze gegenüber Einzelhändlern mit Web-Shops, wie z.B. www.migros.ch, abzugrenzen, wird zusätzlich gefordert, daß der Betreiber des Marktplatzes *zu keinem Zeitpunkt Eigentum an der Ware* erwerben darf.

Um zu entscheiden, ob ein digitaler Marktplatz zur Agrar- und Ernährungsindustrie zuzurechnen ist, wurde definiert:

Ein digitaler Marktplatz der Agrar- und Ernährungsindustrie ist ein digitaler Marktplatz, auf dem mindestens ein Handelsraum existiert, in dem überwiegend landwirtschaftliche oder ernährungswirtschaftliche Güter gehandelt werden können.

Im Falle digitaler Marktplätze werden Handelsräume in der Regel durch separate Webseiten repräsentiert, auf denen eine thematisch abgegrenzte Teilmenge aller Handelsgüter angeboten werden. Um die obige Definition zu erfüllen, muß ein digitaler Marktplatz also mindestens eine Webseite aufweisen, die für den Handel von landwirtschaftlichen bzw. ernährungswirtschaftlichen Gütern vorgesehen ist. Hierbei ist es unerheblich, ob tatsächlich ein Handel stattgefunden hat.

Für alle 233 Websites, die beide Definitionen erfüllen konnten, wurden im Zeitraum von April bis August 2003 per Analyse der Marktplatzsites die zur Überprüfung der Hypothesen notwendigen Daten erhoben. Für alle Marktplätze, deren Websites bereits offline waren, wurde versucht, mit Hilfe der Datenbank des Internet-Archivs die benötigten Daten zu erheben. Das Internet-Archiv ist ein Konsortium von Alexa Internet, AT&T Research, Compaq, the Kahle/Austin Foundation, Prelinger Archives, Quantum DLT, Xerox PARC, the Library of Congress und der National Science Foundation der USA, das sich zum Ziel gesetzt hat, die Inhalte des Webs für die Menschheit in einer frei zugänglichen Datenbank zu speichern. Dieses Vorhaben ist deshalb von besonderer Wichtigkeit, da sich die Inhalte des Webs sehr schnell ändern. Auf der Web-Präsens des Internet-Archivs [o.V., 2003f] wird berichtet, daß die durchschnittliche Lebensspanne einer Webseite lediglich 77 Tage beträgt und somit ohne Archivierung innerhalb dieser kurzen Zeitspanne unwiederbringlich verloren wäre. Seit 1996 werden daher vom Internet-Archiv große Teile des Webs periodisch abgespeichert und über die Way-Back-Machine im Internet verfügbar gemacht. Ob eine Webseite gespeichert wurde oder nicht, hängt davon ab, ob a) ein Nutzer des Archivs die Website schon einmal abrufen wollte und somit die Web-Crawler der Way-Back-Machine auf diese Site aufmerksam gemacht hat, b) die einzelnen Webseiten einer Site über Links vom Web-Crawler erreicht werden konnten und c) der Webmaster eine Site für die Speicherung gesperrt hat.

Abbildung 24: Screenshot der Way-Back-Machine am Beispiel von FarmPartner

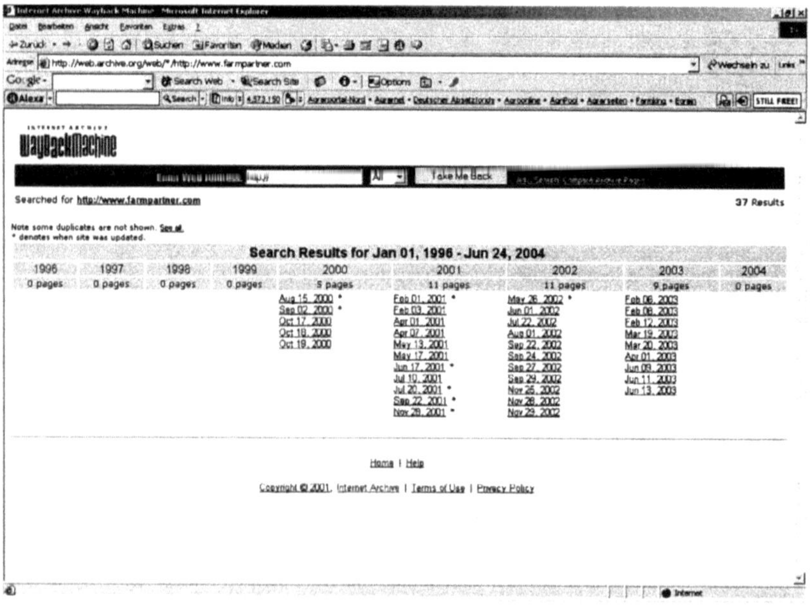

Im Juni 2003 umfaßte die Datenbank des Internet-Archivs mehr als 100 Terabyte, was in etwa 10 Milliarden Webseiten entspricht, und wächst mit einer Rate von 12 Terabyte pro Monat. Abbildung 24 zeigt einen Screenshot des Internet-Archivs mit den Tagen, an denen die im März 2002 offline geschaltete Marktplatzsite von *FarmPartner* (www.farmpartner.com) gespeichert worden ist. Wie man in Abbildung 24 erkennt, wurde die Site von *FarmPartner* in den Jahren 2000 bis 2003 insgesamt 36 mal abgespeichert. Der Stern (*) hinter einigen Daten gibt an, daß sich der HTML-Code der Site seit dem letzten Speichervorgang verändert hat. Durch das Anklicken eines Speicherdatums gelangt man auf die Site von *FarmPartner*, wie sie zum damaligen Zeitpunkt ausgesehen hat. Obwohl nicht alle Seiten korrekt und in der nötigen Tiefe gespeichert worden sind, konnten mit Hilfe des Internet-Archivs für rund 50% aller nicht mehr im Internet präsenten Marktplatzsites alle gewünschten Informationen erfaßt werden. Für Marktplatzsites, die im Untersuchungszeitraum noch online waren, gelang dies für 83%.

Zusätzlich zu den Daten zur Überprüfung der Hypothesen wurden zu jedem Marktplatz Adreß- und Kontaktinformationen aufgenommen und kurze verbale Beschreibungen der Marktplatzsites erstellt. Ein Überblick über alle analysierten Websites ist im Anhang F zu finden.

6 Ergebnisse der empirischen Untersuchung

In diesem Kapitel wird zunächst ein Überblick über den Markt für digitale Marktplätze der Agrar- und Ernährungsindustrie gegeben und anschließend werden die Erfolgsfaktoren digitaler Marktplätze vorgestellt. Der Abschnitt 6.1 beschäftigt sich mit der Entwicklung der Anzahl digitaler Marktplätze der Agrar- und Ernährungsindustrie seit 1996, der Verteilung der Marktplätze auf einzelne Länder, den gehandelten Produkten, den Eigenschaften dieser Marktplätze und der Aufteilung der Marktanteile. Anschließend werden in Abschnitt 6.2 die aus der Transaktionskostentheorie abgeleiteten Hypothesen zu den Erfolgsfaktoren digitaler Marktplätze anhand der erhobenen Daten statistisch getestet.

6.1 Der Markt für digitale Marktplätze in der Agrar- und Ernährungsindustrie

Von den 524 untersucht Websites erfüllten 233 Sites die in Kapitel 5.3 vorgestellte Definition für digitale Marktplätze der Agrar- und Ernährungsindustrie. Diese 233 digitalen Marktplätze bilden die Grundlage für die folgenden Auswertungen. Eine Übersicht über alle 524 untersuchten Websites ist im Anhang F zu finden. Die Übersicht enthält Angaben zu den gehandelten Produkten, der Frequentierung und dem Vernetzungsgrad der Marktplatzsite, dem Land des Firmensitzes und eine Angabe, ob es sich um einen digitalen Marktplatz der Agrar- und Ernährungsindustrie im Sinne der Definition aus Kapitel 5.3 handelt. Zusätzlich kann Anhang F entnommen werden, ob die Marktplatzsite zum Untersuchungszeitraum noch online im Web verfügbar war.

6.1.1 Entwicklung des Marktes für digitale Marktdienstleistung in der Agrar- und Ernährungsindustrie

Alle in dieser Untersuchung betrachteten digitalen Marktplätze verwendeten das World Wide Web als Basistechnologie zum Datenaustausch. Da sich viele Unternehmen, deren Geschäftsmodell auf der Anwendung neuer Technologien basiert, Fremdkapital über die Emission von Aktien auf speziellen Technologiebörsen wie z.B. der Nasdaq oder dem Neuen Markt beschafft haben, liegt es nahe, die Entwicklung der Anzahl digitaler Marktplätze mit der Entwicklung der Aktienindizes dieser Technologiebörsen zu vergleichen. In Abbildung 25 ist daher die kumulierte Anzahl neugegründeter digitaler Marktplätze (graue Linie), die kumulierte Anzahl wieder geschlossener Marktplätze (hellgraue Linie) und der Saldo aus Neugründungen und Schließungen (schwarze Linie) zusammen mit dem Börsenindex Nasdaq 100 (gestrichelte Linie) dargestellt.

Abbildung 25: Entwicklung der Anzahl digitaler Marktplätze in der Agrar- und Ernährungsindustrie weltweit, zusammen mit dem Technologieindex Nasdaq 100

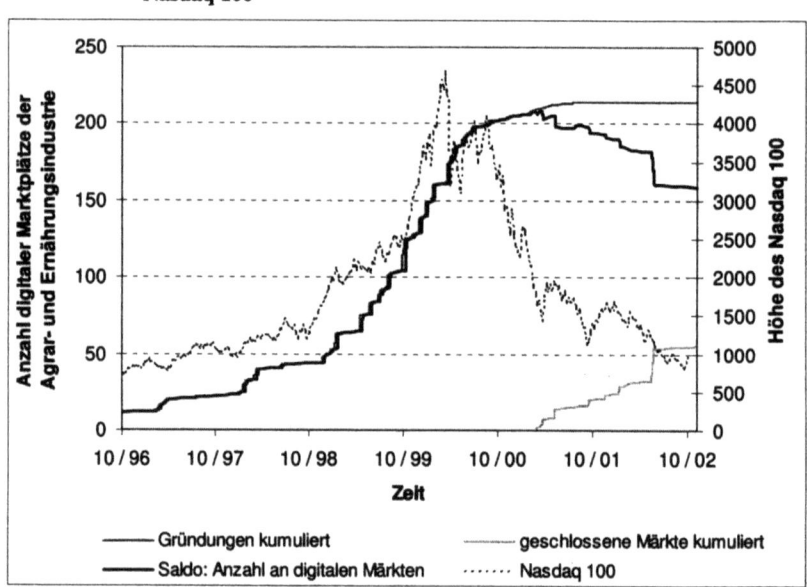

Quelle: Nasdaq 100: Kursabfrage der Wirtschaftswoche (www.wiwo.de)

Die Gründungs- und Schließungsdaten konnten aus der Datenbank des Internet-Archivs (zum Internet-Archiv siehe auch Ausführungen in Kapitel 5.3) gewonnen werden. Da eine Website mit einer durchschnittlichen Verzögerung von ca. sieben Monaten vom Internet-Archiv gespeichert worden ist, wurde angenommen, daß ein digitaler Marktplatz sieben Monate vor seinem ersten Speicherdatum im Internet-Archiv gegründet worden ist. Als Schließungsdatum wurde für jeden Marktplatz, der zur Zeit der Web-Recherche nicht mehr aktiv war, das Datum der letzten Archivierung durch das Internet-Archiv verwendet. Die Zahl der zu einem Zeitpunkt aktiven digitalen Marktplätze errechnet sich daher aus der Differenz zwischen kumulierten Gründungen und kumulierten Schließungen.

Man erkennt in Abbildung 25, daß bereits im Herbst 1996 sechs digitale Marktplätze zum Handel mit landwirtschaftlichen oder ernährungswirtschaftlichen Waren aktiv waren. Zu diesen Marktplatzpionieren im Web zählen die nordamerikanischen Sites *agriculture.com*, *farming.com*, *floraplex.com* und *eBay.com*, sowie *ostrichesonline.com*, einer englischen Site zum Handel mit Produkten rund um den Vogel Strauß. Aus Deutschland war der Marktplatz *resale.de* seit 1996 vertreten, auf dem gebrauchte Maschinen gehandelt werden können. Die Anzahl digitaler Marktplätze entwickelte sich analog zum rasanten Anstieg des Nasdaq 100 Indexes Ende der neunziger Jahre des letzten Jahrhunderts. Ihren Höhepunkt erreichte die Anzahl an digitalen Marktplätzen der Agrar- und Ernährungsindustrie im März 2001 mit 208 aktiven Vertretern. Danach wurden kaum noch neue Marktplätze gegründet und die Zahl an Schließungen nahm stetig zu.

Dieser für Geschäftsmodelle im Internet charakteristische Kurvenverlauf, mit einem steilen Anstieg der Unternehmensgründungen Ende des letzten Jahrtausends und einer bald darauf einsetzenden Konsolidierungsphase, ist keineswegs ungewöhnlich für das Erscheinen einer neuen Technologie. Hanson [1998] untersuchte die Anzahl der Gründungen und Konkurse von Radiostationen in den 20ger Jahren des letzten Jahrhunderts und Miller [2003] vergleicht den Boom der frühen Eisenbahngesellschaften in England im 18. Jahrhundert mit dem Internet-Hype der vergangenen Jahre. In beiden Fällen gleicht der Verlauf der Anzahl an Unternehmensgründungen und Konkursen in verblüffender Weise den Kurvenverläufen aus Abbildung 25. Der für das Internet beobachtete Boom mit darauf einsetzender Konsolidierungsphase scheint daher typisch für das Erscheinen und die Verbreitung einer neuen Technologie zu sein.

Interessant ist die Tatsache, daß die Marktbereinigung bei digitalen Marktplätzen erst 12 Monate nach dem Zusammenbruch des Nasdaqs im März 2000 erfolgte. Im Zeitraum zwischen März 2000 und März 2001 wurden noch 46 Marktplätze, fast ausnahmslos in Europa, neu gegründet. Da es nach dem Einbruch an den Technologiebörsen nicht leicht gewesen sein dürfte, an Wagniskapital für Geschäftsmodelle im Bereich E-Commerce zu kommen, kann vermutet werden, daß die Gründer dieser Periode entweder schon vor dem Crash der Finanzmärkte für Wagniskapital eine Finanzierung ihres Geschäftsmodells erhalten und die Unternehmensgründung trotz sich abzeichnender Schwierigkeiten vollzogen haben oder aber nicht auf Wagniskapital angewiesen waren.

Die zweite bemerkenswerte Aussage von Abbildung 25 ist, daß die Marktkonsolidierung sehr bescheiden ausgefallen zu sein scheint. Ende 2002 waren noch immer 159 von insgesamt 214 gegründeten digitalen Marktplätzen im Web präsent, was einem Anteil von knapp 75% entspricht. Eine nähere Untersuchung der Marktplatzsites hat jedoch gezeigt, daß ungefähr ein Drittel aller im Web präsenten Marktplätze nahezu keine Aktivität aufgewiesen haben und de facto als gescheitert angesehen werden können. Definiert man daher alle Marktplätze als nicht mehr existent, deren HTML-Coding in den letzten 12 Monaten keine Änderungen erfahren hat (siehe auch hierzu die Ausführungen zum Internet-Archiv in Kapitel 5.3), sind Anfang 2003 nur noch 113, also etwas mehr als 50% aller gegründeten Marktplätze aktiv. Ein Grund für diese recht hohe Anzahl an komatösen Marktplätzen könnte darin liegen, daß die Lebenserhaltung eines erfolglosen digitalen Marktplatzes nahezu keine Kosten verursacht und daher häufig darauf verzichtet wurde, die Marktplatzsite offline zu schalten.

Abbildung 26: Länder der Firmensitze digitaler Marktplätze der Agrar- und Ernährungsindustrie im Frühjahr 2003

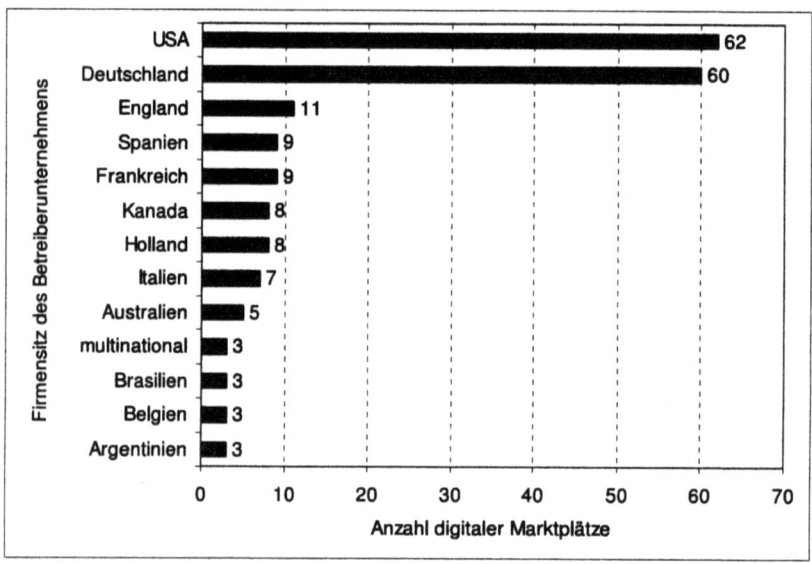

Abbildung 26 zeigt die Verteilung der untersuchten digitalen Marktplätze auf einzelne Länder, wobei als Einteilungskriterium der Firmensitz des Betreiberunternehmens herangezogen wurde (zur Begründung siehe Ausführungen zur E-Readiness in Kapitel 5.2). Unternehmen, die in mehreren Ländern einen Firmensitz hatten, wurden als multinational bezeichnet. Man erkennt, daß die meisten digitalen Marktplätze ihren Sitz in den USA (62) und in Deutschland (60) haben, während England an dritter Stelle liegend nur noch 11 Marktplätze aufweisen kann. Nicht in Abbildung 26 aufgeführt sind Länder, für die weniger als drei digitale Marktplätze der Agrar- und Ernährungsindustrie entdeckt werden konnten. Zwei Marktplätze wurden für die Länder Indien, Irland, Neuseeland, Norwegen, Schweden, Schweiz und Thailand gefunden. China, Dänemark, Finnland, Griechenland,

Ergebnisse der empirischen Untersuchung 115

Island, Kenia, Korea, Österreich, Rußland, Singapur, Südkorea und Taiwan waren mit jeweils einem Marktplatz in der Untersuchung vertreten.

6.1.2 Eigenschaften digitaler Marktplätze der Agrar- und Ernährungsindustrie

In welchen Sprachen die Marktplatzsites angeboten wurden, zeigt Abbildung 27. Durch die Darstellung mit logarithmierter Ordinate zeigt sich jener schon in Kapitel 3.2.1 beschriebene potenzförmige Verlauf, der typisch für viele Bereiche des Webs ist. Die Daten lassen sich mit einem R^2 von 0,97 sehr gut mit Hilfe einer Potenzfunktion schätzen. Der Grad der Schiefverteilung liegt mit einem Wert von 1,7 auf dem Niveau, wie es schon in Kapitel 3.2.3 für die Verteilung der Anzahl an Hits auf Websites festgestellt werden konnte. Eine Sprache wurde in etwa doppelt so häufig angeboten, wie die Sprache auf dem nächst niedrigeren Rang. Englisch wurde auf 168 Marktplätzen angeboten und ist damit wie erwartet die führende Sprache im E-Commerce. Es folgen Deutsch, Spanisch, Französisch, Italienisch und Holländisch. Sprachen, die auf weniger als drei Marktplätzen angeboten worden sind und daher nicht in Abbildung 27 aufgenommen wurden, sind Castellanisch, Dänisch, Finnisch, Hindi, Isländisch, Koreanisch, Schwedisch, Tschechisch, Ungarisch, Kroatisch, Thai und Türkisch.

Abbildung 27: Häufigkeit der auf digitalen Marktplätzen angebotene Sprachen

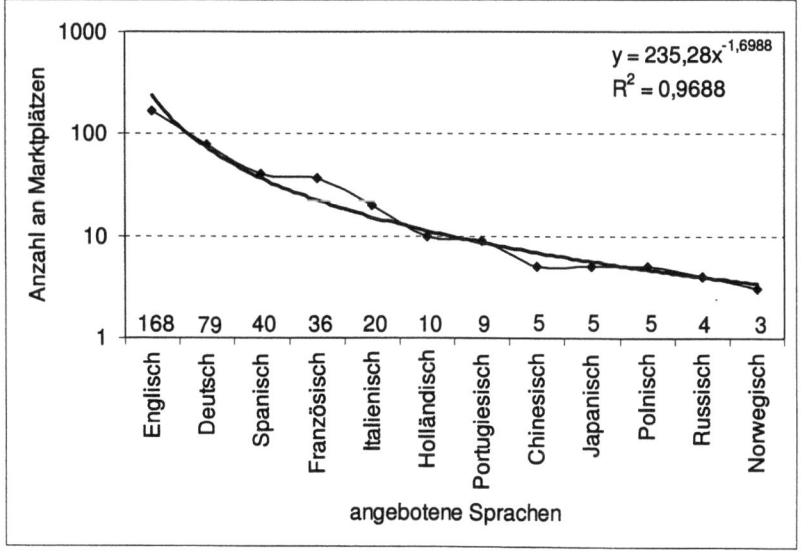

Bemerkenswert erscheint die Beobachtung, daß trotz der internationalen Erreichbarkeit digitaler Marktplätze, nur relativ wenige Marktplatzsites in mehreren Sprachen angeboten wurden. 169 Marktplatzsites waren sogar einsprachig und nur neun Marktplätze boten ihre Dienste in mehr als fünf Sprachen an. Eine Erklärung dieser insgesamt geringen Anzahl angebotener Sprachen kann in der Dominanz der internationalen Geschäftssprache Englisch liegen, die das Angebot weiterer Sprachen überflüssig macht. Die Tatsache, daß immerhin 43 Marktplätze ihre Site nur auf Deutsch anboten, deutet jedoch eher auf eine starke regionale Fokussierung dieser Marktplätze hin. Die in Kapitel 5.2 geäußerte Vermutung, daß auch beim digitalen Handel im weltweiten Internet ein ‚home bias', also eine verstärkte Nachfrage nach regionalen Handelspartnern anzutreffen ist, scheint sich daher zu bestätigen.

Einen Überblick über die auf den untersuchten Marktplätzen handelbaren Waren gibt Abbildung 28. Nicht berücksichtigt wurden bei dieser Darstellung Marktplätze wie z.B. *eBay*, auf denen prinzipiell alles gehandelt werden kann. Man erkennt, daß mit großem Abstand am häufigsten Handelsräume für gebrauchte Landmaschinen (auf 18% aller Marktplätze) vorhanden waren. Ebenfalls häufig anzutreffen waren Handelsräume für landwirtschaftliche Betriebsmittel wie Pflanzenschutzmittel (10%), Düngemittel (9%), Futtermittel (9%) und Saatgut (9%). Für landwirtschaftliche Erzeugnissen existierten die meisten Handelsräume für Getreide (10%) und Obst / Gemüse (9%). Vieh konnte auf 5% aller Marktplätze gehandelt werden. Für verarbeitete Produkte wie Fleischerzeugnisse (5%), Molkereiprodukte (4%), Nährmittel (3%) und Tiefkühlprodukte (1%) existierten nur auf weniger als 5% aller Marktplätze Handelräume. Die Marktplätze mit Handelsräumen für Getränke lassen sich in zwei Gruppen einteilen. Marktplätze der einen Gruppe legen den Schwerpunkt auf die Suche nach speziellen Getränken wie Weinen und Spirituosen (z.B. *www.globalwinespirits.com*), während die andere Gruppe Lösungen für einen digitalen Datenaustausch zwischen Hersteller und Gastronomie bzw. Getränkehandel bereitstellt (z.B. *www.getport.de*).

Ergebnisse der empirischen Untersuchung 117

Abbildung 28: Auf digitalen Marktplätzen der Agrar- und Ernährungsindustrie verfügbare Handelsräume; relative Häufigkeiten

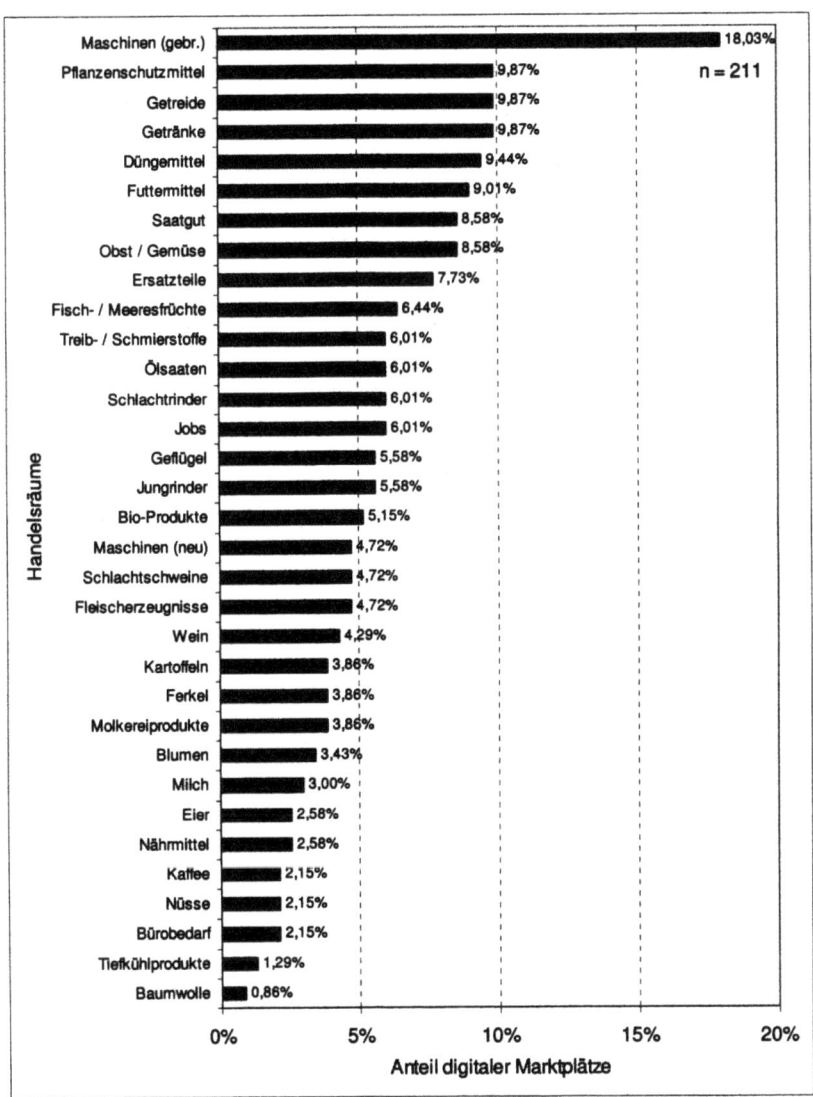

Die Anzahl an Handelsräumen für unterschiedliche Produktgruppen kann Abbildung 29 entnommen werden. Es zeigt sich, daß die meisten der untersuchten Marktplätze auf den Handel mit nur wenigen Produkten spezialisiert sind. Auf gut einem Viertel aller Marktplätze kann nur eine einzige Produktgruppe gehandelt werden und lediglich auf knapp 17%

aller Marktplätze können mehr als 10 Produktgruppen gehandelt werden. Absolute Generalisten, auf denen prinzipiell alles gehandelt werden kann, sind mit knapp 3% die absolute Ausnahme. Durchschnittlich waren Handelräume für 8,5 Produktgruppen auf digitalen Marktplätzen vorhanden. Diese Zahlen deuten darauf hin, daß viele der digitalen Marktplätze eine Nischenstrategie verfolgen.

Abbildung 29: Relative Häufigkeit der Anzahl von Handelsräumen pro Marktplatz

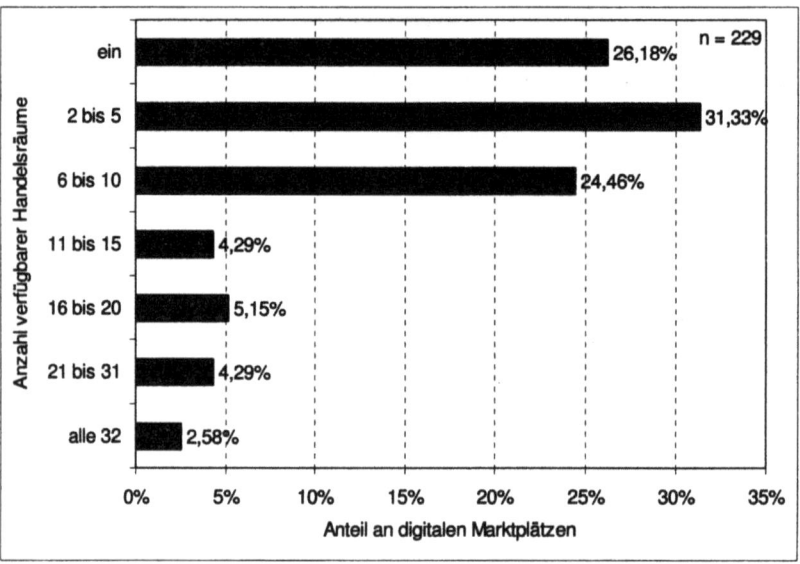

Abbildung 30: Eigenschaften digitaler Marktplätze; relative Häufigkeiten

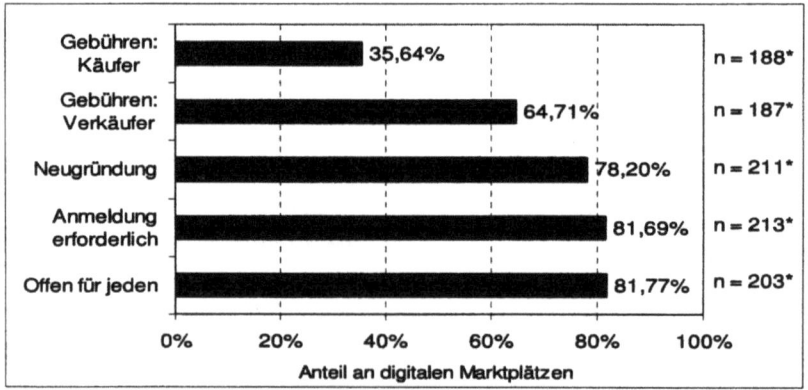

* Da einige Marktplatzeigenschaften nicht für alle Marktplätze per Recherche ihrer Website festgestellt werden konnten, ergeben sich unterschiedlich hohe Fallzahlen.

Abbildung 30 zeigt die relativen Häufigkeiten einiger Marktplatzeigenschaften im Überblick. Gebühren verlangten knapp 36% aller Marktmittler von den Käufern und knapp 64% von den Verkäufern einer Ware, wobei bei der Erhebung der Daten nicht zwischen zeit-, transaktionsvolumen- oder wertabhängige Gebühren unterschieden wurde. Lediglich fünf Marktplätze, über die Maschinen oder Vieh gehandelt werden konnte, verlangten nur von den Käufern eine Gebühr. Ein Grund für die häufigere Erhebung von Gebühren bei den Verkäufern mag darin liegen, daß meistens die Verkäufer ein Handelgeschäft aktiv anbahnen und somit eher Gebühren akzeptieren. 30% aller Marktplätze haben weder von den Käufern noch von den Verkäufern eine Gebühr erhoben.

Mit knapp 80% waren der weit überwiegende Teil aller Marktplätze Neugründungen, die nicht auf einem bestehenden Kundenstamm aufbauen konnten. Auf einem Großteil der untersuchten Marktplätze (82%) war es für jedermann möglich, Handelstransaktionen abzuwickeln; in den meisten Fällen war jedoch eine vorherige Anmeldung notwendig (82%).

Abbildung 31: Auf digitalen Marktplätzen gebotene Dienstleistungen; relative Häufigkeiten

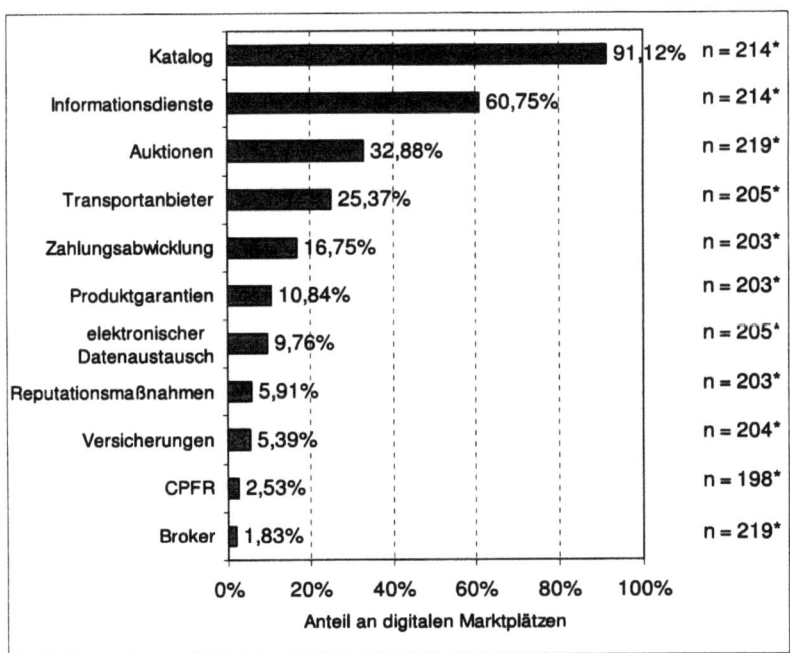

* Da einige Marktplatzeigenschaften nicht für alle Marktplätze per Recherche ihrer Website festgestellt werden konnten, ergeben sich unterschiedlich hohe Fallzahlen.

An Dienstleistungen zur Unterstützung von Handelsvorgängen verfügten mit über 91% nahezu alle Marktplätze über einen Produktkatalog mit Suchfunktion. Auf knapp 61% der Marktplatzsites wurden Informationsdienste, wie Wetterberichte, fachbezogene oder allgemeine Nachrichten, Communities, Chartforen, Newsletter oder Warenterminkurse angeboten (Abbildung 31). Auktionen waren auf knapp 33% aller Marktplätze möglich, und auf gut einem Viertel aller Marktplatzsites wurden Transportdienstleistungen angeboten oder vermittelt. Dienstleistungen zur Zahlungsabwicklung (17%), Produktgarantien (11%), Möglichkeiten des elektronischen Datenaustausches (10%), reputationsbildende Maßnahmen (6%) und Versicherungen (5%) wurden dagegen deutlich seltener angeboten. Werkzeuge zur unternehmensübergreifenden Planung, Prognose und Lagerbefüllung (CPFR) sowie Brokerdienstleistungen zum Ausgleichen von Nachfrage- oder Angebotsüberhängen wurden nur von weniger als 3% aller digitalen Marktplätze angeboten.

Ein Vergleich der Eigenschaften digitaler Marktplätze (Abbildung 30) und der angebotenen Dienstleitungen (Abbildung 31) zwischen Marktplätzen unterschiedlicher Länder und mit unterschiedlichen Handelsräumen ergab kaum Unterschiede. Signifikante Unterschiede zwischen den Ländern bestanden lediglich zwischen der Häufigkeit des Angebotes von Informationsdiensten in Deutschland und den USA. Während in Deutschland nur 35% aller digitalen Marktplätze Informationsdienste angeboten haben, betrug ihr Anteil in den USA 63%. Bzgl. der gehandelten Produkte bestanden Unterschiede (> 15% zwischen maximaler und minimaler Ausprägung) bei der Offenheit, der Erhebung von Verkäufergebühren, dem Angebot von Informationsdiensten, der Vermittlung von Transportanbietern und der Möglichkeit des elektronischen Datenaustausches. Wie in Abbildung 32 zu erkennen ist, heben sich vor allem digitale Marktplätze mit Handelräumen für Handelswaren ab.

Digitale Marktplätze, auf denen Handelswaren gehandelt werden können, bieten häufiger die Möglichkeit zum digitalen Datenaustausch (EDI), vermitteln häufiger Transportanbieter, erheben häufiger Gebühren von den Verkäufern und sind seltener für jedermann offen als der Durchschnitt aller digitalen Marktplätze.

Eine Erklärung für die relativ großen Unterschiede zwischen Marktplätzen mit Handelsräumen für Handelswaren und solchen ohne, kann in der Kundenstruktur liegen. Handelswaren werden über digitale Marktplätze in der Regel unter Beteiligung des stark konzentrierten Einzelhandel oder großer Konsumgüterhersteller gehandelt. Da die Handelsvolumina dieser Unternehmen um ein vielfaches größer sind, als die von Landwirten oder Endverbrauchern, lohnt sich eher eine Automatisierung der Transaktionen durch die Verwendung von EDI oder eine Unterstützung der Logistik. Zur Teilnahme an automatisierten Datenaustauschprozessen müssen in der Regel teure Schnittstellen zwischen den ERP-Systemen (Enterprise Resource Planning) der Teilnehmer und dem Marktplatz programmiert werden, was Gelegenheitshändler ausgrenzt. Die Kosten der Schnittstellenentwicklung und Normierungsprozesse müssen von den Teilnehmern über Gebühren aufgebracht werden.

Abbildung 32: Vergleich der Marktplatzeigenschaften und angebotenen Dienstleistungen zwischen digitalen Marktplätzen mit Handelsräumen für unterschiedliche Produktgruppen; relative Häufigkeiten

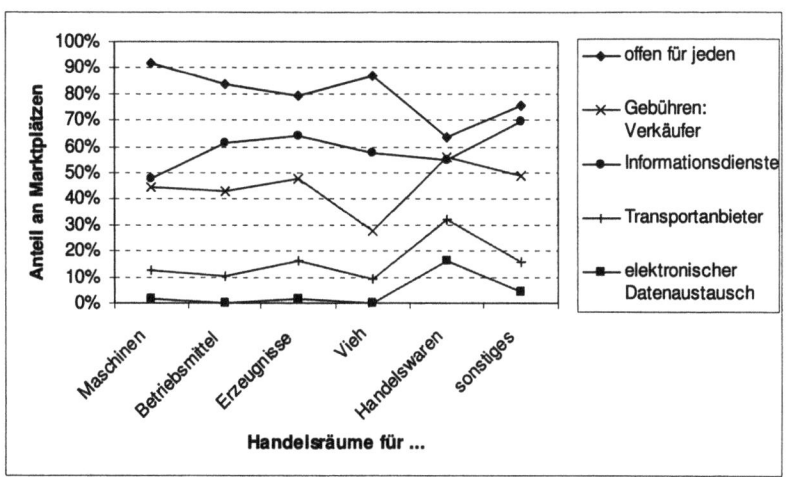

Des weiteren ist in Abbildung 32 zu erkennen, daß Gebühren vor allem auf Viehmärkten seltener erhoben werden, was eine besondere Preissensibilität von Viehhändler vermuten läßt. Informationsdienste werden vor allem auf Marktplätzen angeboten, auf denen auch sonstige Produkte gehandelt werden können. Bei diesen Marktplätzen handelt es sich häufig um allgemeine Agrarportale, die diverse Dienstleistungen rund um die Landwirtschaft anbieten.

6.1.3 Aufteilung der Marktanteile digitaler Marktplätze in der Agrar- und Ernährungswirtschaft

Die Verteilungen der in Kapitel 5.1 definierten metrischen Erfolgsmaße zur Besucherfrequentierung und zum Vernetzungsgrad einer Marktplatzsite weisen, wie schon in der Voruntersuchung in Kapitel 3.2 vermutet, einen potenzförmigen Verlauf auf. Abbildung 33 zeigt in einem doppelt logarithmierten Graphen, wie sich die gesamten Besuche (Hits) aller untersuchten Marktplätze auf einzelne Marktplatzsites verteilen. Die Anzahl an Hits, wie auch die Anzahl an Seitenaufrufen pro Session, wurden mit dem Werkzeug Alexa gemessen (siehe hierzu auch Kapitel 5.2). Man erkennt, daß *ebay.com* als führender Marktplatz mit mehr als 29.000 Hits pro Tag pro eine Million Alexa-User ungefähr 31mal mehr Besuche erhält als der zweitplazierte Marktplatz *alibaba.com*. Obwohl *eBay* nicht als agrar- und ernährungswirtschaftlicher Marktplatz bekannt ist, betreibt *eBay* einen gut besuchten Handelsraum für Produkte der Agrar- und Forstindustrie, in dem am 02.11.2004 8.364 Produkte verkauft oder versteigert wurden. Daß für 15 dieser 8.364 Produkte bereits Gebote von über 10.000 € abgegeben wurden, zeigt, daß über *eBay* nicht nur geringwertige Hobbyartikel gehandelt werden. *Alibaba.com* ist ein multinationaler Marktplatz mit Schwerpunkt im Fernern Osten (Firmensitze in Hongkong, USA, Shanghai, Peking, Hangzhou und der Schweiz). Auf diesem Marktplatz existieren Handelsräume für nahezu alle Produktgruppen. Im Handelraum ‚Agriculture' wurden am 02.11.2004 9.538 Produkte aus allen Bereichen der Agrar- und Ernährungswirtschaft zum Verkauf angeboten. Der größte rein landwirtschaftliche Marktplatz ist *Agriculture.com* und belegt mit 30,75 Hits den Platz 5. Für den deutschen Landhandelsplatz *FarmKing.de* wurden von Alexa nur 0,3 Hits registriert.

Abbildung 33: Verteilung aller Hits auf die digitalen Marktplätze

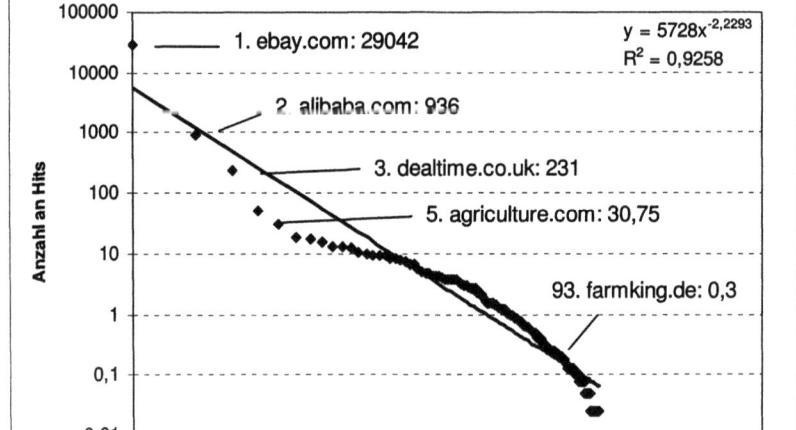

Ergebnisse der empirischen Untersuchung 123

Die Verteilung der Hits zeigt eine gute Anpassung an eine lineare Schätzgerade ($R^2 = 0,93$) und weist mit einem Exponenten von b = 2,23 (Zipf-Koeffizient; siehe hierzu Ausführungen in Kapitel 3.2.1) eine sehr starke Ungleichverteilung auf. Für landwirtschaftliche Websites wurden in der Voruntersuchung in Kapitel 3.2.3 lediglich Werte im Bereich von b = 1,9 (vgl. Tabelle 6) gemessen und für konventionelle Börsen wurde ein Wert von b = 1,38 (vgl. Abbildung 6) festgestellt. Die in Kapitel 3.2.5 geäußerte Vermutung, daß der Markt für Marktdienstleistung eine besonders hohe Wettbewerbsintensität aufweist, ist somit bestätigt. Mit Ausnahme des Ausreißers *eBay* kann ebenfalls der für Potenzverteilungen typische dreigeteilte Verlauf festgestellt werden (siehe z.B. Abbildung 4), bei dem die beobachteten Daten vom Trendschätzer in einem Mittelbereich unter- und in den Randbereichen überschätzt werden.

Abbildung 34: Verteilung der auf digitale Marktplätze verweisenden Links

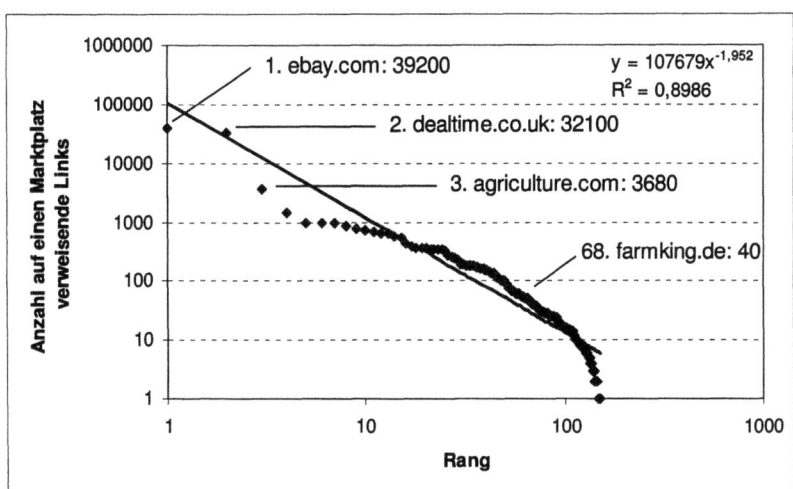

Eine zur Anzahl an Hits nahezu identische Verteilung weist die Anzahl an Links auf, die auf eine Marktplatzsite verweisen (Abbildung 34). Der Grad der Schiefverteilung weist mit einem Exponenten von b = 1,95 ebenfalls einen sehr hohen Wert auf und auch der dreigeteilte Verlauf der Kurve ist deutlich zu erkennen. Die meisten Links wies wiederum *eBay.com* mit einem Wert von 39.200 auf, in diesem Falle jedoch dicht gefolgt von dem englischen Marktplatz *dealtime.co.uk* (32.100 Links). *Dealtime.co.uk* ist in 21 Handelräume untergliedert, von denen einer für Weine, Spirituosen, Konfekt und Blumen eingerichtet ist. Der US-amerikanischen Marktplatz *agriculture.com* landete abgeschlagen mit 3.680 Links auf Platz 3.

Die Verteilung der Anzahl an Seitenaufrufen pro Besuch einer Marktplatzsite (Session) kann Abbildung 35 entnommen werden. Man sieht, daß die Verteilung wiederum den charakteristischen dreigeteilten Verlauf zeigt, jedoch eine deutlich schwächere Schiefverteilung aufweist. Der Exponent der Schätzfunktionen beträgt in diesem Falle nur b = 0,67. Die meisten Seitenaufrufe konnte wiederum *eBay.com* mit einem Wert von 21,85 für sich verbuchen. Knapp hinter *eBay.com* sind die US-amerikanische Pflanzenbörse *plantfind.com* mit 20,65 und der niederländische Marktplatz für gebrauchte Maschinen *workingwheels.com* mit 20,1 Besuchen pro Session zu finden.

Abbildung 35: Verteilung aller Seitenaufrufe pro Session auf die digitalen Marktplätze

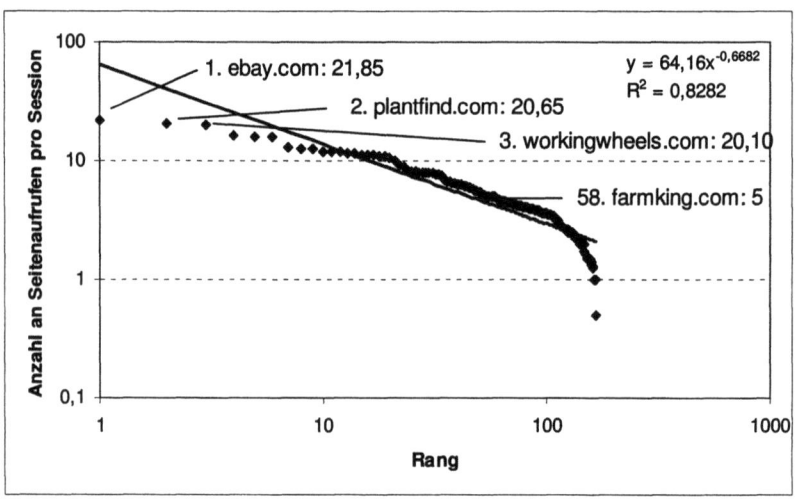

Da die Besuchshäufigkeit und der Vernetzungsgrad der untersuchten Marktplatzsites gut von potenzförmigen Verteilungen beschrieben werden kann, gelten die für Potenzverteilungen festgestellten Eigenschaften wie Bedeutungslosigkeit des Mittelwertes, Skalenfreiheit und das Winner-takes-most-Phänomen (siehe Kapitel 3.2.1) auch für den Markt für digitale Marktdienstleistungen. Wie schon in der Voruntersuchung in Kapitel 3.2.5 vermutet, sind digitale Marktplätze daher einer sehr hohen Wettbewerbsintensität ausgesetzt. Aufgrund der starken Schiefverteilung der metrischen Erfolgsmaße, müssen diese logarithmiert in lineare Regressionsrechnungen eingehen, um eine ausreichende Anpassung der Regressionsgleichung an die Daten zu erzielen.

6.2 Erfolgsfaktoren digitaler Marktplätze

Um die Erfolgsfaktoren digitaler Marktplätze zu bestimmen, wurde der Einfluß der erhobenen Variablen auf den Erfolg eines Marktplatzes mit Hilfe von Regressionsschätzungen ermittelt. In diesem Abschnitt wird zunächst beschrieben, wie einzelne Variablen zu Faktoren zusammengefaßt, und welche Regressionsverfahren angewendet worden sind. Es schließt sich eine Vorstellung der Ergebnisse der einzelnen Regressionsmodelle an. Das Kapitel endet mit einer Diskussion der identifizierten Erfolgsfaktoren, gegliedert nach Faktoren, die sich auf die Höhe der Koordinations-, Motivations- und Liquiditätskosten einer Markttransaktion auswirken.

6.2.1 Faktoranalyse und Regressionsverfahren

Erste Analysen der erhobenen Daten haben gezeigt, daß z.T. hohe Korrelationen zwischen einigen erklärenden Variablen vorlagen. Zur Vermeidung von Multikollinearitäten wurden daher linear abhängige Variablen mit einer Faktorenanalyse zusammengefaßt. Um die in den Variablen enthaltenen Informationen mit einer möglichst kleinen Anzahl an Faktoren abzubilden, wurde als Faktorextraktionsverfahren die Hauptkomponentenanalyse mit anschließender rechtwinkliger Varimax-Rotation verwendet [Backhaus, et al., 2003, S. 300ff.]. Als Abbruchkriterium für die Hauptkomponentenanalyse wurde das Kaiser-Kriterium herangezogen, nach dem nur so lange weitere Faktoren extrahiert werden, wie der Varianzerklärungsanteil eines Faktors größer ist, als der einer einzelnen Variable [Backhaus, et al., 2003, S. 295]. Die Ergebnisse der Faktorenanalyse sind in Tabelle 11 zusammengefaßt.

Der Faktor *E-Readiness* enthält alle berücksichtigten E-Readiness-Indizes. Im zweiten Faktor *transaktionsbegleitende Maßnahmen* wurden die Marktplatzdienste ‚Vermittlung von Transportanbietern', ‚Zahlungsabwicklung', das Angebot von ‚Garantien' und ‚Versicherungen' sowie ‚reputationsbildende Maßnahmen' zusammengefaßt. Der dritte Faktor enthält die *romanischen Sprachen* ‚Französisch', ‚Italienisch', ‚Spanisch' und ‚Portugiesisch'. Der Faktor *Gebühren* beinhaltet die Variablen ‚Gebühren für Verkäufer', ‚Gebühren für Käufer', ‚Anmeldung auf Marktplatz erforderlich' und ‚Marktplatz offen für jedermann', wobei die letztgenannte Variable mit negativen Vorzeichen in den Faktor eingeht.

Dies ist plausibel, da eine Anmeldung besonders dann erforderlich ist, wenn Gebühren erhoben werden und nicht jedermann zum Handel auf dem Marktplatz zugelassen ist. Die Variablen ‚elektronischer Datenaustausch' und ‚CPFR-Werkzeuge' bilden zusammen den Faktor EDI (Electronic Data Interchange) und die Sprachen ‚Holländisch' und ‚Norwegisch' den Faktor *Holländisch / Norwegisch*. Die Variable ‚Neugründung' bildet schließlich alleine den identisch benannten Faktor *Neugründung*. Faktoren werden in den folgenden Regressionsrechnungen zur Unterscheidung von Variablen mit dem Präfix ‚F:' gekennzeichnet.

Tabelle 11: **Ergebnis der Faktoranalyse**

Variablen	Faktoren						
	E-Readiness	transaktions-begleitende Maßnahmen	romanische Sprachen	Gebühren	EDI	Holländisch / Norwegisch	Neugründung
E-Readiness-Index Economist 2001	**,972**	-,027	,000	,006	-,008	,024	,002
E-Readiness-Index Economist 2002	**,955**	-,032	-,010	,010	-,007	,010	,014
E-Readiness-Index Economist 2003	**,966**	-,029	-,061	,024	,052	-,040	-,027
E-Readiness-Index Harvard University	**,984**	-,041	-,035	-,030	,028	,008	-,048
E-Readiness-Index ICT	**,901**	-,034	-,071	-,010	,052	,015	-,113
Marktplatzsite auf Französisch	-,036	,083	**,824**	,064	,158	,131	,080
Marktplatzsite auf Italienisch	-,018	,241	**,710**	-,033	,407	-,117	,115
Marktplatzsite auf Spanisch	-,073	,056	**,825**	,142	,049	,163	,029
Marktplatzsite auf Portugiesisch	-,099	-,075	**,484**	,266	-,209	,120	-,221
Marktplatzsite auf Holländisch	,058	,084	,238	,022	-,081	**,816**	-,13?
Marktplatzsite auf Norwegisch	-,035	,277	,093	-,231	,388	**,622**	,270
Marktplatz offen für jedermann	,140	-,136	-,057	**-,525**	-,362	,028	,167
Anmeldung auf Marktplatz erforderlich	,004	,200	-,022	**,521**	,229	,040	,272
Neugründung	-,145	,013	,047	,076	-,170	-,030	**,835**
Gebühren für Verkäufer	,156	-,044	,116	**,711**	,105	-,047	,235
Gebühren für Käufer	-,045	,038	,186	**,7?**	,085	,017	-,174
Vermittlung von Transportanbietern	-,034	**,628**	,129	,326	,008	,030	-,028
Dienste zur Zahlungsabwicklung	-,015	**,716**	-,0??	,248	-,140	,278	-,168
elektronischer Datenaustausch	,098	-,030	,152	,197	**,814**	,148	-,100
Angebot von Garantien	-,072	**,7?**	,001	,059	,066	,136	,061
Angebot von Versicherungen	,075	**,678**	,228	-,048	-,132	-,386	,034
CPFR-Werkzeuge	,0??	-,117	,459	,143	**,577**	-,200	-,270
reputationsbildende Maßnahmen	-,071	**,744**	,008	-,205	,120	,037	,110

■ = Variable geht in den Faktor ein

Die Eignung eines Regressionsverfahrens hängt vom Skalenniveau der untersuchten Variablen ab. Die unabhängigen Variablen (Marktplatzeigenschaften) wurden in dieser Untersuchung auf binären oder metrischen Skalen gemessen, während das Erfolgsmaß als abhängige Variable im Falle der bloßen Existenz des Marktplatzes ein binäres, im Falle des

Vernetzungsgrads oder der Anzahl an Besuchen jedoch ein metrisches Skalenniveau aufweist. Zur Analyse der Überlebensfaktoren digitaler Marktplätze eignet sich daher die logistische Regression und zur Überprüfung der Einflußfaktoren auf den Vernetzungsgrad und die Anzahl an Besuchen die lineare Regression. Aufgrund der in Kapitel 3.2 festgestellten, und auch für digitale Marktplätze bestätigten, extremen Schiefverteilung der Erfolgsmaße (siehe Ergebnisse in Kapitel 6.1), wurden diese logarithmiert in den Regressionsrechnungen verwendet. Auf eine Beschreibung der verwendeten statistischen Verfahren soll an dieser Stelle verzichtet werden, da dies in der Literatur bereits in einer Vielzahl von Veröffentlichungen geschehen ist (z.B. Backhaus et. al [2003] und für die logistische Regression [Krafft, 1997]). Die Auswertung der Daten erfolgte mit dem Statistikprogramm SPSS Version 12.0.

6.2.2 Vorstellung und Ergebnisse der Regressionsmodelle

Die Ergebnisse der durchgeführten Regressionsrechnungen sind in Tabelle 12 dargestellt. Die Zeilen enthalten die untersuchten Einflußfaktoren, sortiert nach angebotenen Sprachen, verfügbaren Handelsräumen, Marktplatzeigenschaften und weiteren Faktoren. Die Spalten enthalten die unterschiedlichen Modelle, die sich hinsichtlich der verwendeten Erfolgsfaktoren und der einbezogenen Variablen unterscheiden, zusammen mit einem Gütemaß. Die Güte eines Modells besagt, wie gut die unabhängigen Variablen in ihrer Gesamtheit zur Trennung der Ausprägungen der abhängigen Variable beitragen [Backhaus, et al., 2003, S. 437].

Einflüsse auf die Überlebenswahrscheinlichkeit digitaler Marktplätze

Das Modell 1 enthält als Erfolgsmaß die beobachtete Existenz eines digitalen Marktplatzes, während in Modell 2 die korrigierte Existenz verwendet wurde (zur Definition siehe Kapitel 5.1). Als Gütemaß für dieses durch logistische Regression geschätzte Modell wurde das McFadden R^2 verwendet. Zur Berechnung des McFadden R^2 siehe z.B. Stricker [2004, S. 59ff.] oder Krafft [1997, S. 631]. Nach Urban [1993, S. 62f.] kann ein Modell als gut bezeichnet werden, wenn sein R^2 nach McFadden einen Wert größer als 0,2 annimmt. Mit einem Wert von 0,19 kommt Modell 1 diesem Wert sehr nahe und kann daher gerade noch als gut bezeichnet werden. Modell 2, in dem die korrigierte Existenz als abhängige Variable verwendet wurde, weist mit einem McFadden R^2 von 0,13 gerade noch akzeptable Werte auf. Ein Grund für diese relativ niedrige Modellgüte scheint darin zu liegen, daß diejenigen Marktplätze, deren HTML-Coding keine Änderung in den letzten 12 Monaten erfahren hat (*unveränderte Marktplatzsites*), sowohl als existent als auch als gescheitert betrachtet werden können, und als eine dritte Gruppe von Marktplätzen angesehen werden können. Für die Marktplätze dieser dritten Gruppe kann noch nicht eindeutig entschieden werden, ob sie erfolgreich oder gescheitert sind. Eine Schätzung von Modell 1 ohne Einbeziehung der *unveränderten Marktplatzsites* ergab eine deutliche Verbesserung der Modellgüte auf ein R^2 nach McFadden von 0,22, wobei sich die Signifikanzen und Parameterausprägungen kaum verändert haben. Die Betrachtung der *unveränderten Marktplatzsites* als existent, wie im Modell 1, oder als gescheitert, wie im Modell 2, führt in beiden Fällen zu einer Verschlechterung der jeweiligen Modellgüte, da eine eindeutige Erfolgsbeurteilung für diese digitalen Marktplätze (noch) nicht möglich ist.

Tabelle 12: Ergebnisse der Regressionsrechnungen

Erfolgsmaße	log. Regressionen		lineare Regressionen (standardisierte Beta-Werte)				
	Modell 1 beob. Existenz	Modell 2 korr. Existenz	Modell 3 Anzahl Hits (log)	Modell 4 Anzahl Hits (log(log))	Modell 5 Anzahl Hits (log) ohne *Jobs*	Modell 6 Anzahl Links (log)	Modell 7 Seitenaufrufe (log)
Einflußfaktoren	MF[a] R^2 = 0,19	MF R^2 = 0,13	R^2 = 0,507	R^2 = 0,463	R^2 = 0,453	R^2 = 0,437	R^2 = 0,214
(Konstante)	1,531 **	0,414					
angeb. Sprachen:							
Englisch	0,954	0,387	0,295 ***	0,317 ***	0,268 ***	0,281 ***	0,239 **
östliche Sprachen	0,584	0,846	0,264 ***	0,229 **	0,261 ***	0,061	0,053
F:[b] rom. Sprachen	0,261	-0,111	-0,021	-0,010	-0,036	-0,035	0,112
F: Holl./Norwegisch	-0,031	-0,443	-0,100	-0,070	-0,107	-0,209	-0,069
Handelsräume für:							
landw. Maschinen	-1,005	-0,377	0,190 *	0,227 **	0,221 **	-0,089	0,237 *
landw. Betriebsmittel	-0,617	-0,263	-0,107	-0,095	-0,113	0,110	0,052
landw. Erzeugnisse	-0,494	-0,856 *	-0,144	-0,161	-0,147	-0,222 **	-0,140
Vieh	-0,073	0,303	-0,050	-0,103	-0,008	0,005	-0,078
Handelswaren	-0,191	0,028	0,146	0,116	0,195 *	-0,072	-0,085
sonstige Güter	-0,184	0,383	0,104	0,102	0,140	0,060	-0,033
Jobbörse	19,975	1,228 *	0,192 **	0,179 **	n.b.[c]	0,258 ***	0,103
Eigenschaften:							
F: trans. begl. Maßn.	-0,019	-0,291	-0,024	-0,064	-0,024	0,004	0,172 *
F: Gebühren	-0,451	-0,228	-0,141 *	-0,170 *	-0,142 *	-0,156 *	0,094
F: EDI	0,354	-0,356	-0,093	-0,077	-0,103	-0,021	-0,023
Informationsdienste	0,279	-0,801 **	-0,125	-0,071	-0,132 *	0,090	0,016
Auktionen	-0,561	-0,222	0,100	0,096	0,102	0,032	-0,087
weitere Faktoren:							
F: E-Readiness	-0,057	-0,278	0,069	0,063	0,103	0,065	0,061
F: Neugründung	-0,803 **	-0,566 **	-0,064	-0,077	-0,034	0,098	-0,039
Betriebsdauer	n.b.[c]	n.b.[c]	0,191 **	0,181 **	0,199 **	0,171 **	-0,026
Anzahl Produkte	0,111	-0,020	0,195	0,180	0,207 *	0,190	0,029
Marktgröße	-0,144	0,393	0,137	0,106	0,127	0,108	0,075

[a] MF = McFadden; [b] F: = Faktor; [c] n.b. = Variable wurde in diesem Modell nicht berücksichtigt
* / ** / *** = signifikant auf 0,1 / 0,05 / 0,01 Niveau

Ein weiterer Grund für die relativ niedrigen R^2 könnte darin liegen, daß, wie schon in Kapitel 1.1 vermutet, zu Zeiten der Internet-Euphorie einige Marktplätze lediglich mit dem Ziel gegründet worden sind, die reichlich vorhandenen Geldmittel abfließen zu lassen. Wenn jedoch bei der Gestaltung eines digitalen Marktplatzes die Gewinnerzielungsabsicht nicht das dominierende Ziel darstellt, sind ökonomische Theorien wie z.B. die Transaktionskostentheorie zur Ableitung von Modellen und Hypothesen zu Erfolgsfaktoren digitaler Marktplätze ungeeignet. Diese aus reiner ‚Liebhaberei' betriebenen Marktplätze verschlechtern somit die Güte des Modells.

Einen signifikanten, negativen Einfluß auf die Überlebenswahrscheinlichkeit eines digitalen Marktplatzes weist in Modell 1 nur die Variable ‚Neugründung' auf. Im Modell 2 zeigt zusätzlich das Vorhandensein eines Handelraumes für landwirtschaftliche Erzeugnisse und das Angebot von Informationsdiensten einen signifikanten, negativen Einfluß, die Vermittlung von Jobs dagegen einen signifikanten, positiven Einfluß auf das Überleben eines digitalen Marktplatzes. Die Variable ‚Betriebsdauer' wurde in den Modellen 1 und 2 nicht berücksichtigt, da in diesen Modellen eine hohe inhaltlich Ähnlichkeit zum Erfolgsmaß besteht.

Die Stärke des Einflusses einer signifikanten Variable auf die Überlebenswahrscheinlichkeit p eines digitalen Marktplatzes kann berechnet werden, indem die Koeffizienten B in die Schätzfunktion der logistischen Regression (14) eingesetzt werden,

$$p(\text{Überleben eines Marktplatzes}) = \frac{1}{1+e^{-(\alpha+B*x)}} \quad (14)$$

wobei α ein konstanter Term und B die Koeffizienten aus Tabelle 12 darstellen. Für Modell 2 beträgt die Wahrscheinlichkeit, daß ein Marktplatz den Selektionsprozeß überlebt hat ca. 32%, wenn alle berücksichtigten Variablen keinen Einfluß haben, d.h. alle Koeffizienten B den Wert Null oder bei metrischen Variablen den Mittelwert annehmen. Die Überlebenswahrscheinlichkeit eines digitalen Marktplatzes sinkt jedoch auf 21% für neugegründete Marktplätze. Das Angebot von Informationsdiensten oder eines Handelsraumes für landwirtschaftliche Erzeugnisse reduziert die Überlebenswahrscheinlichkeit eines Marktplatzes sogar auf 17%. Bietet der Marktplatz dagegen auch eine Jobbörse auf seiner Site an, steigt seine Überlebenswahrscheinlichkeit auf über 61%.

Der hohe Einfluß einer Jobbörse auf die Überlebenswahrscheinlichkeit eines digitalen Marktplatzes verwundert zunächst. Nähere Untersuchungen der 14 Marktplätze mit einer Jobbörse haben jedoch gezeigt, daß es sich bei diesen Marktplätzen fast ausschließlich um kleine Bereiche großer Agrarportale wie z.B. *Agrimanager.de*, *Farms.com* oder *Wochenblatt-dlv.de* handelt. Auf diesen Agrarportalen werden Informationen und Dienstleistungen rund um das Thema Landwirtschaft bereitgestellt. Die Vermittlung von Handelstransaktionen ist somit nur eines von vielen Angeboten und somit auch nur eine von vielen potentiellen Einnahmequellen. Die Variable ‚Jobbörse' mißt daher ebenfalls die Zugehörigkeit eines digitalen Marktplatzes zu einem allgemeinen Agrarportal. Vor diesem Hintergrund läßt sich der hohe positive Einfluß auf die Überlebenswahrscheinlichkeit von digitalen Marktplätzen leicht erklären. Wenn die Vermittlung von Anbietern und Nachfrager nur ein Geschäftsmodell von vielen darstellt, kann ein Agrarportal auch bei einer geringen Aktivität auf seinen Marktplatzseiten wirtschaftlich überleben. Eine Schätzung der Modelle 1 und 2 ohne die Variable ‚Jobbörse' führte jedoch zu nahezu identischen Ergebnissen, so daß diese nicht gesondert ausgewiesen worden sind.

Einflüsse auf die Frequentierung digitaler Marktplätze

Um zusätzlich Erkenntnisse über die Stärke des Erfolges aller überlebenden Marktplätze zu erhalten, wurden für diese Marktplatzsites ergänzend Daten zur Frequentierung und zum Vernetzungsgrad erhoben. Die Frequentierung der Marktplatzsites wurde über die Anzahl an Besuchen pro Tag und die Anzahl an Seitenabrufen pro Besucher pro Tag gemessen. Der Vernetzungsgrad gibt die Anzahl an fremden Websites an, die einen Link auf die betrachtete Marktplatzsite enthalten (zur Definition der Erfolgsmaße siehe auch Kapitel 5.1). Ein hoher Vernetzungsgrad müßte sich positiv auf die Frequentierung einer Website auswirken und eine hohe Frequentierung dürfte eine notwendige, wenn auch keine hinreichende Bedingung für einen hohen Marktumschlag sein. Die vermutete Abhängigkeit zwischen dem Vernetzungsgrad und der Frequentierung einer Marktplatzsite wurde in einer Korrelationsanalyse bestätigt. Wie man Tabelle 13 entnehmen kann, besteht ein starker, signifikanter Zusammenhang zwischen der Anzahl an Hits einer Marktplatzsite und der Anzahl auf diese Seite verweisenden Links.

Ergebnisse der empirischen Untersuchung 131

Tabelle 13: Korrelationen der metrischen Erfolgsmaße

	Anzahl Hits	Anzahl Seitenaufrufe	Anzahl Links
Anzahl Hits	1,000	0,234 **	0,776 **
Anzahl Seitenaufrufe		1,000	0,179 **
Anzahl Links			1,000

** = signifikant auf 0,01 Niveau

Die Anzahl an Seitenaufrufen pro Besuch, also die Intensität der Seitennutzung, korreliert dagegen weniger stark mit den beiden anderen Erfolgsmaßen ‚Anzahl an Hits' und ‚Anzahl an Links'. Eine Berechnung der Korrelationen zwischen den metrischen Erfolgsmaßen und dem binären Existenzmaß eines Marktplatzes war nicht sinnvoll, da die metrischen Erfolgsmaße nur für erfolgreiche, d.h. noch existierende Marktplätze erhoben worden sind.

In den Modellen 3 bis 7 (siehe Tabelle 12) wurde der Einfluß der unabhängigen Variablen auf die Frequentierung und den Vernetzungsgrad einer Marktplatzsite untersucht. In Modell 3 wurde der Einfluß der erhobenen Variablen auf die logarithmierte Anzahl an Besuchen einer Marktplatzsite untersucht. Dieses Modell 3 weist mit einem R^2 von 0,507 die beste Anpassung an die Daten auf. Einen hochsignifikanten, positiven Einfluß auf die Anzahl an Hits zeigte das Vorhandensein der Marktplatzsite auf Englisch und in östlichen Sprachen. Weitere signifikante, positive Einflüsse zeigten Handelräume für landwirtschaftliche Maschinen und Jobs, sowie eine lange Betriebsdauer. Einen signifikanten, negativen Einfluß hatte die Erhebung von Gebühren.

Wie Abbildung 33 entnommen werden kann, weist die Verteilung der Anzahl an Besuchen auf die einzelnen Marktplätze einen potenzförmigen Verlauf auf. In der Voruntersuchung über Potenzverteilungen im Web aus Kapitel 3.2 wurde gezeigt, daß Verteilungen dieser Art nach doppelter Logarithmierung einen nahezu linearen Verlauf aufweisen. Aus diesem Grunde wurde in Modell 4 die logarithmierte Anzahl an Hits ein weiteres Mal logarithmiert und linear geschätzt. Die Güte dieses Modells 4 ist jedoch mit einem R^2 von 0,463 geringfügig schlechter als beim einfach logarithmierten Erfolgsmaß in Modell 3. Die signifikanten Einflußfaktoren und deren Wirkungsrichtung sind in beiden Modellen identisch und auch die Stärke des Einflusses unterscheidet sich kaum. In der folgenden Diskussion werden daher nur die einfach logarithmierten Erfolgsmaße betrachtet.

Um zu überprüfen, ob sich der dominante Einfluß von *eBay* auf das Ergebnis der Regressionen auswirkt, wurde für Modell 3 zusätzlich eine Schätzung ohne den Marktplatz *eBay* vorgenommen. Die Ergebnisse der Regressionen mit und ohne *eBay* waren jedoch nahezu identisch und werden daher nicht gesondert ausgewiesen.

In Modell 5 wurde versucht, den Einfluß der großen Agrarportale, bei denen der digitale Marktplatz nur einen Service von vielen darstellt, auszuklammern. Modell 5 entspricht Modell 3, mit der Ausnahme, daß die Variable ‚Jobs' unberücksichtigt geblieben ist. Man erkennt, daß in diesem Modell zusätzlich die Variablen ‚Handelswaren', ‚Informationsdienste' und ‚Anzahl an Produkten' einen signifikanten Einfluß auf Anzahl an Hits aufweisen. Durch die Entfernung der Variable ‚Jobs' verschlechterte sich die Güte des Modells geringfügig von 0,507 auf 0,437.

Die Einflußfaktoren auf den Vernetzungsgrad einer Marktplatzsite wurden in Modell 6 untersucht. Da, wie in Tabelle 13 gezeigt, eine hohe Korrelation zwischen der Anzahl an Links und der Anzahl an Seitenaufrufen eines Marktplatzsite besteht, überrascht es nicht, daß die Ergebnisse aus Modell 6 weitgehend denen aus Modell 3 entsprechen. Im Unterschied zu Modell 3 konnte jedoch kein signifikanter Einfluß der Variablen ‚östliche Sprachen' und ‚landwirtschaftliche Maschinen' festgestellt werden. Dagegen zeigte die Verfügbarkeit der Markplatzsite auf Norwegisch oder Holländisch und die Existenz eines Handelsraumes für landwirtschaftliche Erzeugnisse einen signifikanten, negativen Einfluß auf den Vernetzungsgrad eines digitalen Marktplatzes. Die Güte dieses Modells 6 ist mit einem R^2 von 0,437 geringfügig schlechter als die von Modell 3.

Im Modell 7 wurde der Einfluß der unabhängigen Variablen auf die Benutzungsintensität einer Marktplatzsite, also die logarithmierte Anzahl an Seitenaufrufen pro Besuch eines Nutzers, analysiert. Das R^2 von 0,214 zeigt, daß die Nutzungsintensität einer Marktplatzsite nur schlecht erklärt werden kann. Einen signifikanten, positiven Einfluß zeigten die Variablen ‚Englisch', landwirtschaftliche Maschinen' und der Faktor *transaktionsbegleitende Maßnahmen*.

Nachdem in diesem Abschnitt die Regressionsmodelle vorgestellt worden sind, werden im folgenden Abschnitt die in Kapitel 4.2 aufgestellten Hypothesen überprüft und die Ergebnisse diskutiert.

Ergebnisse der empirischen Untersuchung

6.2.3 Überprüfung der Hypothesen und Diskussion der Ergebnisse

Einfluß der Koordinationskosten auf den Marktplatzerfolg

H1: Digitale Marktplätze sind (gegenüber ihrer konventionellen Konkurrenz) um so erfolgreicher, je heterogener die gehandelten Güter sind.

Je heterogener die Eigenschaften eines Produktes sind, desto aufwendiger ist das Auffinden eines geeigneten Handelpartners. Digitalen Marktplätzen kann es durch den Einsatz moderner Informations- und Kommunikationstechniken gelingen, sowohl die Suchkosten des Käufers für die Erhebung von Produkt- und Preisinformationen [Bakos, 1991a, S. 7], als auch die Kosten des Verkäufers für die Kommunikation relevanter Produkteigenschaften zu senken [Bakos, 1998, S. 7]. Auf diese Weise können digitale Marktplätze einen komparativen Kostenvorteil gegenüber konventionellen Marktmittler aufweisen. Gemessen wurde der Heterogenitätsgrad der gehandelten Waren über die Existenz von Handelsräumen für (gebrauchte) Landmaschinen, landwirtschaftliche Betriebsmittel und landwirtschaftliche Erzeugnisse. Dabei standen gebrauchte Landmaschinen für den Handel mit heterogenen und die beiden anderen Handelsräume für den Handel mit homogenen Gütern.

Tabelle 14: Einfluß der angebotenen Handelsräume auf den Erfolg digitaler Marktplätze

	Modell 2 korr. Existenz	Modell 3 Anzahl Hits (log)	Modell 4 Anzahl Hits (log(log))	Modell 5 Anzahl Hits (log) ohne Jobs	Modell 6 Anzahl Links (log)
landw. Maschinen	-0,377	0,190 *	0,227 **	0,221 **	-0,089
landw. Betriebsmittel	-0,263	-0,107	-0,095	-0,113	0,110
landw. Erzeugnisse	-0,856 *	-0,144	-0,161	-0,147	-0,222 **
Handelswaren	0,028	0,146	0,116	0,195 *	-0,072

* / ** / *** = signifikant auf 0,1 / 0,05 / 0,01 Niveau

In Tabelle 14 wurden alle für die Überprüfung von Hypothese 1 relevanten Regressionsergebnisse zusammengefaßt. Wie vermutet zeigt die Existenz von Handelsräumen für die heterogenen, gebrauchten Landmaschinen einen signifikanten, positiven Einfluß auf die Anzahl der Besuche einer Marktplatzsite. Der Handel mit landwirtschaftlichen Erzeugnissen wirkt sich dagegen negativ auf die Überlebenswahrscheinlichkeit eines digitalen Marktplatzes und auf seinen Vernetzungsgrad aus. Die Existenz eines Handelsraumes für landwirtschaftliche Betriebsmittel zeigte keinen signifikanten Einfluß auf den Erfolg digitaler Marktplätze der Agrar- und Ernährungswirtschaft. Die Hypothese H1 kann daher als bestätigt angesehen werden.

Interessant ist die Feststellung, daß sich in Modell 5 der Handel mit den ebenfalls als homogen zu bezeichnenden ‚Handelswaren' positiv auf die Frequentierung einer Marktplatzsite auswirkt, was der Hypothese 1 widersprechen würde. Eine Begründung hierfür könnte sein, daß der Handel mit ‚Handelswaren' auf digitalen Marktplätzen häufig zwischen der Konsumgüterindustrie und dem Einzelhandel abgewickelt wird. Da die Konsumgüterindustrie und vor allem der Einzelhandel von wenigen großen Unternehmen dominiert wird [Lebensmittel Zeitung, 2004a], die den Key Account Managern und Einkäufern der großen Konzerne bekannt sind (siehe Aussage der Metro AG in Kapitel 3.4.4), erübrigt sich für Handelswaren die Suche nach geeigneten Handelpartnern. Beim Handel mit ‚Handelswaren' werden digitale Marktplätze häufig zum automatisierten, elektronischen Austausch von Bestellungen, Lieferbestätigungen, etc. eingesetzt (siehe Kapitel 3.4.3). Hierfür ist es hilfreich, wenn die gehandelten Produkte einen hohen Homogenitätsgrad aufweisen und somit besser digital beschrieben werden können [Kollmann, 2001, S. 89].

H2: Das Angebot von Auktionen wirkt sich positiv auf den Erfolg eines digitalen Marktplatzes aus.

Ebenso wie bei der Suche nach geeigneten Handelswaren, kann moderne Datenverarbeitung dazu eingesetzt werden, kostengünstig nach festgelegten Regeln einen Verkaufspreis und einen dazugehörigen Handelspartner zu ermitteln. Hierzu werden in der Regel unterschiedliche Formen von Auktionen angewendet. Die Ergebnisse der Regressionsrechnungen in Tabelle 12 konnten jedoch keinen signifikanten Einfluß der Existenz eines Auktionsverfahrens auf den Erfolg digitaler Marktplätze nachweisen. Die Hypothese H2 kann daher nicht betätigt werden.

H3: Die Möglichkeit zum elektronischen Datenaustausch (Web-EDI) und zur unternehmensübergreifenden Zusammenarbeit (CPFR) wirkt sich positiv auf den Erfolg eines digitalen Marktplatzes aus.

Durch den Einsatz von Web-EDI kann der Austausch von Geschäftsdokumenten automatisiert und somit verbilligt werden. Ebenso kann eine unternehmensübergreifende Zusammenarbeit bei der Planung, Prognose und Belieferung (CPFR) die Lagerhaltungskosten in einer Lieferkette senken. Beide Funktionen können über digitale Marktplätze angeboten werden. Die einzeln erhobenen Variablen ‚elektronischer Datenaustausch' und ‚CPFR-Werkzeuge' wurden in der Faktoranalyse zu einem Faktor *EDI* verdichtet. Dieser Faktor zeigte jedoch keinen signifikanten Einfluß auf den Erfolg digitaler Marktplätze in der Agrar- und Ernährungswirtschaft. Die Hypothese 3 kann somit nicht bestätigt werden.

Möglichkeiten zum elektronischen Datenaustausch boten insgesamt nur knapp 10% aller Marktplätze und Werkzeuge zum CPFR wurden mit weniger als 3% nahezu nicht angeboten (siehe Abbildung 31). Lediglich bei Marktplätzen mit Handelräumen für ‚Handelswaren' lag der Anteil der EDI unterstützenden Marktplätze mit 16% etwas höher (siehe Abbildung 32). Ein Grund für die geringe Bedeutung von EDI auf digitalen Marktplätzen der Agrar- und Ernährungsindustrie könnte sein, daß die Großunternehmen der Ernährungsindustrie und des Handels schon seit längerer Zeit Internet unabhängige EDI-Systeme kostspielig aufgebaut haben und betreiben. Auf der anderen Seite besitzen viele der kleinen- und mittelständischen Unternehmen der Ernährungsindustrie nicht einmal ein ERP-System (Enterprise Resource Planning), welches jedoch eine Vorraussetzung für einen effizienten, automatisierten Austausch von Geschäftsdokumenten darstellt. Laut dem e-Business W@tch der Europäischen Kommission [o.V., 2003c, S. 31] verwendeten 2003 nur 12% aller deutschen, französischen, italienischen und englischen Unternehmen der Ernährungs-, Getränke- und Tabakindustrie ERP-Systeme. Für landwirtschaftliche Betriebe ist eine Standardsoftware wie die mySAP Business Suite ungeeignet und viel zu teuer [Clasen, 2003]. Um als kleines oder mittelständisches Unternehmen oder landwirtschaftlicher Betrieb dennoch am automatischen Datenaustausch teilnehmen zu können, müßten aufwendig Schnittstellen zwischen den eingesetzten EDV-Systemen programmiert werden, was sich bei einer relativ niedrigen Anzahl an Transaktionen anscheinend nicht rechnet.

Momentan nutzen vor allem mittelständische Unternehmen der Getränkeindustrie digitale Marktplätze wie *getport.de* als kostengünstigen EDI Ersatz. Diese Unternehmen scheinen groß genug, um Einsparungen durch einen automatisierten Datenaustausch erzielen zu können, und klein genug, um nicht schon in der Vergangenheit in teure Internet unabhängige EDI-Lösungen investiert zu haben. Die starke Nutzung von digitalen Marktplätzen zum Austausch von Bestelldokumenten in der Getränkeindustrie unterstreicht die Gründung des Marktplatzes *die-neutrale.de* im November 2004. Auch dieser Marktplatz bietet Getränkeherstellern, Händlern und Großabnehmern Möglichkeiten zum elektronischen Datenaustausch.

H4: Die Möglichkeit der Vermittlung von Transportanbietern und Versicherungen wirkt sich positiv auf den Erfolg eines digitalen Marktplatzes aus.

Digitale Marktplätze können neben der reinen Vermittlung von Anbietern und Nachfragern zusätzlich weitere Stufen einer Handelstransaktion unterstützen, indem sie den Transport der gehandelten Ware vermitteln oder (Transport-)Versicherungen anbieten. Die erhobenen Variablen ‚Vermittlung von Transportanbietern' und ‚Angebot von Versicherungen' wurden zusammen mit den Variablen ‚Diensten zur Zahlungsabwicklung', ‚Angebot von Garantien' und ‚reputationsbildenden Maßnahmen' zum Faktor *transaktionsbegleitende Maßnahmen* verdichtet. Dieser Faktor zeigte lediglich einen signifikanten Einfluß auf die Anzahl der aufgerufenen Seiten eines Besuchers pro Session. Dieses Ergebnis verwundert nicht, da auf großen Marktplatzsites mit vielen Zusatzangeboten mehr Seiten aufgerufen werden können, als auf kleinen, schlicht gehaltenen Auftritten. Da sich jedoch kein signifikanter Einfluß auf die Überlebenswahrscheinlichkeit eines Marktplatzes, auf die Anzahl an Besuchen oder den Vernetzungsgrad zeigte, kann Hypothese 4 nicht bestätigt werden.

H5: Das Angebot von Informationsdiensten, die über die eigentliche Transaktionsabwicklung hinausgehen, wirkt sich negativ auf den Erfolg eines digitalen Marktplatzes aus.

Informationsdienste, wie Wetterberichte, Nachrichten, Chatforen, etc., sind im Internet auf zahllosen Sites kostenlos verfügbar und stellen für einen digitalen Marktplatz keinen Zusatznutzen dar [Weiss, 2004, S. 16]. Eine Überfrachtung der Marktplatzsite mit Zusatzdiensten führt eher dazu, daß die Marktplatzsite an Übersichtlichkeit verliert und der Marktplatz weniger erfolgreich ist. Diese Hypothese kann bestätigt werden, da die Existenz von ‚Informationsdiensten' sowohl einen signifikanten, negativen Einfluß auf die Überlebenswahrscheinlichkeit eines digitalen Marktplatzes als auch auf die Anzahl an Hits zeigte (siehe Tabelle 15). Die These von Nielsen [2004], daß Angebote im Web einfach und auf das Kerngeschäft fokussiert sein sollten, kann daher auch für digitale Marktplätze bestätigt werden.

Tabelle 15: **Einfluß der Informationsdienste auf den Erfolg eines digitalen Marktplatzes**

	Modell 2	Modell 5
	korr. Existenz	Anzahl Hits (log) ohne *Jobs*
Informationsdienste	-0,801 **	-0,132 *

* / ** / *** = signifikant auf 0,1 / 0,05 / 0,01 Niveau

H6: Eine hohe E-Readiness auf dem Zielmarkt eines digitalen Marktplatzes, wirkt sich positiv auf seinen Erfolg aus.

Bei einer hohen E-Readiness sind die notwendigen Investitionen potentieller Handelpartner zur Teilnahme an digitalen Marktveranstaltungen niedriger als bei einer geringen E-Readiness. Niedrigere Investitionen für den Handel über digitale Marktplätze machen die Teilnahme für eine größere Anzahl an Handelpartnern wirtschaftlich attraktiv, was sich positiv auf den Erfolg eines digitalen Marktplatzes auswirkt.

Ein signifikanter Einfluß der E-Readiness auf den Erfolg von digitalen Marktplätzen konnte nicht festgestellt werden, so daß die Hypothese 6 nicht bestätigt werden kann. Der Grund hierfür könnte in der geringen Varianz der betrachteten E-Readiness-Indizes liegen, da die meisten digitalen Marktplätze in hochentwickelten Industrieländern betrieben wurden. Für Länder mit einer geringen E-Readiness, wie z.B. Indien und Thailand, lagen dagegen nur sehr wenige Beobachtungen vor.

Einfluß der Motivationskosten auf den Marktplatzerfolg
H7: Das Angebot von Garantien, Diensten zur Zahlungsabwicklung und reputationsbildenden Maßnahmen für Handelspartner wirkt sich positiv auf den Erfolg eines digitalen Marktplatzes aus.

Vorkehrungen zur Senkung opportunistischen Verhaltens der Marktteilnehmer reduzieren die Gefahr, bei einer Handeltransaktion im anonymen Internet übervorteilt zu werden. Gegenmaßnahmen können Garantien zur Warenbeschaffenheit, Dienste zur Abwicklung der Zahlungen und reputationsbildende Maßnahmen zur gegenseitigen Beurteilung der Handelspartner sein. Alle drei Vorkehrungen wurden von der Faktoranalyse, zusammen mit den Variablen ‚Vermittlung von Transportanbietern' und ‚Angebot von Versicherungen' auf den Faktor *transaktionsbegleitende Maßnahmen* verdichtet. Wie schon im vorigen Abschnitt erwähnt, zeigte dieser Faktor lediglich einen signifikanten Einfluß auf die Anzahl von Seitenaufrufen eines Marktplatznutzers pro Besuch. Die Hypothese 7 kann daher nicht betätigt werden.

Einfluß der Liquiditätskosten auf den Marktplatzerfolg
H8: Die Anwesenheit von Brokern wirkt sich positiv auf die Liquidität eines Marktplatzes aus und steigert somit seinen Erfolg.

Broker sind auf organisierten Märkten in der Lage durch Handel auf eigene Rechnung Angebots- und Nachfrageüberhänge zu reduzieren und somit die Liquidität des Marktes zu erhöhen. Die Höhe der Liquidität eines Marktes wirkt sich positiv auf dessen Erfolg aus. Da Broker lediglich auf vier Marktplätzen (das entspricht weniger als 2%) vorhanden waren, wurde die Variable aufgrund mangelnder Streuung nicht mit in die Regressionsrechnungen einbezogen. Aus diesem Grunde konnte die Hypothese 8 nicht betätigt werden.

Bei den vier Marktplätzen, die über einen Broker verfügten, handelt es sich um

a) *comdaq.net* einem Marktplatz für Kaffee, Zucker, Soja, Getreide, Kunststoffe und Metalle,

b) *farmec.com*, einem Marktplatz für gebrauchte Landmaschinen,

c) *fruit-auction.com*, einem Marktplatz für frische Früchte und um

d) *milchbroker.de*, einem Marktplatz für Milch in 16 Kategorien.

H9: Ein Kundenstamm und ein früher Markteintritt wirkt sich positiv auf den Erfolg eines digitalen Marktplatzes aus.

Ein Kundenstamm wirkt sich positiv auf die Liquidität eines Markplatzes aus. Der Kundenstamm kann von einem konventionellem Unternehmen ins Web übernommen worden sein oder muß neu aufgebaut werden. Da der Aufbau eines neuen Kundenstammes Zeit in Anspruch nimmt, haben früh gegründete Marktplätze diesbezüglich Vorteile.

Tabelle 16: Einfluß der Betriebsdauer und der Neugründung digitaler Marktplätze auf deren Erfolg

	Modell 1	Modell 2	Modell 3	Modell 4	Modell 5	Modell 6	Modell 7
	beob. Existenz	korr. Existenz	Anzahl Hits (log)	Anzahl Hits (log(log))	Anzahl Hits (log) ohne *Jobs*	Anzahl Links (log)	Seitenaufrufe (log)
F:[b] Neugründung	-0,803 **	-0,566 **	-0,064	-0,077	-0,034	0,098	-0,039
Betriebsdauer	n.b.[c]	n.b.[c]	0,191 **	0,181 **	0,199 **	0,171 **	-0,026

[b] F: = Faktor; [c] n.b. = Variable wurde in diesem Modell nicht berücksichtigt
* / ** / *** = signifikant auf 0,1 / 0,05 / 0,01 Niveau

Wie Tabelle 16 entnommen werden kann, wurde Hypothese 9 von nahezu allen Modellen bestätigt. Die Neugründung eines digitalen Marktplatzes, bei der nicht auf einen bestehenden Kundenstamm eines konventionellen Unternehmens aufgebaut werden konnte, wirkte sich signifikant und negativ auf die Überlebenswahrscheinlichkeit der untersuchten Marktplätze aus. Die bisherige Betriebsdauer eines digitalen Marktplatzes zeigte einen signifikanten, positiven Einfluß auf die Anzahl an Besuchen und den Vernetzungsgrad. Keinen Einfluß zeigte die Betriebsdauer lediglich auf die Anzahl der pro Besuch aufgerufenen Marktplatzseiten. In die Modelle 1 und 2 wurde die ‚Betriebsdauer' nicht aufgenommen, da sie inhaltlich den Erfolgsmaßen der Existenz eines Marktplatzes ähnlich ist. Wie schon von [Jirik und Sint, 2003, S. 2] für B2B-Marktplätze aus unterschiedlichen Branchen festgestellt, zeigte sich auch in dieser Untersuchung ein signifikanter, positiver Zusammenhang zwischen der ‚Betriebsdauer' und der Überlebenswahrscheinlichkeit eines digitalen Marktplatzes.

Aufgrund des noch sehr jungen Geschäftsmodells der digitalen Marktvermittlung, können bisher nur die digitale Marktplätze eine lange Betriebsdauer aufweisen, die sehr früh gegründet worden sind. Die für Geschäftsmodelle im Internet häufig geäußerte These der First-Mover-Advantages [Gates, 1999, S. 141ff.] kann daher für digitale Marktplätze der Agrar- und Ernährungsindustrie untermauert werden.

H10: Eine internationale Ausrichtung wirkt sich positiv auf den Erfolg eines digitalen Marktplatzes aus.

Durch die internationale Ausrichtung eines digitalen Marktplatzes wird eine größere Zahl an potentiellen Käufern und Verkäufern angesprochen, was sich positiv auf die Liquidität des Marktplatzes auswirkt. Hierbei kommt den Betreibern digitaler Marktplätze die Internationalität des Webs zugute.

Tabelle 17: **Einfluß angebotener Sprachen auf den Erfolg eines digitalen Marktplatzes**

	Modell 3	Modell 4	Modell 5	Modell 6	Modell 7
	Anzahl Hits (log)	Anzahl Hits (log(log))	Anzahl Hits (log) ohne *Jobs*	Anzahl Links (log)	Seitenaufrufe (log)
Englisch	0,295 ***	0,317 ***	0,268 ***	0,281 ***	0,239 **
östliche Sprachen	0,264 ***	0,229 **	0,261 ***	0,061	0,053
F:[b] rom. Sprachen	-0,021	-0,010	-0,036	-0,035	0,112
F: Holl./Norwegisch	-0,100	-0,070	-0,107	-0,209 **	-0,069

[b] F: = Faktor; * / ** / *** = signifikant auf 0,1 / 0,05 / 0,01 Niveau

Das Angebot der Marktplatzsite in der internationalen Geschäftssprache Englisch hat einen hochsignifikanten, positiven Einfluß auf die Besuchshäufigkeit, den Vernetzungsgrad und die Anzahl an Seitenaufrufen (Tabelle 17). Ein Einfluß auf die Überlebenswahrscheinlichkeit eines Marktplatzes konnte jedoch nicht festgestellt werden. Ebenso konnte ein signifikanter, positiver Einfluß von ‚östlichen Sprachen' auf den Marktplatzerfolg beobachtet werden. Unter östlichen Sprachen wurden sowohl osteuropäische Sprachen, wie Polnisch, Russisch, Tschechisch und Ungarisch, als auch fernöstliche Sprachen, wie Chinesisch, Japanisch, Hindi, Koreanisch und Thai, zusammengefaßt. Der große Einfluß östlicher Sprachen auf die Besuchshäufigkeit unterstreicht die in der Voruntersuchung zur Umschlagshäufigkeit auf landwirtschaftlichen, digitalen Marktplätzen aufgestellte Vermutung, daß ein Großteil der Käufer von gebrauchten Landmaschinen aus osteuropäischen Staaten stammt (siehe Kapitel 3.1.5). Während insgesamt 9% aller untersuchten Marktplätze die Website auch in östlichen Sprachen angeboten haben, sind es auf Marktplätzen mit Handelsräumen für landwirtschaftliche Maschinen fast 16%.

Der Faktor *romanische Sprachen* wies keinen signifikanten Einfluß auf den Marktplatzerfolg auf und für den Faktor *Holländisch / Norwegisch* konnte ein signifikanter, negativer Einfluß auf den Vernetzungsgrad der Marktplatzsite festgestellt werden. Eine nähere Untersuchung der holländischen und norwegischen Marktplätze zeigte, daß hier fast ausschließlich frische Produkte wie Fisch, Meeresfrüchte, Gemüse und Blumen gehandelt wurden. Für diese stark spezialisierten Marktplätze ist es anscheinend nicht notwendig, über einen hohen Vernetzungsgrad „Laufkundschaft" auf ihre Marktplatzsite zu locken, da Fisch-, Gemüse- oder Blumenhändler diese Marktplätze kennen und die Marktplatzsites direkt aufrufen. Aufgrund des starken Einflusses der Sprache Englisch und der östlichen Sprachen auf die Besuchshäufigkeit und den Vernetzungsgrad eines digitalen Marktplatzes der Agrar- und Ernährungsindustrie, kann Hypothese 10 bestätigt werden.

H11: Eine große Vielfalt an Handelsräumen wirkt sich positiv auf den Erfolg eines digitalen Marktplatzes aus.

Eine große Anzahl an Handelsräume für viele unterschiedliche Produkte erhöht die Anzahl an potentiellen Käufern, die z.b. durch den Einsatz von cross-selling Funktionen zum Kauf zusätzlicher Produkte animiert werden können.

Tabelle 18: Einfluß der Marktgröße auf den Erfolg eines digitalen Marktplatzes

	Modell 1 beob. Existenz	Modell 2 korr. Existenz	Modell 3 Anzahl Hits (log)	Modell 4 Anzahl Hits (log(log))	Modell 5 Anzahl Hits (log) ohne *Jobs*	Modell 6 Anzahl Links (log)	Modell 7 Seitenaufrufe (log)
Anzahl Produkte	0,111	-0,020	0,195	0,180	0,207 *	0,190	0,029
Marktgröße	-0,144	0,393	0,137	0,106	0,127	0,108	0,075
Jobbörse	19,975	1,228 *	0,192 **	0,179 **	n.b.c)	0,258 ***	0,103

c) n.b. = Variable wurde in diesem Modell nicht berücksichtigt;
* / ** / *** = signifikant auf 0,1 / 0,05 / 0,01 Niveau

Ein signifikanter, positiver Einfluß auf die Überlebenswahrscheinlichkeit eines digitalen Marktplatzes (Modell 2), sowie auf die Anzahl an Besuchen und den Vernetzungsgrad der Marktplatzsite konnte zunächst nur für die Variable ‚Jobbörse' festgestellt werden. Wie jedoch schon in Abschnitt 6.2.2 angesprochen, wird durch die Variable ‚Jobbörse' eher die Zugehörigkeit eines digitalen Marktplatzes zu einem allgemeinen Agrarportal als - wie beabsichtigt - eine große Bandbreite von Handelsräumen gemessen. Ohne Berücksichtigung der Variable ‚Jobbörse' in Modell 5 zeigt sich der vermutete positive Einfluß einer großen Anzahl auf einem Marktplatz handelbarer Produkte. Die Variable ‚Marktgröße' zeigte dagegen keinen signifikanten Einfluß auf den Marktplatzerfolg.

H12: Die Erhebung von Gebühren wirkt sich negativ auf die Frequentierung eines digitalen Marktplatzes aus.

Die Erhebung von Gebühren erhöht die Kosten einer Markttransaktion für die Handelsteilnehmer. Auf der anderen Seite sind Gebühren geeignet, dem Betreiber eines digitalen Marktplatzes Einnahmen zu verschaffen, was sich positiv auf seine Überlebenswahrscheinlichkeit auswirken dürfte. Es ist daher zu vermuten, daß sich Gebühren lediglich negativ auf die Frequentierung eines digitalen Marktplatzes auswirken, nicht aber auf dessen Überlebenswahrscheinlichkeit.

Tabelle 19: Einfluß von Gebühren auf den Erfolg eines digitalen Marktplatzes

	Modell 1	Modell 2	Modell 3	Modell 4	Modell 5	Modell 6	Modell 7
	beob. Existenz	korr. Existenz	Anzahl Hits (log)	Anzahl Hits (log(log))	Anzahl Hits (log) ohne *Jobs*	Anzahl Links (log)	Seitenaufrufe (log)
F: Gebühren	-0,451	-0,228	-0,141 *	-0,170 *	-0,142 *	-0,156 *	0,094

* / ** / *** = signifikant auf 0,1 / 0,05 / 0,01 Niveau

Wie Tabelle 19 entnommen werden kann, kann der vermutete negative Zusammenhang zwischen der Erhebung von Gebühren und der Anzahl an Besuchen signifikant bestätigt werden. Die direkte Preiselastizität der Dienstleistung ‚Markttransaktion' ist somit, wie für alle *normalen Güter* [Herberg, 1989, S. 110], negativ. Einflüsse auf die Überlebenswahrscheinlichkeit eines digitalen Marktplatzes konnten nicht festgestellt werden. Eine Begründung hierfür könnte darin liegen, daß einige Marktplätze zwar Gebühren erheben, diese aber am Markt nicht durchsetzen können. Durch den hohen Wettbewerbsdruck auf dem Markt für Marktdienstleistung führt die Einführung von Gebühren zu einem Ausweichen auf andere Marktplätze und somit zu einem Rückgang der eigenen Besucherzahlen.

Ein digitaler Marktplatz kann vermutlich erst dann erfolgreich Gebühren erheben, wenn die gesamten Transaktionskosten der Abwicklung einer Markttransaktion über diesen Marktplatz am niedrigsten sind und deutlich unter den gesamten Transaktionskosten des nächst teureren Marktplatz liegen. Die maximale Höhe der Gebühren des günstigsten Marktplatzes beträgt dann genau die Differenz zwischen seinen Transaktionskosten und denen des nächst teureren Marktplatz.

Alle weiteren digitalen Marktplätze mit Handelräumen für dieselben Produktgruppen, die nicht die niedrigsten gesamten Transaktionskosten aufweisen, werden vermutlich keine Gebühren durchsetzen können. Auch Kollmann rät den Betreibern digitaler Marktplätze, daß zu Beginn der Entwicklung eines digitalen Marktplatzes die Nutzung kostenlos sein sollte und Gebühren erst dann erhoben werden, wenn sich der Marktplatz in einer ‚Dominanzphase' befindet [Kollmann, 2001, S. 127]. Ein digitaler Marktplatz, der diese Dominanzphase erreicht haben dürfte, ist sicherlich *eBay*. Obwohl es kostenlose Alternativen zu *eBay* gibt (in Deutschland z.B. *hood.de*, *tibidu.de* oder *algado.de*), scheint es *eBay* gelungen zu sein, durch eine konkurrenzlose Marktplatzliquidität die Liquiditätskosten (siehe Kapitel 4.2.3) derart zu senken, daß die gesamten Transaktionskosten inklusive der erhobenen Auktionsgebühr für einen Verkäufer niedriger sind als bei alternativen Marktplätzen. Ebenso scheinen die besucherstärksten digitalen Marktplätze für gebrauchte Landmaschinen in Deutschland *traktorpool.de*, *truckscout24.de* und *tec24.de*, erfolgreich Gebühren für ihre Vermittlungsdienstleistung erheben zu können.

7 Zusammenfassung und Ausblick

Handel spielt in allen modernen, arbeitsteiligen Volkswirtschaften eine zentrale Rolle. Grundlegendes Element eines jeden Handelsvorganges ist die Kommunikation zwischen den Handelspartnern. Es verwundert daher kaum, daß das Erscheinen neuer Kommunikationstechnologien häufig neue Formen des Handels hervorgebracht hat. Nach der einsetzenden Kommerzialisierung des Internets Mitte der 1990er Jahre, dauerte es daher auch nicht lange, bis innovative Unternehmer auch das World Wide Web für die Abwicklung von Markttransaktionen nutzten. Der durch Unternehmergeist geprägten Phase innovativer Vielfalt folgte eine Phase der Selektion durch den Wettbewerb. Was für die Betreiber der gescheiterten Marktplätze mit einem finanziellen Verlust endete, ist für die empirische Forschung eine große Chance, da in einer sehr überschaubaren Zeitspanne eine große Variationsbreite einer neuen Art von Marktplätzen entstanden und zum Teil wieder vom Markt verschwunden ist.

In dieser Arbeit wurde der Selektionsprozeß digitaler Marktplätze am Beispiel der Agrar- und Ernährungsindustrie untersucht und Erfolgsfaktoren wurden herausgearbeitet. Die Untersuchung konzentrierte sich auf den Agrar- und Ernährungssektor, da dieser Sektor eine besonders große Heterogenität bzgl. der Anzahl an Marktteilnehmern entlang der Lieferkette und der gehandelten Produkte aufweist und zudem über eine Vielzahl an Marktdaten verfügt. Da Transaktionskosten bei der Wahl eines Marktmittlers die zentrale Rolle spielen, wurden die Hypothesen zu den Erfolgsfaktoren digitaler Marktplätze aus der Transaktionskostentheorie abgeleitet. Diese Hypothesen wurden anhand von 233 digitalen Marktplätzen empirisch überprüft. Besonders hervorzuheben ist die Tatsache, daß mit Hilfe des Internet-Archivs nicht nur Daten zu noch existenten Marktplätzen, sondern ebenfalls zu schon ausgeschiedenen Marktplätzen erhoben werden konnten. Auf diese Weise war es möglich, Erkenntnisse nicht nur aus der Organisationsform erfolgreicher Marktplätze zu ziehen, sondern, was in vielen Fällen sehr viel lehrreicher ist, ebenfalls aus den Fehlern der gescheiterten Marktplatzformen zu lernen.

7.1 Erfolgsfaktoren digitaler Marktplätze

Um einen Einblick in die frühe Phase des Selektionsprozesses digitaler Marktplätze zu bekommen, wurde die zeitliche Entwicklung der Bedeutung einzelner Arten von Transaktionskosten mit Hilfe einer Multi-Agenten-Simulation untersucht. Anhand dieser Simulation konnte gezeigt werden, daß in einem frühen Stadium der Selektionsphase nicht alle

Transaktionskostenbestandteile eines digitalen Marktplatzes denselben Einfluß auf seine Überlebenswahrscheinlichkeit haben, sondern vor allem Marktplätze überleben, denen es gelingt, die pfadabhängigen Kostenbestandteile sehr schnell zu senken. Pfadabhängige Kostenbestandteile werden auf digitalen Marktplätzen vor allem durch ein unzureichendes Angebot oder eine unzureichende Nachfrage (Liquidität) verursacht. Weitere pfadabhängige Kosten haben ihre Ursache in einem unzureichenden Vertrauen in die Abwicklung einer Markttransaktion über anonyme Marktplätze.

Die große Bedeutung einer **ausreichenden Liquidität** auf einem Marktplatz konnte empirisch bestätigt werden. Es zeigte sich, daß Marktplatzneugründungen, die auf keinen bestehenden Kundenstamm zurückgreifen konnten, deutlich häufiger den Wettbewerb nicht überlebt haben, als Marktplätze, die als Erweiterung eines bereist existierenden Handels- oder Dienstleistungsgeschäfts gegründet worden sind. Des weiteren konnte ein hochsignifikanter Einfluß einer langen Betriebsdauer von digitalen Marktplätzen auf die Anzahl an Besuchen und den Vernetzungsgrad der Marktplatzsite festgestellt werden. Eine ausreichend hohe Liquidität eines Marktplatzes kann somit als eine notwendige Bedingung für den Erfolg von Marktveranstaltungen angesehen werden. Diese Erkenntnis überrascht wenig, da die Vermittlung von Angeboten und Gesuchen das zentrale Element eines jeden Geschäftsmodells organisierter Märkte darstellt. Digitale Marktplätze im Web bilden hier keine Ausnahme. Vor diesem Hintergrund ist es daher sehr verwunderlich, daß auf nahezu keinem digitalen Marktplatz der Versuch unternommen worden ist, über die Einbeziehung von Brokern temporäre Nachfrage- oder Angebotsüberhänge auszugleichen.

Als zweite Quelle pfadabhängiger Kosten wurden Kostenbestandteile vermutet, die sich aufgrund eines zu geringen Vertrauens seitens potentieller Handelspartner in den Marktplatz ergaben. Maßnahmen zur Erhöhung der Transaktionssicherheit sollten sich daher positiv auf den Erfolg digitaler Marktplätze auswirken. Empirisch konnte diese Hypothese jedoch nicht bestätigt werden. Ein Grund dafür, daß für vertrauensbildende Maßnahmen, wie Garantien, Versicherungen oder Möglichkeiten zur Bildung einer Reputation der Handelspartner, kein signifikanter Einfluß auf den Erfolg digitaler Marktplätze gemessen werden konnte, könnte darin liegen, daß zur Zeit digitale Marktplätze häufig lediglich zum Auffinden eines geeigneten Handelspartners genutzt werden. Die weiteren Verhandlungen und Qualitätsprüfungen finden dagegen meist auf konventionellem Wege statt. Als Beispiel kann der lebhafte Handel mit gebrauchten Landmaschinen gelten, bei dem in der Regel über digitale Marktplätze nach einem geeigneten Handlespartner gesucht wird und alles weitere bei Abholung der Maschine vor Ort verhandelt wird. Bei dieser Handelsweise stellt die Anonymität des Internets keinen Nachteil gegenüber dem vollständig konventionellen Handel dar, so daß nur die Kostenvorteile digitaler Marktplätze bei der Produktsuche zum Tragen kommen. Des weiteren haben vertrauensbildende Maßnahmen dann eine untergeordnete Bedeutung, wenn Handelspartner schon seit längerer Zeit feste Geschäftsbeziehungen pflegen. In diesem Falle werden digitale Marktplätze häufig zur automatisierten Abwicklung des Bestellprozesses eingesetzt und stellen eine kostengünstigere Alternative zu individuellen EDI-Lösungen dar.

Wichtig erscheinen vertrauensbildende Maßnahmen daher vor allem dann, wenn Handelspartner einander unbekannt sind und die gesamte Handelstransaktion anonym abgewickelt wird. Da diese Handelsweise dem Geschäftsmodell des sehr erfolgreichen Marktplatzes *eBay* entspricht, verwundert es wenig, daß *eBay* einer der wenigen Marktplätze in dieser Untersuchung ist, der eine breite Palette vertrauensbildender Maßnahmen anbietet.

Der Einfluß der gehandelten Produkte auf den Erfolg eines digitalen Marktplatzes wurde ebenfalls untersucht. Es zeigte sich, daß sich die Existenz eines **Handelsraumes für gebrauchte Landmaschinen** signifikant positiv auf die Anzahl an Besuchen einer Marktplatzsite auswirkt, während das Vorhandensein eines **Handelsraumes für landwirtschaftliche Erzeugnisse** einen signifikant negativen Einfluß auf die Überlebenswahrscheinlichkeit und den Grad der Vernetzung einer Marktplatzsite hat. Da gebrauchte Landmaschinen deutlich heterogener sind als über Handelsklassen standardisierte landwirtschaftliche Erzeugnisse, werden derzeit eher Produkte über digitale Marktplätze gehandelt, die einen hohen **Heterogenitätsgrad** aufweisen. Eine Erklärung auch hierfür könnte sein, daß digitale Marktplätze zur Zeit hauptsächlich zur Produktsuche und seltener zur automatisierten Abwicklung von Handelstransaktionen eingesetzt werden. Da es bei heterogenen Produkten besonders schwierig ist, einen passenden Handelspartner zu finden, haben hier die digitalen Marktplätze aufgrund ihrer großen Reichweite und komfortabler Such- und Filtermechanismen einen Vorteil gegenüber ihren konventionellen Konkurrenten. Für die automatische Abwicklung von Handelstransaktionen sind dagegen homogene Produkte besser geeignet, da sich ihre Eigenschaften besser beschreiben lassen. Ein Grund dafür, daß digitale Marktplätze in der Agrar- und Ernährungsindustrie zur Zeit kaum zum elektronischen Datenaustausch verwendet werden, könnte darin liegen, daß auf der einen Seite die großen Unternehmen der Ernährungswirtschaft bereits seit längerer Zeit über EDI mit ihren großen Handelspartnern verbunden sind und es auf der anderen Seite für landwirtschaftliche

Betriebe aufgrund der relativ geringen Anzahl an Handlesvorgängen bisher nicht lohnend war, in eine Technologie zum automatisierten Datenaustausch zu investieren.

Ein weiterer Faktor, durch den sich digitale Marktplätze erfolgreich von ihren konventionellen Konkurrenten absetzen können, ist eine **internationale Ausrichtung** des Marktplatzes. Das Vorhandensein der Marktplatzsite auf Englisch zeigt einen hochsignifikanten, positiven Einfluß auf die Anzahl an Besuchen und den Vernetzungsgrad der Marktplatzsite. Darüber hinaus wirkt sich das Angebot von osteuropäischen und asiatischen Sprachen signifikant positiv auf die Frequentierung digitaler Marktplätze aus. Die große Bedeutung osteuropäischer Sprachen unterstreicht die Vermutungen, daß ein Großteil der über digitale Marktplätze gehandelten, gebrauchten Landmaschinen von Osteuropäern aufgekauft werden. Über eine internationale Ausrichtung kann es digitalen Marktplätzen relativ leicht gelingen, die internationale Ausrichtung des Internets gewinnbringend zu nutzen.

Ebenfalls bestätigt werden konnte die Vermutung, daß die Betreiber digitaler Marktplätze gut beraten sind, sich auf ihr **Kerngeschäft**, nämlich die Vermittlung von Angeboten und Gesuchen, zu beschränken. Das Angebot von in der Regel zugekauften Nachrichten, Wetterberichten und Fachinformationen hatte einen signifikanten, negativen Effekt auf die Überlebenswahrscheinlichkeit und Besuchshäufigkeit digitaler Marktplätze. Informationen und Funktionalitäten, die sich nicht unmittelbar auf die Abwicklung einer Handeltransaktion beziehen, führen lediglich zu einer höheren Komplexität und Unübersichtlichkeit der Marktplatzsite, was Kunden abschrecken kann. Einen Zusatznutzen bieten die Informationen dagegen kaum, da Standardinformationen wie Wetterberichte und Nachrichten im Internet ein freies Gut darstellen. Über Favoritenlisten sind die Webauftritte spezialisierter Informationsdienstleister nur einen Klick entfernt.

Der Markt für Marktdienstleitungen war schon vor dem Auftreten digitaler Marktplätze sehr wettbewerbsintensiv. Durch die Verlagerung dieses Geschäftsmodells in das von Potenzverteilungen geprägte Internet nahm die Wettbewerbsintensität nochmals deutlich zu. Es war daher zu erwarten, daß der weit überwiegende Teil aller neugegründeten digitalen Marktplätze dem Selektionsprozeß zum Opfer fallen würde. Welche Vertreter einen solchen Selektionsprozeß überleben werden, kann aufgrund **chaotischer Vorgänge** nur sehr schwer vorhergesagt werden, da auch Marktplätze ausscheiden werden bzw. bereits ausgeschieden sind, die alle oben genannten Erfolgsfaktoren berücksichtigt haben. Über Pfadabhängigkeiten können unbedeutend erscheinende Entscheidungen in der Frühphase eines

Marktplatzes, für seinen späteren Erfolg oder Mißerfolg ausschlaggebend sein. Der wirtschaftlich erfolgreiche Betrieb eines digitalen Markplatzes wird unter diesen Rahmenbedingungen pro ökonomischer Nische nur sehr wenigen Vertretern möglich sein. Es ist daher ratsam als Betreiber eines digitalen Marktplatzes die **Marktführerschaft** anzustreben.

7.2 Implikationen für die Transaktionskostentheorie

Nach der Transaktionskostentheorie wird die Gestalt einer Organisation durch die Höhe ihrer gesamten Transaktionskosten bestimmt [Ebers und Gotsch, 1995, S. 208]. Die Transaktionskosten können, wie in dieser Arbeit, in Koordinations-, Motivations- und Liquiditätskosten aufgeteilt werden. Die empirische Untersuchung hat gezeigt, daß der Erfolg digitaler Marktplätze vor allem von der Höhe ihrer Liquiditätskosten abhängt. Die Höhe der Koordinations- und Motivationskosten zeigten dagegen einen deutlich geringeren Einfluß auf den Erfolg eines Marktplatzes.

Daß Motivationskosten für die Wahl einer Handelsform keine Rolle spielen, kann jedoch bezweifelt werden. In dieser Untersuchung haben sich die meisten digitalen Marktplätze lediglich auf die Unterstützung von Teilen einer Handelstransaktion spezialisiert, bei denen Aspekte wie Vertrauen und Opportunismus eine untergeordnete Rolle spielen. Dies war zum einen die reine Suche nach geeigneten Handelspartnern und zum anderen der elektronische Austausch von Geschäftsdokumenten zwischen gegenseitig bekannten Handelspartnern. Die vollständige Abwicklung eines Handelsgeschäfts (von der Suche eines passenden Geschäftspartners über die Preisverhandlung bis zur Abwicklung der Transaktion und eventueller Nachverhandlungen) wurde nur von wenigen Marktplätzen, wie z.B. *eBay*, unterstützt. Diese Marktplätze bieten aber in der Regel Mechanismen, um das Risiko im anonymen Web zu reduzieren.

Eine große Bedeutung der Koordinationskosten auf den Erfolg eines digitalen Marktplatzes kann jedoch bezweifelt werden, da sich die Marktplätze hinsichtlich der Abwicklung eines Handelsprozesses und hinsichtlich der eingesetzten IT-Infrastruktur kaum unterscheiden. In der Landwirtbefragung in Kapitel 3.3.2 gaben über 70% aller Befragten an, ‚zufrieden' oder sogar ‚sehr zufrieden' mit der Abwicklung von Handelstransaktionen über digitale Marktplätze zu sein. Die IT scheint daher immer mehr zu einer Notwendigkeit zu werden, die zwar beherrscht werden muß, über die sich aber kaum noch strategische Vorteile erzielen lassen. Digitalen Marktplätzen dürfte es daher schwer fallen, Wettbewerbsvorteile durch bessere IT-Lösungen zu erzielen. Zu diesem Ergebnis kommt auch Carr [2003], der für den Bereich der Unternehmenssoftware provokant behauptet: „IT Doesn't Matter".

Die Ergebnisse der Multi-Agenten-Simulation haben gezeigt, daß eine Aufteilung der Transaktionskosten in pfadabhängige und pfadunabhängige Transaktionskosten nützlich sein kann. Zur Vorhersage der Überlebenswahrscheinlichkeit eines digitalen Marktplatzes waren die Transaktionskostenbestandteile mit pfadabhängigen Eigenschaften deutlich besser geeignet als die Verwendung der gesamten Transaktionskosten. Um möglichst früh während eines Selektionsprozesses beurteilen zu können, ob sich eine Organisationsform durchsetzten wird oder nicht, wird daher vorgeschlagen, zunächst die in dieser Phase relevanten Kostenbestandteile ausfindig zu machen und nur diese Kostenbestandteilen einer näheren Analyse zu unterziehen. Zur Identifizierung der relevanten Kostenbestandteile der einzelnen Selektionsphasen scheint die Simulation mittels vernetzter Agenten besonders geeignet.

7.3 Ausblick auf die Zukunft digitaler Marktplätze

Obwohl in den letzten Jahren ein Großteil der digitalen Marktplätze aufgrund eines zu geringen Umschlages wieder vom Markt für Marktdienstleistung verschwunden ist, werden sich wenige digitale Marktplätze gegenüber der konventionellen Konkurrenz behaupten können. So haben sich digitale Marktplätze beispielsweise beim überregionalen Handel gebrauchter Landmaschinen durchgesetzt und auch am Erfolg von *eBay* wird heutzutage niemand mehr zweifeln. Aufgrund einer sehr hohen Wettbewerbsintensität auf dem Markt für (digitale) Marktdienstleistung ist die große Anzahl an gescheiterten Marktplätzen keineswegs ungewöhnlich. Vielmehr verwundert es, daß immer noch eine beachtliche Anzahl digitaler Marktplatzunternehmen mit nahezu identischen Geschäftsmodellen, wie z.B. dem Handel mit gebrauchten Landmaschinen, existieren. Aufgrund der berichteten Winner-takes-most Eigenschaft potenzverteilter Märkte (Kapitel 3.2.1) ist davon auszugehen, daß pro Geschäftsmodell nur ein bis zwei große digitale Marktplätze langfristig profitabel existieren können. Da sich die gesamten Transaktionskosten digitaler Marktplätze hauptsächlich in der Höhe der Liquiditätskosten unterscheiden, wird der jeweils erfolgreichste digitale Marktplatz Extragewinne einfahren können, die in etwa dem Liquiditätskostenvorteil des Marktführers verglichen mit der Nummer zwei des jeweiligen Marktes entsprechen. Erst wenn ein digitaler Marktplatz Gebühren erhebt, die höher sind als sein Liquiditätskostenvorteil, werden rational entscheidende Handelspartner auf den weniger liquiden Markt ausweichen.

In dieser Arbeit wurde gezeigt, daß sich digitale Marktplätze als zur Zeit modernste Variante organisierter Märkte in einigen Marktsegmenten gegenüber ihrer konventionellen Konkurrenz durchsetzten konnten. Um die Zukunftsfähigkeit dieser Art von Marktplätzen beurteilen zu können, soll eine kurze Prognose über die Zukunft digitaler Marktplätze gewagt werden.

Der bisher sehr erfolgreichen Gruppe digitaler Marktplätze, deren Geschäftsmodell in erster Linie auf der (internationalen) Suche heterogener Produkte basiert, droht Gefahr durch die weiter fortschreitende Verbreitung des Internets und die Entwicklung (noch) leistungsfähigerer Suchmaschinen. Sollte in naher Zukunft nahezu jeder potentielle Handelspartner über eine eigene Website verfügen, auf der die eigenen Angebote oder Gesuche einsehbar sind und diese über Suchmaschinen [z.B. www.froogle.com; Lebensmittel Zeitung, 2004b] zeitnah indiziert werden können, stellt das Internet mit seinen Suchmaschinen einen einzigen großen Marktplatz dar. Da die Suchmaschinen auch die Angebote auf den noch existierenden digitalen Marktplätzen berücksichtigen könnten, wäre die Liquidität auf diesem ‚Mega-Marktplatz' von Anfang an sehr hoch. So wie heutzutage digitale Marktplätze die Anzeigenteile gedruckter Zeitschriften mehr und mehr verdrängen, dürfte dieser Mega-Marktplatz allmählich digitale Marktplätze verdrängen, die sich auf die reine Suche von Produkten spezialisiert haben.

Das Geschäftsmodell von digitalen Marktplätzen, die sich auf den Austausch von Unternehmensdaten spezialisiert haben, scheint dagegen zukunftssicherer zu sein. Unternehmen, die digitale Daten mit Geschäftspartnern austauschen möchten, müssen bei Existenz eines zentralen Datenmarktplatzes lediglich eine Schnittstelle zu diesem Marktplatz entwickeln, um mit allen Teilnehmern des Marktplatzes Daten austauschen zu können. Der Marktplatz hat in diesem Szenario die Aufgabe, Standards für digitale Geschäftsdokumente und Stammdaten vorzuschlagen und Werkzeuge zur Konvertierung zwischen unterschiedlichen Datenformaten bereitzustellen. Da dieser Standardisierungsprozeß in einer dynamischen Umwelt wohl nie abgeschlossen sein wird, dürfte auch in Zukunft eine Nachfrage nach Marktplätzen dieser Art bestehen. Erst wenn es möglich werden sollte, unterschiedliche IT-Systeme ad hoc und ohne großen Aufwand miteinander zu verbinden, ist die Existenz dieser Spezies digitaler Marktplätze gefährdet.

Am sichersten ist zum heutigen Zeitpunkt das Geschäftsmodell von digitalen Marktplätzen einzuschätzen, die neben der Produktsuche und dem elektronischen Austausch von Geschäftsdokumenten auch die Preisfindung einer Handelstransaktion unterstützen. Die Durchführung von Auktionen und Ausschreibungen erscheint in absehbarer Zeit ohne eine zentral regelnde Instanz nicht möglich. Selbst wenn es eines Tages gelingen sollte, autonome Softwareagenten zu entwickeln, die selbstständig im Auftrag eines menschlichen Prinzipals das Internet nach potentiellen Handelspartnern durchsuchen [Eymann, 2000, S. 1], dürfte es vorteilhaft sein, daß sich diese Agenten zu festgelegten Zeitpunkten auf digitalen Marktplätzen zwecks Preisverhandlung treffen. Bis einige dieser Softwareagenten auch die Aufgaben von spezialisierten Marktmittlern erfüllen werden und somit die von menschlichen Unternehmern betriebenen digitalen Marktplätze überflüssig machen, dürfte nochmals einige Zeit verstreichen. „New classes of agents will be designed specifically to serve the needs of other agents. Among theses will be ‚middle agents' that provide brokering and matchmaking services" [Kephart, et al., 2000, S. 733]. Gegen eine allzu schnelle Einführung von autonomen Softwareagenten sprechen einige der von Eymann [2000, S. 209 ff.] erwähnten ‚Herausforderungen', welche es noch zu lösen gilt. Neben den programmiertechnischen Problemen dürften vor allem Fragen der Sicherheit, der Reputation von Softwareagenten, des Vertrauens in die eigenen Agenten und der Kontrolle des Systemsverhaltens zu lösen sein.

7.4 Weiterführende Untersuchungen

Ein Hauptproblem dieser Arbeit bestand darin, valide Daten über den ökonomischen Erfolg digitaler Marktplätze zu erhalten. Sollte es gelingen, für eine große Anzahl an digitalen Marktplätzen zuverlässige ökonomische Erfolgsgrößen wie Umsatz oder Gewinn zu erhalten, wäre ein Vergleich mit den in dieser Arbeit verwendeten Erfolgsmaßen und daraus resultierenden Erfolgsfaktoren sehr interessant.

Da sich der Erfolg digitaler Marktplätze sehr ungleich auf wenige Marktplätze verteilt, kann es ebenfalls lehrreich sein, sich auf die erfolgreichsten Vertreter eines Marktsegments zu konzentrieren und diese detailliert qualitativ zu untersuchen und zu beschreiben. Würde man sich beispielsweise auf die Beschreibung von *eBay* beschränken, hätte man bereits über 95% der Marktplatzbesuche aller in dieser Untersuchung beobachteten Marktplätze berücksichtigt (siehe Abbildung 33). Vor diesem Hintergrund bekommen kleinzahlige,

Zusammenfassung und Ausblick

qualitative Untersuchungen eine deutlich größere Bedeutung gegenüber den sonst favorisierten großzahligen, quantitativen Arbeiten.

Ebenfalls sehr lehrreich wären Experimente, die zusammen mit den Anbietern großer digitaler Marktplätze unter realen Bedingungen mit realen Kunden durchgeführt werden könnten [z.B. Schäfers, 2004]. Aufgrund der sehr großen Anzahl an abgewickelten Handelstransaktionen auf stark frequentierten digitalen Marktplätzen, könnten innerhalb kürzester Zeit die Erfolgsauswirkungen alternativer Handelsformen statistisch abgesichert analysiert werden.

Eine weitere, sehr interessante Forschungsrichtung ist die Weiterentwicklung der in Kapitel 4.3 vorgestellten Simulation des Handelsgeschehens auf Marktplätzen mittels vernetzter Agenten. Denkbar wäre die Weiterentwicklung der Multi-Agenten-Simulation in zwei unterschiedliche Richtungen. Zum einen könnte versucht werden, immer mehr Details in der Simulation zu berücksichtigen, um die Realität immer genauer abzubilden [z.B. Happe und Balmann, 2002]. Die Erfahrungen, die während der Entwicklung des rekursiven Marktplatzmodells und weiterer komplexerer Varianten gemacht werden konnten, lassen jedoch daran zweifeln, daß die Ergebnisse dieser komplexen Modelle noch interpretierbar sind (siehe Kapitel 4.3.2) und einen Erkenntnisgewinn leisten können. Die zweite Forschungsrichtung unter Einbeziehung vernetzter Agenten beschäftigt sich mit der im vorigen Abschnitt angesprochenen Entwicklung autonomer Softwareagenten, die eines Tages anstelle von menschlichen Handelspartnern selbständig Handelstransaktionen über weltweite Datennetze abwickeln könnten.

8 Summary

Trade is a requirement for the wealth of nations through the division of labor. For the execution of a transaction, communication between the trading parties is necessary. Therefore new communication technologies often generated new kinds of trade. The opening of the Internet in the middle of the 1990s for commercial purposes resulted in the creation of new digital markets, using the Word Wide Web for communication. After a phase of innovative diversity, induced by entrepreneurial spirit, the intense competition resulted in extensive consolidation. The failure of unsuccessful markets bears tremendous opportunities for research, because not only the establishment of new organized markets but also factors affecting their failure can be studied.

This thesis studies the success factors of digital markets in the agricultural and food sector. A multi agent simulation analyzes the changing relevance of different kinds of transaction costs over time within the different phases of the selection process. The simulation showed that in an early phase of the selection process mainly path dependent cost elements have an affect on the survival of digital markets. The hypotheses were derived using the transaction costs theory and also considering the results of a survey among 273 farmers studying their trading habits on digital markets. The hypotheses were then tested in an empirical study on 233 digital marketplaces from the agricultural and food sector. The marketplaces were identified by searching the web and by studying marketplace literature. A digital marketplace was defined as a web site, on which several buyers and sellers get together, to demand or supply precisely specified goods or services, whereas the operator of the marketplace acquires property rights on the traded goods at no time. It is to point out, that not only data about operating marketplaces but data about failed and thus closed marketplaces was collected using the Internet-Archive. This delivered information about the factors with impact on the failure of these marketplaces. The success of digital markets on the one hand was measured by the survival of the selection process and on the other hand by the number of hits and the number of ingoing links of the market's web site.

Most critical for the success of a digital marketplace is the liquidity of the market, i.e. the number of buying and selling requests. Long operating times and the offspring of the digital marketplace from a conventional business show significantly positive effects on the liquidity. Also, the international orientation of a marketplace and the limitation of the market activity towards matching buyers and sellers, showed a positive impact on the success of a digital marketplace. Additional services, e.g. weather forecasts or news evidently offer no additional benefit to the users of digital marketplaces, because, on the Internet, specialized information provider are only one click away. Currently, mainly heterogeneous goods such as used agricultural machinery are traded on digital marketplaces in the agricultural and food sector. Here digital marketplaces are mainly used to find an adequate trading partner. The electronic exchange of business documents via digital marketplaces (Web-EDI) is currently irrelevant within the agricultural and food sector. Because of the intense competition on the market for market services (winner-takes-most), only the market leader is able to be successful. Therefore operators of digital markets should strike for market leadership, keeping in mind that this goal is very hard to reach.

9 Literatur

Abrams, J. (2002) *Vertikale elektronische Marktplätze: empirische Untersuchung und Gestaltungsanforderungen*. Lohmar: Josef Eul Verlag.

Adamic, L. A. Zipf, Power-laws, and Pareto - a ranking tutorial. Palo Alto.

Adamic, L. A. und Huberman, B. A. (1999) The Nature of Markets in the World Wide Web. Palo Alto, CA 94304.

Adamic, L. A. und Huberman, B. A. (2000) "The Nature of Markets in the World Wide Web." *Quarterly Journal of Electronic Commerce* Vol. 1, S. 5-12.

Adamic, L. A. und Huberman, B. A. (2001) The Web's Hidden Order. Palo Alto, CA 94204.

Ahlert, D. (2001) Implikationen des Electronic Commerce für die Akteure in der Wertschöpfungskette, D. Ahlert, J. Becker, P. Kenning und R. Schütte (Hrsg.), Internet & Co. im Handel. Berlin, u.a., Springer, S. 3-27.

Akerlof, G. A. (1970) "The market for 'Lemons': Quality, Uncertainty and the Market Mechanism." *Quarterly Journal of Economics* Vol. 84: 3, S. 488-500.

Albers, S. und Clement, M. (2004) "Relative advantages of e-business start-ups versus integrated units of brick-and-mortar companies.". Institute for Research in Innovation Management, Christian-Albrechts-University at Kiel, Kiel.

Albers, S., Panten, G. und Schäfers, B. (2002) Marktumfeld für eCommerce-Gewinner - gestern und heute, S. Albers, G. Panten und B. Schäfers (Hrsg.), Die eCommerce-Gewinner. Frankfurt am Main, F.A.Z.-Institut für Management-, Markt- und Medieninformation, S. 24-53.

Albers, S. und Ratschow, O. (2001) Business-to-Business-Marktplätze, A. Eggert und G. Fassott (Hrsg.), eCRM: Electronic Customer Relationship Management - Management der Kundenbeziehung im Internet-Zeitalter. Stuttgart, Schäffer-Poeschel, S. 229-255.

Albert, R. und Barabási, A.-L. (2001) Statistical Mechanics of Complex Networks. Minneapolis, Notre Dame.

Alexa (2004) "About the Alexa Traffic Rankings". Alexa Web Search. www.alexa.com (31.07.2004).

Amaral, L. A. N., Scala, A., Barthémémy, M. und Stanley, H. E. (2000) "Classes of smalworld networks." *Proceedings of the National Academy of Sciences of the United States of America* Vol. 97: 21, S. 11149-11152.

Ankenbrand, H. (2004) "Anleger tappen oft in die Heimat-Falle." *Frankfurter Allgemeine Sonntagszeitung* Vol. 40, S. 57.

Arthur, W. B. (1994) *Increasing Returns and Path Dependence in the Economy*. Michigan: Ann Arbor - The University of Michigan Press.

Axelrod, R. (1997) *The complexity of cooperation*. Princeton, NJ: Princeton University Press.

Axelrod, R. (2003) "Advancing the Art of Simulation on the Social Sciences". University of Michigan. http://www-personal.umich.edu/~axe/research/AdvancingArt Sim200pdf (03.05.2003).

B2Business.net (2003) "eMarketplaces". B2Business.net. http://www.b2business.net/ eMarketplaces/Major_Markets/Vertical_Industries/ (06.06.2003).

Backhaus, K., Erichson, B., Plinke, W. und Weiber, R. (2003) *Multivariate Analysemethoden, Eine anwendungsorientierte Einführung*. 10. Auflage. Berlin, Heidelberg, New York: Springer Verlag.

Baecker, D. und Kluge, A. (2003) *Vom Nutzen ungelöster Probleme*. Berlin: Merve Verlag.

Bailey, J. und Bakos, Y. (1997) "An Exploratory Study of the Emerging Role of Electronic Intermediaries." *International Journal of Electronic Commerce* Vol. 1: 3, S. 1-14.

Bajari, P. und Hortacsu, A. (2003) Economic Insights from Internet Auctions: A Survey. Cambridge, Nr. 10076.

Bakos, Y. (1991a) "Information Links and Electronic Marketplaces: The Role of Interorganizational Information Systems in Vertical Markets." *Journal of Management Information Systems* Vol. 8: 2, S. 31-52.

Bakos, Y. (1991b) "A Strategic Analysis of Electronic Marketplaces." *MIS Quarterly* Vol. 15: 3, S. 295-310.

Bakos, Y. (1997) "Reducing Buyer Search Costs: Implications for Electronic Marketplaces." *Management Science* Vol. 43: 12, S. 1676-1692.

Bakos, Y. (1998) The Emerging Role of Electronic Marketplaces on the Internet. New York.

Balmann, A. (1995) Pfadabhängigkeiten in Agrarstrukturentwicklungen - Begriff, Ursachen und Konsequenzen. Berlin.

Barabási, A.-L. (2002) *Linked*. Cambridge, Mass: Perseus Books.

Barbleux, Y. (2002) Beschaffungsplattformen der Konsumgüterindustrie: Die CPGmarket.com, J. Zentes, B. Swoboda und D. Morschett (Hrsg.), B2B-Handel: Perspektiven des Groß- und Außenhandels, vol. 17, Deutscher Fachverlag, S. 389-404.

Barzel, Y. (1982) "Measurement Cost and the Organization of Markets." *Journal of Law & Economics* Vol. 25, S. 27-48.

Becker, C. (2002) Aufzeichnungen eines Gesprächs mit Dr. Carsten Becker, Produktentwickler der Warenterminbörse in Hannover, 29.04.2002.

Benham, A. und Benham, L. (2001) "The Cost of Exchange". The Ronald Coase Institute and Washington University in St. Louis. http://coase.org/w-benham2001thecostsofexchange.pdf (02.02.2002).

Berger, T. (2000) *Agentenbasierte räumliche Simulationsmodelle in der Landwirtschaft - Anwendungsmöglichkeiten zur Bewertung von Diffusionsprozessen, Ressourcennutzung und Politikoptionen*. Sonderheft 168. Agrarwirtschaft. Bergen / Dumme: Agrimedia.

Berlecon Research (2003) "B2B-Marktplatz-Datenbank". Berlecon Research. http://www.berlecon.de/output/b2bdb/ (06.06.2003).

Bhardwaj, R. K. und Brooks, L. D. (1992) "The January Anomaly Effects of Low Share Price, Transaction Costs, and Bid-Ask Bias." *The Journal of Finance* Vol. 47: 2, S. 553-575.

Bichler, M. (2001) *The Future of eMarkets: Multi-Dimensional Market Mechanisms.* Cambridge: Cambridge University Press.

Bock, P. (2000) "Die Muh Economy." *Business 2.0* Vol. 10, S. 120-124.

Böcker, A. und Brodersen, C. (2001) "Internetnutzung in der deutschen Agrarwirtschaft: Online-Handelsportale als neue Organisationsform." *Agrarwirtschaft* Vol. 50: 3, S. 204-208.

Bogaschewsky, R. und Müller, H. (2000) *B2B-Marktplartzführer: Virtuelle Handelsplattformen für Deutschland 2000/2001.* Frankfurt am Main: Bundesverband Materialwirtschaft, Einkauf und Logistik e. V. (BME).

Brand, S., Hausen, T. und Schiefer, G. (2003) Niche Markets in the Food Economy and Electronic Trade Platforms, EFITA 2003 Conference, Debrecen, Hungary, S. 199-105.

Brandtweiner, R. und Greimel, B. (1998) "Elektronische Märkte - Ein praxisorientierter Problemaufriß mit Bezügen zur ökonomischen Theorie." *Wirtschaftswissenschaftliches Studium (WiSt)* Vol. 27: 1/98, S. 37-42.

Breithaupt, H.-F. (2002) Dienstleistungsqualität im Internet am Beispiel von Intermediären, M. Bruhn und B. Stauss (Hrsg.). Wiesbaden, Gabler, S. 175-208.

Brenner, W. und Breuer, S. (2001) Elektronische Marktplätze - Grundlagen und strategische Herausforderungen, D. Ahlert, J. Becker, P. Kenning und R. Schütte (Hrsg.), Internet & Co. im Handel, Springer, S. 141-160.

Brinkmeyer, D. (1996) *Transaktionskosten der öffentlichen Projektförderung in der deutschen Agrarforschung.* Aachen: Shaker Verlag.

Broder, A., Kumar, R., Maghoul, F., Raghavan, P., Rajagopalan, S., Raymie Stata, Tomkins, A. und Wiener, J. (2000) "Graph Structure in the Web". AltaVista, IBM Almaden Research Center, Compaq Systems Research Center. http://www9.org/w9cdrom/160/160.html (24.03.2003).

Brodersen, C. (2001) Aufzeichnungen eines Gesprächs mit Dr. Claus Brodersen, ehemaliger Manager bei FarmPartner, 24.10.01.

Buccola, S. T. und Chieruzzi, A. M. (1981) "Costs of Marketing Slaughter Cattle: Computerized versus Conventional Auction Systems." *Agricultural Economics Research* Vol. 33: 3, S. 31-35.

Butscher, S. A. und Krohn, F. (2001) "Auf das richtige Pferd setzen." *Frankfurter Allgemeine Zeitung*, S. 25-27.

Buxmann, P. und König, W. (1998) "Das Standardisierungsproblem: Zur ökonomischen Auswahl von Standards in Informationssystemen." *Wirtschaftinformatik* Vol. 40, S. 122-129.

Carr, N. G. (2003) "IT Doesn't Matter." *Harvard Business Review* Vol. May: 2003, S. 41-49.

CCG (2004) "CPFR® - Gemeinsame Planung, Prognose und Bevorratung". CCG mbh Köln. http://www.ccg.de/ccg/Inhalt/e3/e652 (24.04.06).

Clasen, M. (2002) Entwicklungsumgebungen für Multi-Agenten-Systeme zur Simulation von digitalen Marktplätzen, K. Wild, R. A. E. Müller und U. Birkner (Hrsg.), Berichte der Gesellschaft für Informatik in der Land-, Forst- und Ernährungswirtschaft - Referate der 23. GIL-Jahrestagung in Dresden 2002, vol. 15. Dresden, S. 34-37.

Clasen, M. (2003) "Steuert SAP demnächst auch die Agrarwirtschaft?" *Zeitschrift für Agrarinformatik* Vol. 11: 3, S. 38-42.

Clasen, M. (2004) "Tücken der elektronischen Marktplätze." *Land & Forst* Vol. 157: 16, S. 84-85.

Clasen, M., Müller, R. A. E. und Abdul, M. (2002a) "Elektronische Marktplätze in der Landwirtschaft - Eine Zwischenbilanz für einzelne Gütergruppen." *Bauernblatt Schleswig-Holstein und Hamburg* Vol. 56: 34, S. 40-41.

Clasen, M., Müller, R. A. E. und Abdul, M. (2002b) "Landhandel der Zukunft?" *Bauernzeitung - Landwirtschaftliches Wochenblatt* Vol. 43: 49, S. 13.

Clasen, M., Müller, R. A. E. und Abdul, M. (2002c) "Leblose Märkte im Internet." *Land & Forst* Vol. 155: 44, S. 32.

Clasen, M., Müller, R. A. E. und Abdul, M. (2003) "Digitale Marktplätze in der Landwirtschaft - Total virtuell?" *Zeitschrift für Agrarinformatik* Vol. 11: 1, S. 8-16.

Claus, V. und Schwill, A. (1993) *Duden - Informatik.* 2. Auflage. Mannheim, Leipzig, Wien, Zürich: Dudenverlag.

Coase, R. H. (1937) The Nature of the Firm, O. E. Williamson und S. W. Winter (Hrsg.), The Nature of the Firm - Origins, Evolution, and Development. New York, Oxford University Press 1993, S. 18-33.

Coase, R. H. (1988) *The firm, the market, and the law*. Chicago, IL: University of Chicago Press.

Connolly, D. (2000) "A Little History of the World Wide Web". W3C. http://www.w3.org/History.html (10.05.2004).

Costopoulou, C. I. und Lambrou, M. A. (2000) "An architecture of Virtual Agricultural Market systems: The case of trading perishable agricultural products." *Information Services & Use* Vol. 20, S. 39-48.

Dahlman, C. J. (1979) "The problem of externality." *Journal of Law and Economics* Vol. 22, S. 141-162.

Day, G. S., Fein, A. J. und Ruppersberger, G. (2003) "Shakeout in Digital Markets: Lessons from B2B Exchanges." *California Management Review* Vol. 45: 2, S. 131-150.

Deininger, A. (2001) "Nutzungsmöglichkeiten der Extensible Markup Language (XML) und Stylesheet Language Transformations (XSLT) für die Darstellung und Transformation landwirtschaftlicher Informationen." *Zeitschrift für Agrarinformatik* Vol. 9: 1, S. 8-14.

Demsetz, H. (1968) "The Cost of Transacting." *Quarterly Journal of Economics* Vol. 82, S. 33-53.

Diesch, P. (1986) *Strategisches Management und strategischer Erfolg*. Dortmund: Dissertation Universität Dortmund.

Dorloff, F.-D., Leukel, J. und Schmitz, V. (2003) Handelbarkeit von Dienstleistungen auf elektronischen Märkten, W. Dangelmaier, T. Gajewski und C. Kösters (Hrsg.), Innovation im E-Business, vol. 10. Paderborn, ALB-HNI-Verlagsschriftenreihe, S. 429-437.

Dorogovtsev, S. N. und Mendes, J. F. F. (2003) *Evolution of Networks - From Biological Nets to the Internet and WWW*. Oxford: Oxford University Press.

Durfee, E. H. und Lesser, V. (1989) Negotiating Task Decomposition and Allocation Using Partial Global Planning, L. Gasser und M. Huhns (Hrsg.), Distributed Artificial Intelligence, vol. 2. San Francisco, Morgan Kaufmann, S. 229-244.

Ebers, M. und Gotsch, W. (1995) Institutionenökonomische Theorien der Organisation, A. Kieser (Hrsg.), Organisationstheorien, 2. Auflage. Stuttgart, W. Kohlhammer, S. 185-235.

Ethridge, D. E. (1978) "A Computerized Remote Access Commodity Market: TELCOT." *Southern Journal of Agricultural Economics* Vol. 10, S. 177-182.

Evans, P. und Wurster, T. S. (2000) *Blown to Bits - How the New Economics of Information transforms Strategy*. Boston: Harvard Business School Press.

Eymann, T. (2000) "AVALANCHE - Ein agentenbasierter dezentraler Koordinationsmechanismus für elektronische Märkte." Dissertation, Albert-Ludwigs-Universität. Freiburg im Breisgau.

Fischer, D., Stelzer, D., Eichholz, A., Vogt, B. und Weisheit, S. (2001) "Ein Modell zur Ermittlung von Erfolgsfaktoren elektronischer B2B-Marktplätze." *Journal für Betriebswirtschaft* Vol. 5-6, S. 215-225.

Fong, T. K., Chin, N. C., Fowler, D. und Swatman, P. M. C. (1997) Success and Failure Factors for Implementing Effective Agricultural Electronic Markets, Proceedings of the 10th International Conference on Electronic Commerce. Bled Slovenia, S. 187-205.

Fritz, M., Hausen, T. und Schiefer, G. (2003) *Electronic Trade Platforms in Agri-Food Markets - Developments and Development Directions*. Vol. B - 03/5. Unternehmensführung, Organisation und Management in Agrar- und Ernährungswirtschaft. Edited by G. Schiefer. Bonn: Universität Bonn-ILB.

Fritz, M., Helbig, R. und Schiefer, G. (2001) Handelsplattformen in der Agrifood-Wertschöpfungskette: Der Getreide- und Fleischsektor, H. Kögl, J. Spilke und U. Birkner (Hrsg.), Berichte der Gesellschaft für Informatik in der Land-, Forst- und Ernährungswirtschaft - Referate der 22. GIL-Jahrestagung in Rostock 2001, vol. 14. Rostock, S. 31-35.

Garciano, L. und Kaplan, S. N. (2000) "The Effects of Business-to-Business E-Commerce on Transaction Costs." NBER Working Paper. NBER - National Bureau of Economic Research Cambridge, MA. http://www.nber.org/papers/w8017.

Gates, W. H., III (1999) *Business @ the Speed of Thought - Succeeding in the Digital Economy*. New York: Warner Books, Inc.

Geasler, M. R. (1983) Proceedings Electronic Marketing Conference, vol. 448-003. Atlanta, Chicago, Salt Lake City, Oklahoma City.

Gillette, C. P. (2002) "Reputation and Intermediaries in Electronic Commerce." New York University New York.

Goldman Sachs (1999) "E-Commerce / Internet". Goldman Sachs Investment Reserach. www.goldmansachs.com/hightech/reserach/b2b (12.11.1999).

Graham, I. (1998) "The emerge of linked fish markets in Europe." *Electronic Markets*, S. 29-32.

Gregor, B. und Laszkiewicz, A. (2003) E-Marketplaces - Taxonomy of Models, 3rd International Economic Congress "Opportunities of Change", Sopot, Poland.

Grewal, R., Comer, J. M. und Mehta, R. (2001) "An Investigation into the Antecedents of Organizational Participation in Business-to-Business Electronic Markets." *Journal of Marketing* Vol. 65, S. 17-33.

Hanf, C.-H. und Müller, R. A. E. (2004) Simulation von Modellen vernetzter Agenten zur Analyse komplexer Systeme: Anwendungspotentiale in der Agrarökonomie. Kiel.

Hanson, W. (1998) "The Original WWW: Web Lessons from the Early Days of Radio." *Journal of Interactive Marketing* Vol. 12: 3, S. 46-56.

Happe, K. und Balmann, A. (2002) AgriPoliS – Ein agentenbasiertes Modell zur Wirkungsanalyse agrarpolitischer Maßnahmen, K. Wild, R. A. E. Müller und U. Birkner (Hrsg.), Berichte der Gesellschaft für Informatik in der Land-, Forst- und Ernährungswirtschaft - Referate der 23. GIL-Jahrestagung in Dresden 2002, vol. 15. Dresden, S. 80-83.

Hausen, T. (2001) Konzept und Realisierung einer profilbasierten modularen Handelsplattform für den Agrifoodsektor, H. Kögl, J. Spilke und U. Birkner (Hrsg.), Berichte der Gesellschaft für Informatik in der Land-, Forst- und Ernährungswirtschaft - Referate der 22. GIL-Jahrestagung in Rostock 2001, vol. 14. Rostock, S. 42-45.

Hausen, T. und Schiefer, G. (2003a) "Anforderungsanalyse und Klassifikationsschema für elektronische Handelssysteme." *Zeitschrift für Agrarinformatik* Vol. 2, S. 26-31.

Hausen, T. und Schiefer, G. (2003b) Elektronische Handelssysteme als sektoraler Wettbewerbsfaktor in der Agrar- und Ernährungswirtschaft, 43. GeWiSoLa Jahrestagung, Hohenheim.

Heindl, E. (2002) "IVW contra alexa.com". Heindl Internet. http://www.heindl.de/ webkolumne/ivw_alexa.html (20.10.2004).

Henderson, D. R. (1984) "Electronic Marketing in Principle and Practice." *American Journal of Agricultural Economics* Vol. 66: 5, S. 848-853.

Herberg, H. (1989) *Preistheorie*. 2. Auslage. Stuttgart: W. Kohlhammer.

Hirshleifer, J. (1973) "Exchange Theory: The Missing Chapter." *Western Economic Journal* Vol. 11: 2, S. 129-146.

Hohl, J. (2002) Mail vom 14.01.2002; Herr Jürgen Hohl ist Mitarbeiter von proXchange.

Homann, B. (2000) "Neue Wege mit Mehr-Wert." *Agrarmarkt - Online - Märkte und Strategien* Sonderausgabe: 51, S. 6-10.

Huberman, B. A. (2001) *The Laws of the Web - Patterns in the Ecology of Information*. Cambridge, Massachusetts, London: The MIT Press.

Huberman, B. A. (2002) "Patterns in the Web". The Library of Economics and Liberty. http://www.econlib.org/library/Columns/Hubermanpatterns.html (04.03.2003).

Hudetz, K. (2001) "Elektronische Marktplätze - Chancen und Risiken." *Mitteilungen des Instituts für Handelsforschung an der Universität zu Köln* Vol. 53, S. 73-80.

ifm (2002) "Elektronische Marktplätze in Deutschland 2001 / 2002". Institut für Mittelstandsforschung der Universität Mannheim (ifm) Mannheim. www.ifm.unimannheim.de.

Igual, J. F. J., Martínez, G. G. und Esteve, E. S. (2003) Electronic Marketplaces in the Spain Agribusiness Sector, EFITA 2003 Conference, Debrecen, Hungary, S. 264-270.

James, H. S. (2004) "Annotated Bibliography on Transaction Costs Economics - Theoretical, Empirical, and Institutional Issues".College of Agriculture, Food, and Natural Resources; University of Missouri - Columbia. http://www.ssu.missouri.edu/ faculty/HJames/tce-bib.htm (07.06.2004).

Jessen, S. (2003) *Die Adoption von Informationstechnologien durch kleine und mittlere Unternehmen des Agribusiness*. Vol. 726. Berlin: dissertation.de - Verlag im Internet.

Jirik, C. und Sint, P. P. (2003) Kriterien von B2B-Marktplätzen - Erhebung und statistische Analyse. Wien.

Jueptner, P. und Kahmann, J. (2002) Internet-Portale als virtuelle Marktplätze: Die World Wide Retail Exchange WWRE, J. Zentes, B. Swoboda und D. Morschett (Hrsg.), B2B-Handel: Perspektiven des Groß- und Außenhandels, vol. 17. Frankfurt am Main, Deutscher Fachverlag, S. 373-388.

Kahmann, J. (2003) E-Mail von Jürgen Kahmann, Direktor - Central Europe and Scandinavia von WWRE, 24.11.2003.

Kalaitzandonakes, N. und Kaufman, J. (2002) "An E-merging Revolution - Agricultural Exchanges?" *Choices* Spring 2002, S. 6-10.

Kambil, A. und van Heck, E. (2002) *Making Markets - How Firms can Design and Profit from Online Auctions and Exchanges*. Boston, Massachusetts: Havard Business School Press.

Kanitschneider, B. (1994) Philosophische Reflexionen über Chaos und Ordnung, H.-O. Peitgen, H. Jürgens und D. Saupe (Hrsg.), Chaos: Bausteine der Ordnung. Berlin, Heidelberg, New York, Stuttgart, Klett-Cotta / Springer-Verlag, S. 1-33.

Keenan, V. (1998) "Exchanges In The Internet Economy". The Keenan Report. http://www.keenanvision.com/doc/ex98/ex98-g1.asp (08.09.2004).

Kephart, J. O., Hanson, J. E. und Greenwald, A. R. (2000) "Dynamic Pricing by Software Agents." *Computer Networks: Special Issue on Trends and Research in E-Commerce* Vol. 32: 6, S. 731-752.

Kim, S. (2001) Markets and Multiunit Firms from an American Historical Perspective. Cambridge, Nr. 8232.

Kirkman, G. S., Osorio, C. A. und Sachs, J. D. (2002) "The Networked Readiness Index: Measuring the Preparedness of Nations for the Networked World". Center for International Development at Harvard University. http://www.cid.harvard.edu/cr/pdf/gitrr2002_ch02.pdf (18.11.2003).

Kleinberg, J. und Lawrence, S. (2001) "The Structure of the Web." *Science* Vol. 294, S. 1849-1850.

Koch, M. und Baier, D. (2003) Elektronische Marktplätze in der Bauwirtschaft, W. Dangelmaier, T. Gajewski und C. Kösters (Hrsg.), Innovation im E-Business, vol. 10. Paderborn, ALB-HNI-Verlagsschriftenreihe, S. 72-79.

Kollmann, T. (1998) "Eletronische Marktplätze: Spielregeln für Betreiber virtueller Handelsräume." *Der Markt* Vol. 37: 146/147, S. 198-203.

Kollmann, T. (2001) *Virtuelle Marktplätze: Grundlagen - Management - Fallstudie*. München: Verlag Vahlen.

Kolmogorow, A., Chaitin, G. und Solomonoy, R. (1984) *Universality in Chaos*. Edited by P. Cvitanovic. Bristol; Adam Hilger.

Konicki, S. und Gilbert, A. (2001) "Covisint nur Stückwerk." *InformationWeek* Vol. 13, S. 16-22.

Koyro, R. (2003) "Der Weg zum idealen Marktplatz". ECIN. http://www.ecin.de/strategie /marktplatzwahl/ (13.11.2003).

Krafft, M. (1997) "Der Ansatz der Logistischen Regression und seine Interpretation." *Zeitschrift für Betriebswirtschaft* Vol. 67: 5/6, S. 625-642.

Krämer (2002) Aufzeichnungen einer Telephonats mit Herr Krämer vom Statistischen Bundesamtes, 13.02.2002.

Law, A. M. und Kelton, W. D. (1982) *Simulation Modeling and Analysis*. New York, etc.: McGraw-Hill Book Company.

Lebensmittel Zeitung (2004a) "Die Top 50 des deutschen Lebensmittelhandels 2004". Lebensmittel Zeitung / M + M EUROdATA Frankfurt am Main.

Lebensmittel Zeitung (2004b) "Leiser Start für Froogle-Suchdienst". http://www.lz-net.de/ (24.11.2004).

Lee, H. G. (1998) "Do Electronic Marketplaces Lower the Price of Goods?" *Communication of the ACM* Vol. 41: 1, S. 73-80.

Leydesdorff, L. und van den Besselaar, P. (1994) Evolutionary Economics and Chaos Theory - New Directions in Thechnology Studies. London, Pinter Publishers.

Lindsey, D., Cheney, P. H., Kasper, G. M. und Ives, B. (1990) "TELCOT: An application of information technology for competitive advantages in the cotton industry." *MIS Quarterly* Vol. 14: 4, S. 347-385.

Line56.com (2003) "e-Markets". Line56.com - The E-Business Executive Daily. http://www.line56.com/directory/category.asp?categoryID=6 (06.06.2003).

Linnemann, O. (2001) *Simulation von Entwicklungspfaden landwirtschaftlicher Betriebe in Nordwestpolen unter Berücksichtigung von Transformation und bevorstehendem EU-Beitritt*. Sonderheft 171. Agrarwirtschaft. Bergen / Dumme: Agrimedia GmbH.

Luczak, H., Bleck, S. und Hoeck, H. (2002) Elektronische Marktplätze - Voraussetzungen und Erfolgsfaktoren für den elektronischen Handel mit C-Dienstleistungen, M. Bruhn und B. Stauss (Hrsg.), Electronic Services - Dienstleistungsmanagement Jahrbuch 2002. Wiesbaden, Gabler, S. 149-176.

Marshall, A. W. (1890) *Principles of Economics. Kommentiertes Faksimile der Ausgabe 1890 (1989)*. Düsseldorf: Verlag Wirtschaft und Finanzen.

Masten, S. E. und Crocker, K. J. (1985) "Efficient Adaption in Long-Term Contracts: Take-or-Pay Provisions for Natural Gas." *American Economic Review* Vol. 75: 5, S. 1083-1093.

McCarl, B. A. und Apland, J. (1986) "Validation of Linear Programming Models." *Southern Journal of Agricultural Economics* Vol. 68: 5, S. 155-164.

McDonald, C. G. und Slawson, V. C., JR. (2002) "Reputation in an Internet Auction Market." *Economic Inquiry* Vol. 40: 4, S. 633-650.

Meier, R. T. (2002) "Zukunft der europäischen Börsen". SWX Swiss Exchange. http://www.isb.unizh.ch/studium/courses02-03/pdf/0312_meier.pdf (14.03.2003).

Menger, C. (1968) *Gesammelte Werke*. 2. Auflage. Vol. 1. Grundsätze der Volkswirtschaftslehre (1871). Edited by F. A. Hayek. Tübingen: J. C. B. Mohr.

Metro Group (2003) *Metro-Handelslexikon - Daten, Fakten und Adressen zum Handel in Deutschland, Europa und weltweit*. The Spirit of Commerce. Düsseldorf: ECC Kohtes Klewes.

Milgrom, P. und Roberts, J. (1992) *Economics, Organization and Management*. Edited by A. S. S. C. Prentice Hall Inc. New Jersey: Prentice Hall.

Miller, R. C. B. (2003) *railway.com*. Westminster: The Institute of Economic Affairs.

Morris, E. (2003) "The potential for an independent B2B Exchange in the Agricultural Industry." Master Thesis, University of Limerick. Limerick.

Mueller, R. A. E. (1982) Electronic Marketing Systems for Agribusiness, C.-H. Hanf und G. W. Schiefer (Hrsg.), Decision and Information in Agribusiness. Kiel, Kieler Wissenschaftsverlag Vauk, S. 361-375.

Mueller, R. A. E. (1984) "What future for electronic marketing?". Department of Agricultural Economics Kiel.

Mueller, R. A. E. (2000) "Emergent E-Commerce in Agriculture". Agricultural Issues Center - University of California.

Mueller, R. A. E. (2001) "E-Commerce and Entrepreneurship in Agricultural Markets." *American Journal of Agricultural Economics* Vol. 83: 5, S. 1243-1249.

Mühlbauer, F. (2001) "Dünger digital." *Agrarmarkt* Vol. 3, S. 36-38.

Müller, R. A. E. (1981) "Computermärkte für Agrarprodukte." *Betriebswirtschaftliche Mitteilungen der Landwirtschaftskammer Schleswig-Holstein* Vol. 319, S. 25-30.

Müller, R. A. E. (1999) "Netzwerkökonomie - Die neue Agenda für die Agrar- und Ernährungswirtschaft." *Agrarwirtschaft* Vol. 48: 3/4, S. 141-148.

Müller, R. A. E. (2002) Ökonomische Aspekte neuer Informationstechnologien im Agrarbereich, R. Doluschitz und J. Spilke (Hrsg.), Agrarinformatik. Stuttgart, Verlag Eugen Ulmer, S. 30-47.

Müller, R. A. E. (2004) "E-Commerce in der A&E-Wirtschaft - Digitale Marktplätze." Skript zur Vorlesung, Kiel.

Naylor, T. H. und Finger, J. M. (1967) "Verification of Computer Simulation Models." *Management Science* Vol. 14: 2, S. B-92-B-101.

Nielsen, J. (2004) "Ten Steps for Cleaning Up Information Pollution". useit.com. http://www.useit.com/alertbox/20040105.html (21.01.04).

North, D. C. (1984) "Government and the Cost of Exchange in History." *Journal of Economic History* Vol. 44: 2, S. 255-264.

North, D. C. (1990a) Institutions and a transaction-cost theory of exchange, E. A. James und A. S. Kenneth (Hrsg.), Perspectives on positive political economy. Cambridge, Cambridge University Press.

North, D. C. (1990b) *Institutions, Institutional Change and Economic Performance.* Cambridge: Cambridge University Press.

North, D. C. (1994) The Evolution of Efficient Markets in History, J. A. James und M. Thomas (Hrsg.), Capitalism in Context. Chicago, University of Chicago Press.

Nyshadham, E. A. und Raghavan, S. (2001) "The Failure of Electronic Markets in the Air Cargo Industry: A Core Theory Explanation." *Electronic Markets* Vol. 11: 4, S. 246-249.

o.V. (2000) "Europa kann die USA beim E-Commerce überholen". Horizont.Net. http://www.wi1.wiso.uni-goettingen.de/pa/reco/NewsletterArchiv/nl000608.html (02.06.2000).

o.V. (2001) "The Economist Intelligent Unit / Pyramid Research E-Readiness Ranking". The Economist Intelligence Unit.

o.V. (2002a) "Klassifikation der Wirtschaftszweige, Ausgabe 2003 (WZ 2003)". Statistisches Bundesamt. http://www.destatis.de/download/d/klassif/wz03. pdf (24.08.2004).

o.V. (2002b) "Regional Roundup : Sweden Tops the 'IDC/ World Times Information Society".Commonwealth Telecommunications Organisation. http://www. ictdevagenda.org/frame.php?dir=07&sd=10&sid=1&id=276 (10.10.2002).

o.V. (2003a) "The 2003 e-readiness rankings". Economist Intelligence Unit. http://graphics.eiu.com/files/ad_pdfs/eReady_2003.pdf (18.11.2003).

o.V. (2003b) "Case Studies".Rural Industries Research and Development Corporation - Edith Cowan University. http://www.business.ecu.edu.au/users/cstanding /Rirdc/Downloads/Case%20Studies.pdf (01.11.2004).

o.V. (2003c) "e-business w@tch". European Commission - e-Business, ICT Industries and Services Bonn / Brüssel.

o.V. (2003d) "Elektronische Marktplätze: Definition". Der Marktplatzbeobachter. http://www.marktplatzbeobachter.de/knowhow/marktplatzmodelle/definition/defini tion.htm (07.04.03).

o.V. (2003e) "Report of the expert group on B2B Internet trading platforms".European Community. http://europa.eu.int/comm/enterprise/ict/policy/b2b/wshop/finreport.pdf (24.08.2004).

o.V. (2003f) "The Wayback Machine". Internet Archive. www.archive.org/about/faqs.php (25.06.2003).

Offer, A. (2003) Agricultural E-Commerce in the UK - Where have we got to?, EFITA 2003 Conference, Debrecen, Hungary, S. 193-198.

Pennock, D. M., Flake, G. W., Lawrence, S., Glover, E. J. und Giles, C. L. (2002) "Winners don't take all: Characterizing the competition for links on the web." *Proceedings of the National Academy of Sciences of the United States of America* Vol. 99: 8, S. 5207-5211.

Peters, R. (2002) *Elektronische Märkte - Spieltheoretische Konzeption und agentenorientierte Realisierung*. Heidelberg: Physica-Verlag.

Picot, A., Buttermann, A. und Heger, D. K. (2001) Elektronischer Handel - Wandel unter Marktorganisations- und Wettbewerbsgesichtspunkten, J. B. Donges und S. Mai (Hrsg.), E-Commerce und Wirtschaftspolitik, vol. 8. Stuttgart, Lucius & Lucius, S. 9-30.

Picot, A. und Dietl, H. (1990) "Transaktionskostentheorie." *Wirtschaftswissenschaftliches Studium (WiSt)* Vol. 4, S. 178-184.

Picot, A., Reichwald, R. und Wigand, R. T. (1996) *Die grenzenlose Unternehmung - Information, Organisation und Management*. 2. Auflage. Wiesbaden: Gabler.

Pirrong, C. (2000) "A Theory of Financial Exchange Organisation." *Journal of Law and Economics* Vol. 43, S. 437-471.

Plains Cotton Cooperative Association (2002) "The Evolution of TELCOT". Plains Cotton Cooperative Association. http://www.pcca.com/Divisions/ElectronicMarketing/telcot.asp (24.08.2004).

Quanth, J. und Wichmann, T. (2003) E-Business-Standards in Deutschland: Bestandaufnahme, Probleme, Perspektiven. Berlin.

Radzicki, M. J. und Sterman, J. D. (1994) Evolutionary Economics and System Dynamics, R. W. England (Hrsg.), Evolutionary Concepts in Contemporary Economics. Michigan, Ann Arbor - The University of Michigan Press.

Rätz, D. (2002) Elektronische B2B-Marktplätze: Stand und Entwicklung in Europa. Bern, Nr. 135.

Rauch, J. E. und Casella, A. (2001) Networks and Markets. New York, Russell Sage Foundation.

Reimers, K. (2001) "Standardizing the New E-Business Platform: Learning from the EDI Experience." *Electronic Markets* Vol. 11: 4, S.

Richter, K. und Nohr, H. (2002) *Elektronische Marktpätze: Potenziale, Funktionen und Auswahlstrategien*. Berichte aus der Betriebswirtschaft. Aachen: Shaker.

Riebel, P. (1994) "Einzelerlös, Einzelkosten- und Deckungsbeitragsrechnungen als Kern einer ganzheitlichen Führungsrechnung." *Kostenrechnungspraxis* Vol. 1, S. 9-31.

Rieping, T. (2004) *Unternehmensgründungen im Agribusiness*. Hamburg: Verlag Dr. Kovac.

Rosen, S. (1983) Economics and Entrepreneurs, J. Ronen (Hrsg.), Entrepreneurship, vol. 1983. Lexington, Mass, Lexington Books, S. 301 - 310.

Russel, J. R. und Purcell, W. D. (1980) "Implementation of Electronic Marketing of Slaughter Cattle in Virginia: Requirements and Procedures." *Southern Journal of Agricultural Economics* Vol. 12: 1, S. 77-84.

Rust, J. und Hall, G. (2003) "Middlemen versus Market Makers: A Theory of Competitive Exchange." *Journal of Political Economy* Vol. 111: 2, S. 353-403.

Rüther, M. und Szegunis, J. (2000a) "Einführung Elektronische Marktplätze". Fraunhofer IML - Anwendungszentrum Logistikorientierte Betriebswirtschaft.

Rüther, M. und Szegunis, J. (2000b) "Erfolgsfaktoren elektronischer B2B-Marktplätze.". Fraunhofer IML - Anwendungszentrum Logistikorientierte Betriebswirtschaft.

Sarkar, M. B., Butler, B. und Steinfield, C. (1995) "Intermediaries and Cybermediaries: A Continuing Role for Mediating Players in the Electronic Marketplace." *Journal of Computer-Mediated Communication* Vol. 1: 3, S. 1-14.

Schäfer, H. (2002) *Die Erschließung von Kundenpotentialen durch cross-selling: Erfolgsfaktoren für ein produktübergreifendes Beziehungsmanagement*. Wiesbaden: Deutscher Universitätsverlag.

Schäfers, B. (2004) *Preisgebote im Internet. Neue Ansätze zur Messung individueller Zahlungsbereitschaften.* Wiesbaden: Deutscher Universitäts-Verlag.

Scheper, U. (2001) Aufzeichnungen eines Gesprächs mit Dr. Uwe Scheper, ehemaliger Marketing-Leiter bei FarmWorld, 13.11.01.

Schiefer, G. (2001) E-Commerce and E-Markets: an Overview, G. Schiefer, R. Helbig und U. Rickert (Hrsg.), E-Commerce and Electronic Markets in Agribusiness and Supply Chains. Bonn, Universität Bonn-ILB, S. 3-16.

Schmitz, U. (2001) "Prozesseinbindung findet über Marktplätze statt." *Computer Zeitung* Vol. 39, S. 17.

Schneider, D. und Schnetkamp, G. (2000) *E-Markets.* Wiesbaden: Gabler.

Schrage, L. (1979) "A More Portable Fortran Random Number Generator." *CM Transactions on Mathematical Software* Vol. 5: 2, S. 132-138.

Schroeder, M. R. (1991) *Fractals, Chaos, Power Laws: Minutes from an Infinite Paradise.* New York: W. H. Freeman and Company.

Schygulla, M., Hill, G. und Schätzel, O. (2003) "Qualitätsweinbörse braucht langem Atem." *das deutsche weinmagazin* Vol. 1.

Sen, R. und King, R. C. (2003) "Revisit the Debate in Intermediation, Disintermediation and Reintermediation due to E-Commerce." *Electronic Markets* Vol. 13: 2, S. 153-162.

Shiode, N. und Batty, M. (2000) "Power law distributions in real and virtual worlds". INET 200 Proceedings. http://www.casa.ucl.ac.uk/naru/2000270 (21.03.2003).

Shon, T.-H., Parker, C. M. und Swatman, P. M. C. (2003) Characteristics of Australian B2B iMarketplaces. Melbourne, Nr. SWP 2003/12.

Simon, H. A. (1976) *Administrative Behavior. A Study of Decision-Making Processes in Administrative Organisations.* Vol. 3. Auflage. New York.

Smith, A. (1776) An Inquiry into the Nature and Causes of the Wealth of Nations, ed. E. Cannan, M.A., LL.D., vol. 1, 1925 Edition. London, Methuen & Co LTD.

Sporleder, T. L. (1980) Proceedings National Symposium on Electronic Marketing of Agricultural Commodities. Dallas.

Spulber, D. F. (1996) "Market Microstructure and Intermediation." *Journal of Economic Perspectives* Vol. 10: 3, S. 135-152.

Spulber, D. F. (1999) *Market microstructure: intermediaries and the theory of the firm.* Cambridge: Cambridge University Press.

Spulber, D. F. (2002a) "Market Microstructure and Incentives to Invest." *Journal of Political Economy* Vol. 110: 2, S. 352-373.

Spulber, D. F. (2002b) Transaction Innovation and the Role of the Firm, M. R. Baye (Hrsg.), The Economics of the Internet and E-Commerce, vol. 11. Amsterdam, Boston, etc., JAI, S. 159-189.

Sterman, J. D. (2000) *Business Dynamics - Systems Thinking and Modeling for a Complex World*. Boston, etc.: McGraw-Hill.

Stigler, G. J. (1961) "The Economics of Information." *Journal of Political Economy* Vol. June 1961, S. 213-225.

Stoll, H. R. und Whaley, R. E. (1983) "Transaction Costs and the Small Firm Effect." *Journal of Financial Economics* Vol. 12, S. 57-79.

Stricker, S. (2004) "Wine on the Web." Dissertation, Christian-Albrechts-Universität zu Kiel. Kiel.

Stricker, S., Emmel, E. und Pape, J. (2003) Situation of Agricultural Information and Communication Technology (ICT) in Germany, Z. Harnos, M. Herdon and T. B. Wiwczaroski (Hrsg.), Information Technology for a better agri-food sector, environment und rural living - Proceedings of the 4th Conference of the European Federation for Information Technology in Agriculture, Food and the Environment (EFITA). Debrecen, Budapest, S. 690-698.

Stricker, S., Sundermeier, H.-H. und Müller, R. A. E. (2001) Landwirte im Internet: Stand der Nutzung und Verwendungsabsichten, H. Kögl, J. Spilke und U. Birkner (Hrsg.), Berichte der Gesellschaft für Informatik in der Land-, Forst- und Ernährungswirtschaft - Referate der 22. GIL-Jahrestagung in Rostock 2001, vol. 14. Rostock, S. 138-142.

Telser, L. G. und Higinbotham, H. N. (1977) "Organized Futures Markets: Costs and Benefits." *Journal of Political Economy* Vol. 85: 4, S. 967-1000.

Thompson, S. und Nageotte, C. (2001) "List of Agricultural E-Commerce Web Sites". Farmdoc. http://www.farmdoc.uiuc.edu/marketing/e-commerce.html (24.08.2004).

Turing, A. M. (1950) "Computing Machinery and Intelligence." *Mind* Vol. 59: 236, S. 433-460.

Urban, D. (1993) *Logit-Analyse: Statistische Verfahren zur Analyse von Modellen mit qualitativen Response-Variablen*. Stuttgart, Jena, New York.

van Baal, S. und Hudetz, K. (2003) *Beschaffung über elektronische Marktplätze: Ergebnisse einer empirischen Studie*. Vol. 8. Ausgewählte Studien des ECC. Edited by E-Commerce-Center Handel. Köln: Institut für Handelsforschung an der Universität zu Köln.

van Heck, E. und Ribbers, P. M. (1998) "Introducing electronic auction systems in the Dutch flower industry - a comparison of two initiatives." *Wirtschaftsinformatik* Vol. 40: 3, S. 223-231.

Voigt, K.-I., Landwehr, S. und Zech, A. (2003) *Elektronische Marktplätze: E-Business im B2B-Bereich*. Heidelberg: Physika-Verlag.

Walras, L. (1874) *Éléments d'économie politique pure: ou théorie de la richesse soziale*. Nachdruck von Lausanne: L. Corbaz, 1874. Auflage. Paris: Economica, 1988.

Wang, N. (2003) Measuring Transaction Costs: An Incomplete Survey, ed. Ronald Coase Institution. Chicago.

Weick, K. E. (1998) *Der Prozeß des Organisierens*. 2. Auflage. übersetzt von G. Hauck. Frankfurt am Main: Suhrkamp.

Weiss, H. (2004) "Zu viele Informationen im Firmenportal schaden." *Computer Zeitung* Vol. 4, S. 19.

Weyhofen, C. (2000) "Agrarwebsites in den USA." Arbeitsbericht. Universität Münster Münster.

Wheatley, W. P. (2003) Survival and Ownership of Internet Marketplaces for Agriculture, American Economics Association Annual Meeting, Montreal, Canada.

Williams, A. W. (1980) "Computerized Double-Auction Markets: Some Initial Experimental Results." *Journal of Business* Vol. 53: 3 (part 1), S. 235-258.

Williams, J. (1986) *The economic function of future markets*. Cambridge: Cambridge University Press.

Williams, J. (2001) "E-Commerce and the Lessons from Nineteenth Century Exchanges." *American Journal of Agricultural Economics* Vol. 83: 5, S. 1250-1257.

Williamson, O. E. (1975) *Markets and Hierarchies: Analysis and Antitrust Implications*. New York: The Free Press.

Williamson, O. E. (1984) "The Economics of Governance: Framework and Implications." *Zeitschrift für die gesamte Staatswissenschaft* Vol. 140, S. 195-223.

Williamson, O. E. (1985) *The Economic Institutions of Capitalism*. New York: The Free Press.

Williamson, O. E. (1990) *Die ökonomischen Institutionen des Kapitalismus: Unternehmen, Märkte, Kooperationen*. übersetzt von M. Streissler. Tübingen: Verlag Mohr.

Williamson, O. E. (1993) "Calculativeness, Trust, and Economic Organization." *Journal of Law and Economics* Vol. 36, S. 453-486.

Williamson, O. E. und Ouchi, W. G. (1981) The Markets and Hierarchies and Visible Hand Perspectives. The Markets and Hierarchies Program of Research: Origins, Implications, Prospects, A. Van de Ven, Joyce, W. F. (Hrsg.), Perspectives on Organization Design an Behavior. New York, S. 347-370.

Wöhe, G. (1990) *Einführung in die Allgemeine Betriebswirtschaftslehre*. 17. Auflage. München: Vahlen.

Zander, J. (1982) "Schweine mit elektronischem Handschlag verkaufen?" *Bauernblatt / Landpost* Vol. 36: 132, S. 28-29.

Zipf, G. K. (1932) *Selected Studies of the Principle of Relative Frequency in Language*. Cambridge, Massachusetts: Havard University Press.

Zuckermann, E. W. (2003) "On Networks and Markets by Rauch and Casella, eds." *Journal of Economic Literature* Vol. XLI, S. 545-565.

10 Anhang

10.1 Anhang A: Literaturüberblick zu digitalen Marktplätzen

Autor und Jahr	Titel	Einordnung der Arbeit
Allgemeine Arbeiten zu Marktmittlern		
Benham und Benham [2001]	The Cost of Exchange	Empirische Messung der Transaktionskosten einer Marktvermittlung
Coase [1937]	The Nature of the Firm	Vorteilhaftigkeit von Markt und Hierarchie
Demsetz [1968]	The Cost of Transacting	Empirische Messung der Transaktionskosten einer Marktvermittlung
Garicano und Kaplan [2000]	The Effects of Business-to-Business E-Commerce on Transaction Costs	Empirische Messung der Transaktionskosten einer Marktvermittlung
Hirshleifer [1973]	Exchange Theory: The Missing Chapter	Theorie des Tausches; aufbauend auf der Transaktionskostentheorie
Kim [2001]	Markets and Multiunit Firms from an American Historical Perspective	Historischer Überblick über die Evolution effizienter Marktmittler und deren Auswirkungen auf die Volkswirtschaften
North [1984]	Government and the Cost of Exchange in History	Historischer Überblick über die Evolution effizienter Marktmittler und deren Auswirkungen auf die Volkswirtschaften
North [1990]	Institutions and a transaction-cost theory of exchange	Historischer Überblick über die Evolution effizienter Marktmittler und deren Auswirkungen auf die Volkswirtschaften
North [1994]	The Evolution of Efficient Markets in History	Historischer Überblick über die Evolution effizienter Marktmittler und deren Auswirkungen auf die Volkswirtschaften
Pirrong [2000]	A Theory of Financial Exchange Organization	Vorteilhafte organisatorische Ausgestaltung von Marktmittlern
Rauch und Casella [2001]	Networks and Markets	Ausgangsbasis zur Simulation von organisierten Märkten mittels vernetzter Agenten
Rust und Hall [2003]	Middlemen versus Market Makers: A Theory of Competitive Exchange	Vorteilhafte organisatorische Ausgestaltung von Marktmittlern
Spulber [1996]	Market Microstructure and Intermediation	Theorie des Tausches; aufbauend auf der Transaktionskostentheorie
Spulber [1999]	Market microstructure: intermediaries and the theory of the firm	Theorie des Tausches; aufbauend auf der Transaktionskostentheorie
Spulber [2002a]	Market Microstructure and Incentives to Invest	Theorie des Tausches; aufbauend auf der Transaktionskostentheorie
Spulber [2002b]	Transaction Innovation and the Role of the Firm	Theorie des Tausches; aufbauend auf der Transaktionskostentheorie
Telster und Higinbotham [1977]	Organized Futures Markets: Costs and Benefits	Warenterminmärkte
Williams [1986]	The economic function of future markets	Warenterminmärkte

Williams [2001]	E-Commerce and the Lessons from Nineteenth Century Exchanges	Historischer Überblick über die Evolution effizienter Marktmittler und deren Auswirkungen auf die Volkswirtschaften
Williamson [1975]	Markets and Hierarchies: Analysis and Antitrust Implications	Vorteilhaftigkeit von Markt und Hierarchie
Zuckerman [2003]	On Networks and Markets	Ausgangsbasis zur Simulation von organisierten Märkten mittels vernetzter Agenten

Nicht-empirische Arbeiten zu digitalen Marktplätzen

Albers und Ratschow [2001]	Business-to-Business-Marktplätze	Überblick über das neue Forschungsfeld digitaler Marktplätze
Bailey und Bakos [1997]	An Exploratory Study of the Emerging Role of Electronic Intermediaries	Diskussion möglicher Auswirkungen auf Märkte und Volkswirtschaften
Bakos [1991a]	A Strategic Analysis of Electronic Marketplaces	Diskussion der Auswirkungen des Internets auf die Transaktionskosten eines Marktmittlers und die damit verbundenen Auswirkungen auf seine organisatorische Gestalt
Bakos [1991b]	Information Links and Electronic Marketplaces: The Role of Interorganizational Information Systems in Vertical Markets	Diskussion der Auswirkungen des Internets auf die Transaktionskosten eines Marktmittlers und die damit verbundenen Auswirkungen auf seine organisatorische Gestalt
Bakos [1997]	Reducing Buyer Search Costs: Implications for Electronic Marketplaces	Diskussion der Auswirkungen des Internets auf die Transaktionskosten eines Marktmittlers und die damit verbundenen Auswirkungen auf seine organisatorische Gestalt
Bakos [1998]	The Emerging Role of Electronic Marketplaces on the Internet	Diskussion der Auswirkungen des Internets auf die Transaktionskosten eines Marktmittlers und die damit verbundenen Auswirkungen auf seine organisatorische Gestalt
Bichler [2001]	The Future of eMarkets: Multi-Dimensional Market Mechanisms	Zunächst Überblick über digitale Marktplätze, anschließend Konzentration auf spieltheoretische Überlegungen, den Auktionsprozess zu automatisieren
Böcker und Brodersen [2001]	Internetnutzung in der deutschen Agrarwirtschaft: Online-Handelsportale als neue Organisationsform	Organisation von digitalen Markplätzen und deren Auswirkungen auf den Sektor (Überblicksartikel)
Brand, et al. [2003]	Niche Markets in the Food Economy and Electronic Trade Platforms	Organisation von digitalen Marktplätzen und deren Auswirkungen auf den Sektor - vorteilhafte Organisationsform digitaler Marktplätze
Brandtweiner und Greimel [1998]	Elektronische Märkte - Ein praxisorientierter Problemaufriß mit Bezügen zur ökonomischen Theorie	Definition von Begriffen
Breithaupt [2002]	Dienstleistungsqualität im Internet am Beispiel von Intermediären	Diskussion möglicher Auswirkungen auf Märkte und Volkswirtschaften
Brenner und Breuer [2001]	Elektronische Marktplätze - Grundlagen und strategische Herausforderungen	Überblick über das neue Forschungsfeld digitaler Marktplätze
Buccola und Chieruzzi [1981]	Costs of Marketing Slaughter Cattle: Computerized versus Conventional Auction Systems	Kostenvergleich zwischen digitalen und konventionellen Auktionssystemen für Vieh

Butscher und Krohn [2001]	Auf das richtige Pferd setzen	Kurzartikel, stark definitorisch, jedoch mit dem Schwerpunkt einer Entscheidungshilfe für potentielle Teilnehmer digitaler Marktplätze
Costopoulou und Lambrou [2000]	An architecture of Virtual Agricultural Market systems: The case of trading perishable agricultural products	Organisation von digitalen Markplätzen und deren Auswirkungen auf den Sektor - vorteilhafte Organisationsform digitaler Marktplätze
Dorloff, et al. [2003]	Handelbarkeit von Dienstleistungen auf elektronischen Märkten	Eignung digitaler Marktplätze für den Handel von Dienstleistungen
Fischer, et al. [2001]	Ein Modell zur Ermittlung von Erfolgsfaktoren elektronischer B2B-Marktplätze	Diskussion möglicher Erfolgsfaktoren digitaler Marktplätze
Geasler [1983]	Proceedings Electronic Marketing Conference	Tagungsband
Gregor und Laszkiewicz [2003]	E-Marketplaces - Taxonomy of Models	Definition von Begriffen
Hausen [2001]	Konzept und Realisierung einer profilbasierten modularen Handelsplattform für den Agrifoodsektor	Vorstellung eines Prototypen für digitale Marktplätze der Agrar- und Ernährungsindustrie
Hausen und Schiefer [2003a]	Anforderungsanalyse und Klassifikationsschema für elektronische Handelssysteme	Entwicklung eines abstrakten Analyserahmens zur Beurteilung internetbasierter elektronischer Handelssysteme
Hausen und Schiefer [2003b]	Elektronische Handelssysteme als sektoraler Wettbewerbsfaktor in der Agrar- und Ernährungswirtschaft	Vergleich der Effizienz digitaler Marktplätze mit konventionellen Handelsvorgängen in einem Laborexperiment
Kalaitzandonakes und Kaufmann [2002]	An E-merging Revolution - Agricultural Exchanges?	Stellungnahme zu den Auswirkungen des E-Commerce auf Warenterminbörsen
Kambil und van Heck [2002]	Making Markets - How Firms can Design and Profit from Online Auctions and Exchanges	Theoretische Arbeit mit größeren empirischen Teilen; richtet sich an Manager
Kollmann [2001]	Virtuelle Marktplätze: Grundlagen - Management - Fallstudie	Nach einer theoretisch, definitorischen Einleitung werden die Ergebnisse einer Befragung von 2731 Nutzern der Autobörse ‚AutoScout24' zur Akzeptanz von digitalen Marktplätzen vorgestellt
Koyro [2003]	Der Weg zum idealen Marktplatz	Kurzartikel, stark definitorisch, jedoch mit dem Schwerpunkt einer Entscheidungshilfe für potentielle Teilnehmer digitaler Marktplätze
Luczak et al. [2002]	Elektronische Marktplätze - Vorraussetzungen und Erfolgsfaktoren für den elektronischen Handel mit C-Dienstleistungen	Diskussion möglicher Erfolgsfaktoren digitaler Marktplätze
Mueller [1982]	Electronic Marketing Systems for Agribusiness	Diskussion der Auswirkungen der frühen Formen von digitalen Marktplätzen des Agrarsektors

Mueller [1984]	What future for electronic marketing?	Diskussion der Auswirkungen der frühen Formen von digitalen Marktplätzen des Agrarsektors
Müller [2000]	Emergent E-Commerce in Agriculture	Organisation von digitalen Markplätzen und deren Auswirkungen auf den Sektor (Überblicksartikel)
Müller [2001]	E-Commerce and Entrepreneurship in Agricultural Markets	Gründe für das Auftreten digitaler Marktplätze
o.V. [1999]	E-Commerce / Internet	Früher Report von Goldmann Sachs Investment Reserach über die Zukunft des E-Commerce und digitaler Marktplätze
Peters [2002]	Elektronische Märkte – Spieltheoretische Konzeption und agentenbasierte Realisierung	Zunächst Überblick über digitale Marktplätze, anschließend Konzentration auf spieltheoretische Überlegungen, den Auktionsprozess zu automatisieren
Picot, et al. [1996]	Die grenzenlose Unternehmung - Information, Organisation und Management	Standardwerk zu den Auswirkungen des E-Commerce auf Unternehmen; u.a. Abschnitt zu digitalen Marktplätzen
Picot, et al. [2001]	Elektronischer Handel - Wandel unter Marktorganisations- und Wettbewerbsgesichtspunkten	Diskussion möglicher Auswirkungen auf Märkte und Volkswirtschaften
Richter und Nohr [2002]	Elektronische Marktplätze: Potenziale, Funktionen und Auswahlstrategien.	Ausführliche Arbeit, stark definitorisch, jedoch mit dem Schwerpunkt einer Entscheidungshilfe für potentielle Teilnehmer digitaler Marktplätze
Russel und Purcell [1980]	Implementation of Electronic Marketing of Slaughter Cattle in Virginia: Requirements and Procedures	Anforderungsprofil für die Errichtung digitaler Marktplätze für Schlachtvieh in Virginia
Rüther und Szegunis [2000a]	Einführung Elektronische Marktplätze	Definition von Begriffen
Rüthers und Szegunis [2000b]	Erfolgsfaktoren elektronischer B2B-Marktplätze	Erfolgsfaktoren digitaler Marktplätze; jedoch ohne empirische Fundierung
Sarkar, et al. [kein Jahr]	Intermediaries and Cybermediaries: A Continuing Role for Mediating Players in the Electronic Marketplace	Diskussion der Auswirkungen des Internets auf die Transaktionskosten eines Marktmittlers und die damit verbundenen Auswirkungen auf seine organisatorische Gestalt
Schiefer [2001]	E-Commerce and E-Markets: an Overview	Organisation von digitalen Markplätzen und deren Auswirkungen auf den Sektor (Überblicksartikel)
Schneider und Schnetkamp [2000]	E-Markets	Stark theoretisch orientierte Arbeit, die auch größere empirische Teile aufweist; richte sich vorwiegend an Manager; Überblick über digitale Formen von Marktveranstaltungen anhand vieler Beispiele
Sen und King [2003]	Revisit the Debate in Intermediation, Disintermediation and Reintermediation due to E-Commerce	Diskussion der Auswirkungen des Internets auf die Transaktionskosten eines Marktmittlers und die damit verbundenen Auswirkungen auf seine organisatorische Gestalt
Sporleder [1980]	Proceedings National Symposium on Electronic Marketing of Agricultural Commodities	Tagungsband

Anhang A: Literaturüberblick zu digitalen Marktplätzen 175

Spulber [2002b]	Transaction Innovation and the Role of the Firm	Diskussion der Auswirkungen des Internets auf die Transaktionskosten eines Marktmittlers und die damit verbundenen Auswirkungen auf seine organisatorische Gestalt
Wheatley [2003]	Survival and Ownership of Internet Marketplaces for Agriculture	Organisation von digitalen Markplätzen und deren Auswirkungen auf den Sektor - vorteilhafte Organisationsform digitaler Marktplätze
Williams [1980]	Computerized Double-Auction Markets: Some Initial Experimental Results	Diskussion der Auswirkungen der frühen Formen von digitalen Marktplätzen des Agrarsektors
Zander [1982]	Schweine mit elektronischem Handschlag verkaufen	Diskussion der Besonderheiten des digitalen Viehhandels in Schleswig-Holstein

Qualitative Arbeiten zu digitalen Marktplätzen

Barbieux [2002]	Beschaffungsplattformen der Konsumgüterindustrie: Die CPGmarket.com	Fallstudie zum Marktplatz CPGmarket
Bogaschewsky und Müller [2000]	B2B-Marktplatzführer: Virtuelle Handelsplattformen für Deutschland 2000/2001	Jährlich erscheinender B2B-Marktplatzführer, in dem alle digitalen Marktplätze Deutschlands aufgelistet und kurz beschrieben werden
Day, et al. [2003]	Shakeout in Digital Markets: Lessons from B2B Exchanges	Brachenübergreifende Arbeit über „Lessons from B2B Exchanges" anhand einiger Fallbeispiele
Ethridge [1978]	A Computerized Remote Access Commodity Market: TELCOT	Vorstellung des Videotex-basierten Baumwoll-Marktplatzes TELCOT
Fong, et al. [1997]	Success and Failure Factors for Implementing Effective Agricultural Electronic Markets	Zusammenfassung der Erfolgsfaktoren der frühen Videotex-basierten Marktplätze des Agrarsektors
Fritz, et al. [2003]	Electronic Trade Platforms in Agri-Food Markets - Developments and Development Directions	Übersicht und Klassifizierung von digitalen Marktplätzen für den Lebensmittelsektor
Fritz, et. al [2001]	Handelsplattformen in der Agrifood-Wertschöpfungskette: Der Getreide- und Fleischsektor	Zusammenstellung von internetbasierten Marktplätzen der europäischen und nordamerikanischen Getreide- und Fleisch Sektoren
Garciano und Kaplan [2000]	The Effects of Business-to-Business E-Commerce on Transaction Costs	Arbeit zu digitalen Marktplätzen im Gebrauchtwagenhandel
Graham [1998]	The emerge of linked fish markets in Europe	Fallstudie zu europäischen, digitalen Fischmärkten
Henderson [1984]	Electronic Marketing in Principle and Practice	Vorstellung von Videotex-basierten Marktplätzen, auf denen landwirtschaftliche Erzeugnisse gehandelt werden konnten
Jueptner und Kahmann [2002]	Internet-Portale als virtuelle Marktplätze: Die World Wide Retail Exchange WWRE	Fallstudie zum Marktplatz WWRE

Koch und Baier [2003]	Elektronische Marktplätze in der Bauwirtschaft	Arbeit zu digitalen Marktplätzen aus der Bauwirtschaft
Lee, Ho Geun [1998]	Do Electronic Marketplaces lower the Price of Goods?	Kostenvergleich zwischen dem digitalen Handel mit gebrauchten PKW und dem konventionellen Handel
Lindsey, et al. [1990]	TELCOT: An application of information technology for competitive advantages in the cotton industry	Studie zu den frühen Formen Videotex-basierter Marktplätze des Agrarsektors
Mueller [1984]	What future for electronic marketing?	Studie zu den frühen Formen Videotex-basierter Marktplätze des Agrarsektors
Müller [1981]	Computermärkte für Agrarprodukte	Studie zu den frühen Formen Videotex-basierter Marktplätze des Agrarsektors
Nyshadham und Raghavan [2001]	The Failure of Electronic Markets in the Air Cargo Industry: A Core Theory Explanation	Arbeit zu digitalen Marktplätzen aus der Luftfahrindustrie
Offer [2003]	Agricultural E-Commerce in the UK - Where have we got to?	Fallstudie zu brasilianischen online Kaffee-Auktionen und eine Übersicht über den Stand des E-Commerce in Großbritannien
Schygulla, et al. [2003]	Qualitätsweinbörse braucht langem Atem	Fallstudie zur Qualitätsweinbörse in Rheinland-Pfalz
van Heck und Ribbers [1998]	Introducing electronic auction systems in the Dutch flower industry- a comparison of two initiatives	Fallstudie zu elektronischen Auktionssystemen holländischer Blumenauktionen
Voigt, et al. [2003]	Elektronische Marktplätze: E-Business im B2B-Bereich	Arbeit zu digitalen Marktplätzen aus dem Maschinenbau
Quantitative Arbeiten zu digitalen Marktplätzen		
Abrams [2002]	Vertikale elektronische Marktplätze: empirische Untersuchung und Gestaltungsanforderungen	Befragungen von Stahlproduzenten zur Handelsweisen und Einsatz digitaler Marktplätze
Grewal, et al. [2001]	An Investigation into the Antecedents of Organizational Participation in Business-to-Business Electronic Markets	Untersuchung über die Art und Weise einer Teilnahme an digitalen Marktplätze in Abhängigkeit der Organisationsform der teilnehmenden Unternehmen
Hudetz [2001]	Elektronische Marktplätze - Chancen und Risiken	Studie des Instituts für Handelsforschung über B2B-Marktplätze; eher als Sekundärliteratur einzustufen
Igual, et al. [2003]	Electronic Marketplaces in the Spain Agribusiness Sector	Untersuchung zu Organisationsformen digitaler Marktplätze des spanischen Agrarsektors - Durchführung einer Vollerhebung und anschließende Einteilung der Marktplätze in Gruppen

Anhang A: Literaturüberblick zu digitalen Marktplätzen 177

Jirik und Sint [2003]	Kriterien von B2B-Marktplätzen - Erhebung und statistische Analyse	Erfolgsfaktorenanalyse, bei der eine größere Anzahl an digitalen Marktplätzen untersucht worden ist. Bei dieser Studie wurde 124 europäischen und 56 internationalen B2B-Marktplätzen ein Fragebogen zugesendet und ein Rücklauf von 54 Fragebögen erzielt. Als Erfolgsmaß wurde in dieser Untersuchung die reine Existenz des Marktplatzes verwendet.
o.V. [2003f]	Report of the expert group on B2B Internet trading platforms	Report der Expert Group zu Gründen der Nichtteilnahme von kleinen und mittelständischen Unternehmen an digitalen Marktplätzen
Rätz [2002]	Elektronische B2B-Marktplätze	Erfolgsfaktorenanalyse, bei denen eine größere Anzahl an digitalen Marktplätzen untersucht worden ist. In dieser Arbeit wurde ein Fragebogen an 392 Betreiber von B2B-Marktplätzen versendet und ein Rücklauf von 92 Fragebögen erzielt.
Shon, et al. [2003]	Characteristics of Australian B2B iMarketplaces	Untersuchung australischer B2B-Marktplätze - Durchführung einer Vollerhebung und anschließende Einteilung der Marktplätze in Gruppen
van Baal und Hudetz [2003]	Beschaffung über elektronische Marktplätze: Ergebnisse einer empirischen Studie	Befragung von 129 kleinen und mittelständischen Handels- und Dienstleistungsunternehmen zur Beschaffung über elektronische Marktplätze

10.2 Anhang B: Fragebogen der detaillierten Landwirtbefragung

Institut für Agrarökonomie der Christian-Albrechts-Universität zu Kiel
Innovation und Information

Dipl.-Kfm.
Michael Clasen
Olshausenstraße 40
24118 Kiel

Tel.: 0431-880-4412
Fax: 0431-880-2044
eMail: mclasen@agric-econ.uni-kiel.de
www.agric-econ.uni-kiel.de/Abteilungen/II/clasen.htm

Befragung zum Erfolg von elektronischen Marktplätzen

Alle Antworten sind vertraulich! Die Auswertung der Fragen erfolgt anonym!

In den vergangen Jahren war zu beobachten, wie elektronische Marktveranstaltungen für landwirtschaftliche Erzeugnisse, Betriebsmittel und Maschinen wie Pilze aus dem Boden schossen. Nachdem sich die Euphorie stark abgeschwächt hat und einige dieser Marktplatz-Pioniere den Betrieb wieder eingestellt haben, ist die Zeit reif für eine systematische Erfolgsanalyse.

Die zu beantwortenden Fragen lauten:

- Wie erfolgreich waren die Marktplätze bisher?
- Welche Faktoren bestimmen den Erfolg?
- Welche Produkte eignen sich besonders für den elektronischen Handel?
- Waren elektronische Marktplätze nur eine vorübergehende Erscheinung oder sind sie die Vorboten für den Landhandel der Zukunft?

In meiner Doktorarbeit möchte ich versuchen, Antworten auf diese Fragen zu finden. Mit dem Ausfüllen dieses Fragebogens tragen Sie zum Gelingen meiner Arbeit bei und bringen gleichzeitig die Interessen und Wünsche der Landwirte bei der Gestaltung neuer elektronischer Marktplätze mit ein.

Natürlich senden wir Ihnen gerne die Ergebnisse der Untersuchung zu. Geben Sie hierzu bitte eine eMail-Adresse oder Fax-Nummer an.

eMail-Adresse:

Fax-Nummer:

Sie können den Fragebogen entweder direkt am Computer ausfüllen, abspeichern und per Mail an mich zurücksenden (mclasen@agric-econ.uni-kiel.de) oder ihn ausdrucken, ausfüllen und zurück faxen (0431-880-2044) oder per Post (Michael Clasen, Institut für Agrarökonomie, Olshausenstraße 40, 24118 Kiel) senden.

Vielen Dank für Ihre Mithilfe,

Dipl.-Kfm. Michael Clasen　　　　　　　　　　　　　　Prof. Dr. R.A E. Müller

Befragung zum Erfolg von elektronischen Marktplätzen

1. Allgemeine Fragen zum Betrieb LW

1.1	Wo befindet sich Ihr Betrieb? PLZ: _____ Ort: _____ Land: _____
1.2	Wie viele Arbeitskräfte beschäftigt Ihr Betrieb? Gesamt: _____ davon Familien-AK: _____
1.3	Haupterwerbsbetrieb: Ja ☐ Nein ☐ Direktvermarktung: Ja ☐ Nein ☐ Bewirtschaftungsart: konventionell ☐ ökologisch ☐
1.4	Welche Betriebszweige hat Ihr Betrieb und welche Größe haben die einzelnen Betriebszweige? ☐ Ackerbau [Ackerfläche: _____ ha.] [Grünland: _____ ha.] ☐ Schweinemast [Anzahl Plätze: _____] ☐ Schweinezucht [Anzahl Sauen: _____] ☐ Rindermast [Großvieheinheiten: _____] ☐ Milchvieh [Anzahl Milchkühe: _____] ☐ Legehennen [Anzahl: _____] ☐ sonstige: _____ [Anzahl: _____]

2. Fragen zum EDV-Einsatz

2.1	Welche dieser technischen Hilfsmittel setzen Sie in Ihrem Betrieb ein?
	
	          Nein Ja
	PC ☐ ☐ wenn ‚Ja' seit wann: _____
	
	          kein Zugang Modem ISDN DSL Flat-Rate
	Internet-Zugang ☐ ☐ ☐ ☐ ☐

2.2	Welche Software verwenden Sie? ☐ Office-Anwendungen ☐ Buchführung ☐ Ackerschlagkartei ☐ Sauenplaner ☐ Kuhplaner
2.3	Halten Sie das Internet für sicher, z.B. um sensible Betriebsdaten zu übertragen? sehr sicher sicher neutral wenig sicher völlig unsicher ☐ ☐ ☐ ☐ ☐
	Wenn Sie keinen Internetzugang haben: Weiter mit Frage 3.1
2.4	Wie lange sind Sie schon Online? seit [Jahr]: _____
2.5	Wozu verwenden Sie das Internet? ☐ e-Mail ☐ Online-Banking ☐ Wetterbericht ☐ Preisinformationen ☐ andere Fachinformationen ☐ Chat mit Berufskollegen ☐ elektronischer Handel ☐ sonstige: _____

Anhang B: Fragebogen der detaillierten Landwirtbefragung 181

3. Allgemeine Fragen zum Handel

3.1	Wie häufig kaufen oder verkaufen Sie folgende Produkte ungefähr pro Jahr? Bei saisonal gehandelten Produkten geben Sie bitte auch die Monate an, in denen Sie diese Produkte handeln.

	gar nicht	wöchentlich	monatlich	wenn seltener als monatlich:	
				wie oft?	wann im Jahr
Schlachtvieh	☐	☐	☐	___	___
Jungvieh	☐	☐	☐	___	___
Schlachtschweine	☐	☐	☐	___	___
Ferkel	☐	☐	☐	___	___
Geflügel	☐	☐	☐	___	___
Eier	☐	☐	☐	___	___
Getreide	☐	☐	☐	___	___
Ölsaaten (z.B. Raps)	☐	☐	☐	___	___
Kartoffeln	☐	☐	☐	___	___
Obst / Gemüse	☐	☐	☐	___	___
Futtermittel	☐	☐	☐	___	___
Düngemittel	☐	☐	☐	___	___
Pflanzenschutzmittel	☐	☐	☐	___	___
Saatgut	☐	☐	☐	___	___
Maschinen (neu)	☐	☐	☐	___	___
Maschinen (gebraucht)	☐	☐	☐	___	___
Ersatzteile	☐	☐	☐	___	___
Treib-/ Schmierstoffe	☐	☐	☐	___	___
Bürobedarf / EDV	☐	☐	☐	___	___

3.2	Auf welchen Wegen haben Sie in den letzten 2 Jahren folgende Produkte **verkauft**? (Mehrere Antworten pro Zeile möglich)				
		gar nicht	(Land-/Vieh-) Handel	direkt an Verbraucher/Verarbeiter	Internet
	Schlachtvieh	☐	☐	☐	☐
	Jungvieh	☐	☐	☐	☐
	Schlachtschweine	☐	☐	☐	☐
	Ferkel	☐	☐	☐	☐
	Geflügel	☐	☐	☐	☐
	Eier	☐	☐	☐	☐
	Getreide	☐	☐	☐	☐
	Ölsaaten (z.B. Raps)	☐	☐	☐	☐
	Kartoffeln	☐	☐	☐	☐
	Obst / Gemüse	☐	☐	☐	☐
	Maschinen (gebraucht)	☐	☐	☐	☐
3.3	Auf welchen Wegen haben Sie in den letzten 2 Jahren folgende Produkte **gekauft**? (Mehrere Antworten pro Zeile möglich)				
		gar nicht	(Land-/Vieh-) Handel	direkt vom Erzeuger	Internet
	Jungvieh	☐	☐	☐	☐
	Ferkel	☐	☐	☐	☐
	Futtermittel	☐	☐	☐	☐
	Düngemittel	☐	☐	☐	☐
	Pflanzenschutzmittel	☐	☐	☐	☐
	Saatgut	☐	☐	☐	☐
	Maschinen (neu)	☐	☐	☐	☐
	Maschinen (gebraucht)	☐	☐	☐	☐
	Ersatzteile	☐	☐	☐	☐
	Treib-/ Schmierstoffe	☐	☐	☐	☐
	Bürobedarf / EDV	☐	☐	☐	☐
3.4	Haben Sie in den letzten 2 Jahren an Warenterminbörsen gehandelt?				
	ja, regelmäßig ☐ ja, gelegentlich ☐ ja, einmal ☐ nein, nie ☐				
3.5	In welcher Größenordnung liegt in der Regel der Warenwert eines Handelsvorganges bei den folgenden Produkten? Bei Produkten, die sie nie kaufen oder verkaufen machen Sie bitte keine Angaben.				
		kleiner 100 €	101 € - 1000 €	1001 € - 10.000 €	größer 10.000 €
	Schlachtvieh	☐	☐	☐	☐
	Jungvieh	☐	☐	☐	☐
	Schlachtschweine	☐	☐	☐	☐
	Ferkel	☐	☐	☐	☐
	Geflügel	☐	☐	☐	☐
	Eier	☐	☐	☐	☐
	Getreide	☐	☐	☐	☐
	Ölsaaten (z.B. Raps)	☐	☐	☐	☐
	Kartoffeln	☐	☐	☐	☐
	Obst / Gemüse	☐	☐	☐	☐
	Futtermittel	☐	☐	☐	☐
	Düngemittel	☐	☐	☐	☐
	Pflanzenschutzmittel	☐	☐	☐	☐
	Saatgut	☐	☐	☐	☐
	Maschinen (neu)	☐	☐	☐	☐

Anhang B: Fragebogen der detaillierten Landwirtbefragung

	Maschinen (gebraucht)	☐	☐	☐	☐
	Ersatzteile	☐	☐	☐	☐
	Treib-/ Schmierstoffe	☐	☐	☐	☐
	Bürobedarf / EDV	☐	☐	☐	☐

3.6 Wer ist bei folgenden Produkten für den Transport zuständig? Antworten Sie bitte nur bei den Produkten, die Sie kaufen oder verkaufen.

	Sie, der Landwirt	der Handelspartner
Schlachtvieh	☐	☐
Jungvieh	☐	☐
Schlachtschweine	☐	☐
Ferkel	☐	☐
Geflügel	☐	☐
Eier	☐	☐
Getreide	☐	☐
Ölsaaten (z.B. Raps)	☐	☐
Kartoffeln	☐	☐
Obst / Gemüse	☐	☐
Futtermittel	☐	☐
Düngemittel	☐	☐
Pflanzenschutzmittel	☐	☐
Saatgut	☐	☐
Maschinen (neu)	☐	☐
Maschinen (gebraucht)	☐	☐
Ersatzteile	☐	☐
Treib-/ Schmierstoffe	☐	☐
Bürobedarf / EDV	☐	☐

3.7 Wie weit werden die von Ihnen gehandelte Produkte in der Regel transportiert? Antworten Sie nur bei den Produkten, die Sie kaufen oder verkaufen.

	weniger als 10 km	11-50 km	51-250 km	über 250 km
Schlachtvieh	☐	☐	☐	☐
Jungvieh	☐	☐	☐	☐
Schlachtschweine	☐	☐	☐	☐
Ferkel	☐	☐	☐	☐
Geflügel	☐	☐	☐	☐
Eier	☐	☐	☐	☐
Getreide	☐	☐	☐	☐
Ölsaaten (z.B. Raps)	☐	☐	☐	☐
Kartoffeln	☐	☐	☐	☐
Obst / Gemüse	☐	☐	☐	☐
Futtermittel	☐	☐	☐	☐
Düngemittel	☐	☐	☐	☐
Pflanzenschutzmittel	☐	☐	☐	☐
Saatgut	☐	☐	☐	☐
Maschinen (neu)	☐	☐	☐	☐
Maschinen (gebraucht)	☐	☐	☐	☐
Ersatzteile	☐	☐	☐	☐
Treib-/ Schmierstoffe	☐	☐	☐	☐
Bürobedarf / EDV	☐	☐	☐	☐

3.8	Wie hoch schätzen Sie bei folgenden Produkten die Gefahr ein, beim konventionellen Handel (also nicht über das Internet) von einem Ihnen nicht bekannten Händler „übers Ohr gehauen zu werden"?

	sehr hoch	hoch	mittel	gering	sehr gering
Getreide	☐	☐	☐	☐	☐
Ölsaaten (z.B. Raps)	☐	☐	☐	☐	☐
Kartoffeln	☐	☐	☐	☐	☐
Obst / Gemüse	☐	☐	☐	☐	☐
Schlachtvieh	☐	☐	☐	☐	☐
Futtermittel	☐	☐	☐	☐	☐
Düngemittel	☐	☐	☐	☐	☐
Pflanzenschutzmittel	☐	☐	☐	☐	☐
Saatgut	☐	☐	☐	☐	☐
Jungvieh	☐	☐	☐	☐	☐
Maschinen (neu)	☐	☐	☐	☐	☐
Maschinen (gebraucht)	☐	☐	☐	☐	☐
Ersatzteile	☐	☐	☐	☐	☐
Treib-/ Schmierstoffe	☐	☐	☐	☐	☐
Bürobedarf / EDV	☐	☐	☐	☐	☐

4. Fragen zum Handel im Internet

4.1	Wieviel höher oder niedriger (im Verhältnis zum konventionellen Handel) schätzen Sie die Gefahr ein, auf elektronischen Marktplätzen im Internet „über's Ohr gehauen zu werden"?

keine Ahnung   viel höher   höher   gleich hoch   niedriger   viel niedriger
☐   ☐   ☐   ☐   ☐   ☐

4.2	Halten Sie die Allgemeinen Geschäftsbedingungen (AGBs) von elektronischen Marktplätzen für leicht verständlich?

kenne keine   ja, sehr   ja   geht so   nein   nein, überhaupt nicht
☐   ☐   ☐   ☐   ☐   ☐

4.3	Halten Sie sich für ausreichend über die Funktionsweise des Internets informiert, um gefahrlos Geschäfte über das Internet abwickeln zu können?

sehr gut informiert   gut   geht so   schlecht   sehr schlecht informiert
☐   ☐   ☐   ☐   ☐

4.4	Was erwarten Sie von einem guten elektronischen Handelsplatz?

☐ gute Preise   ☐ große Auswahl
☐ jederzeitige Warenverfügbarkeit   ☐ Produktinformationen
☐ Preisinformationen   ☐ Möglichkeit für Auktionen / Ausschreibungen
☐ landwirtschaftliche Nachrichten   ☐ Wettervorhersagen
☐ elektronischer Datenaustausch   ☐ persönlicher Kontakt / Gespräche
☐ Qualitätsgarantien zu den Waren   ☐ guten Ruf
☐ sonstiges: _____
Vermittlung von:
☐ Transportanbietern   ☐ Finanzierungen   ☐ Versicherungen

Anhang B: Fragebogen der detaillierten Landwirtbefragung 185

4.5	Bei welchen Produkten könnten sich vorstellen, diese in den **nächsten** 2 Jahren über elektronische Marktplätze zu **verkaufen**?			
		nie	selten	regelmäßig
	Schlachtvieh	☐	☐	☐
	Jungvieh	☐	☐	☐
	Schlachtschweine	☐	☐	☐
	Ferkel	☐	☐	☐
	Geflügel	☐	☐	☐
	Eier	☐	☐	☐
	Getreide	☐	☐	☐
	Ölsaaten (z.B. Raps)	☐	☐	☐
	Kartoffeln	☐	☐	☐
	Obst / Gemüse	☐	☐	☐
	Maschinen (gebraucht)	☐	☐	☐
4.6	Bei welchen Produkten könnten sich vorstellen, in den **nächsten** 2 Jahren über elektronische Marktplätze zu **kaufen**?			
		nie	selten	regelmäßig
	Jungvieh	☐	☐	☐
	Ferkel	☐	☐	☐
	Futtermittel	☐	☐	☐
	Düngemittel	☐	☐	☐
	Pflanzenschutzmittel	☐	☐	☐
	Saatgut	☐	☐	☐
	Maschinen (neu)	☐	☐	☐
	Maschinen (gebraucht)	☐	☐	☐
	Ersatzteile	☐	☐	☐
	Treib-/ Schmierstoffe	☐	☐	☐
	Bürobedarf / EDV	☐	☐	☐
4.7	Welche elektronischen Marktplätze kennen Sie, auf denen Sie landwirtschaftliche Erzeugnisse, Betriebsmittel oder Maschinen im Internet handeln könnten?			
	_____ _____			
	_____ _____			
	_____ _____			
	_____			
4.8	Auf welchem Weg haben Sie von diesen elektronischen Marktplätzen erfahren? (mehrere Antworten möglich)			
	☐ Fachzeitschriften ☐ Verbänden ☐ Internet			
	☐ Newsletter ☐ Kollegen / Bekannten ☐ Werbung			
	☐ sonstiger Weg: _____ :			

4.9	Auf welchen dieser elektronischen Marktplätze haben Sie was schon gehandelt? Marktplatz-Name _____ was haben Sie hier gehandelt? _____ _____ was haben Sie hier gehandelt? _____ _____ was haben Sie hier gehandelt? _____ _____ was haben Sie hier gehandelt? _____ **Wenn Sie noch nicht über elektronische Marktplätze gehandelt haben: Weiter mit Frage 4.18**
4.10	Was waren die Gründe für den Handel per Internet? ☐ bessere Preise ☐ größere Auswahl ☐ bessere / mehr Informationen ☐ einfachere Abwicklung per PC und Internet ☐ Neugierde ☐ Möglichkeit von Auktionen / Ausschreibungen ☐ sonstiges: _____
4.11	Wie oft haben Sie folgende Produkte auf elektronischen Handelsplätzen schon gehandelt? gar nicht 1 mal 2-5 mal 6-10 mal mehr als 10 mal Getreide ☐ ☐ ☐ ☐ ☐ Ölsaaten (z.B. Raps) ☐ ☐ ☐ ☐ ☐ Kartoffeln ☐ ☐ ☐ ☐ ☐ Obst / Gemüse ☐ ☐ ☐ ☐ ☐ Schlachtvieh ☐ ☐ ☐ ☐ ☐ Futtermittel ☐ ☐ ☐ ☐ ☐ Düngemittel ☐ ☐ ☐ ☐ ☐ Pflanzenschutzmittel ☐ ☐ ☐ ☐ ☐ Saatgut ☐ ☐ ☐ ☐ ☐ Jungvieh ☐ ☐ ☐ ☐ ☐ Maschinen (neu) ☐ ☐ ☐ ☐ ☐ Maschinen (gebraucht) ☐ ☐ ☐ ☐ ☐ Ersatzteile ☐ ☐ ☐ ☐ ☐ Treib-/ Schmierstoffe ☐ ☐ ☐ ☐ ☐ Bürobedarf / EDV ☐ ☐ ☐ ☐ ☐
4.12	Welche positiven bzw. negativen Erfahrungen haben Sie beim Handel auf elektronischen Marktplätzen gemacht? positiv negativ ☐ ☐ _____ ☐ ☐ _____ ☐ ☐ _____ ☐ ☐ _____
4.13	Werden Sie in Zukunft mehr, weniger oder gleich viel übers Internet handeln? ☐ viel mehr ☐ etwas mehr ☐ gleichviel ☐ weniger ☐ gar nicht mehr

Anhang B: Fragebogen der detaillierten Landwirtbefragung 187

4.14	Wie zufrieden waren Sie insgesamt mit den Ihnen bekannten elektronischen Marktplätzen?					
	Markplatz Name	sehr zufrieden	zufrieden	teils / teils	wenig zufrieden	nicht zufrieden
	_____	☐	☐	☐	☐	☐
	_____	☐	☐	☐	☐	☐
	_____	☐	☐	☐	☐	☐
	_____	☐	☐	☐	☐	☐
4.15	Wie beurteilen Sie die Gebühren der Ihnen bekannten elektronischen Marktplätze?					
	Markplatz Name:	Gebühren sind viel zu hoch	zu hoch	angemessen	zu niedrig	viel zu niedrig
	_____	☐	☐	☐	☐	☐
	_____	☐	☐	☐	☐	☐
	_____	☐	☐	☐	☐	☐
	_____	☐	☐	☐	☐	☐
4.16	Sind Sie an einem elektronischen Marktplatz beteiligt? (z.B. als Genosse, als Gesellschafter, etc.)
	Nein Ja wenn ‚Ja': in welcher Form
	☐ ☐ _____ .
4.17	Würden Sie gerne an der Gestaltung eines elektronischen Marktplatzes aktiv beteiligt sein, um den Marktplatz an Ihre speziellen Bedürfnisse anpassen zu können?
	☐ Nein ☐ Ja
	Ende der Befragung
4.18	Was waren die Gründe dafür, daß Sie bisher noch nicht auf elektronischen Marktplätzen gehandelt haben? (mehrere Antworten möglich)
	☐ kein Vertrauen in das Internet ☐ kein passender Käufer / Verkäufer vorhanden
	☐ schlechtere Preise ☐ hohe Zufriedenheit mit bisherigen Handelspartnern
	☐ zu großer Aufwand ☐ „ich mache Geschäfte nur mit Leuten, die ich kenne"
	☐ sonstiges: _____ .
4.19	Glauben Sie, daß es sich für Sie finanziell rechnen könnte, auch über elektronische Marktplätze Produkte zu kaufen oder verkaufen?
	nein, niemals wahrscheinlich nicht vielleicht wahrscheinlich ja auf jeden Fall
	☐ ☐ ☐ ☐ ☐

Vielen Dank !

10.3 Anhang C: Verkürzter Fragebogen für Online-Umfrage bei ‚Landtrends.de'

Befragung zum Erfolg elektronischer Marktplätze

In den vergangen Jahren war zu beobachten, wie elektronische Marktveranstaltungen für landwirtschaftliche Erzeugnisse, Betriebsmittel und Maschinen wie Pilze aus dem Boden geschossen sind. Nachdem sich die Euphorie stark abgeschwächt hat und einige dieser Marktplatz-Pioniere den Betrieb wieder eingestellt haben, ist die Zeit reif für eine systematische Erfolgsanalyse. Die Untersuchung wird im Rahmen einer Dissertation an der Universität Kiel durchgeführt.

Die Befragung richtet sich an Landwirte, die für Betriebszwecke das Internet nutzen.

1	Was erwarten Sie von einem guten elektronischen Marktplatz? ☐ gute Preise ☐ große Auswahl ☐ jederzeitige Warenverfügbarkeit ☐ Produktinformationen ☐ Preisinformationen ☐ Möglichkeit für Auktionen / Ausschreibungen ☐ landwirtschaftliche Nachrichten ☐ Wettervorhersagen ☐ elektronischer Datenaustausch ☐ persönlicher Kontakt / Gespräche ☐ Qualitätsgarantien zu den Waren ☐ guten Ruf Vermittlung von: ☐ Transportanbietern ☐ Finanzierungen ☐ Versicherungen
2	Wie viel höher oder niedriger (im Verhältnis zum konventionellen Handel) schätzen Sie die Gefahr ein, auf elektronischen Marktplätzen im Internet „über's Ohr gehauen zu werden"? viel höher höher gleich hoch niedriger viel niedriger ☐ ☐ ☐ ☐ ☐
3	Welche elektronischen Marktplätze kennen Sie, auf denen Sie landwirtschaftliche Erzeugnisse, Betriebsmittel oder Maschinen im Internet handeln könnten? 1) 2) 3) 4)
4	Wie oft haben Sie schon auf elektronischen Handelsplätzen gehandelt? gar nicht 1 mal 2-5 mal 6-10 mal mehr als 10 mal ☐ ☐ ☐ ☐ ☐
5	Wenn Sie schon über elektronische Marktplätze gehandelt haben: Was haben Sie auf diesen Marktplätzen schon gehandelt? 1) 2) 3) 4)

6	Wenn Sie schon über elektronische Marktplätze gehandelt haben: Was waren die Gründe für den Handel per Internet? ☐ bessere Preise ☐ größere Auswahl ☐ bessere / mehr Informationen ☐ einfachere Abwicklung per PC und Internet ☐ Neugierde ☐ Möglichkeit von Auktionen / Ausschreibungen
7	Wenn Sie schon über elektronische Marktplätze gehandelt haben: Wie zufrieden waren Sie insgesamt mit den Ihnen bekannten elektronischen Marktplätzen? sehr zufrieden zufrieden teils / teils wenig zufrieden nicht zufrieden ☐ ☐ ☐ ☐ ☐
8	Wenn Sie noch nicht über elektronische Marktplätze gehandelt haben: Was waren die Gründe dafür? ☐ kein Vertrauen in das Internet ☐ kein passender Käufer / Verkäufer vorhanden ☐ schlechtere Preise ☐ hohe Zufriedenheit mit bisherigen Handelspartnern ☐ zu großer Aufwand ☐ „ich mache Geschäfte nur mit Leuten, die ich kenne" ☐ zu hohe Gebühren

10.4 Anhang D: Quellcode der Multi-Agenten-Simulation

```
1   /* ******************************************************************* */
2   /* ***                                                             *** */
3   /* ***           Rekursives Marktplatz-Modell 1.3                  *** */
4   /* ***                                                             *** */
5   /* ***        Stand: 20.07.2004; Autor: Michael Clasen             *** */
6   /* ***                                                             *** */
7   /* ******************************************************************* */
8
9   # include <stdio.h>
10  # include <stdlib.h>
11  # include "random.h"
12
13
14  /* ---------------- Konstantendeklaration ---------------------- */
15  # define Anz_Simulationen 500
16  # define Anz_Iterationen 300
17  # define Anz_Bauer_max 200             /* muss > 0 sein           */
18  # define Anz_MP_max 100
19  # define PAK_alle_start 100
20
21
22  /* ---------------- Variablendeklaration ---------------------- */
23
24  struct Bauer_Typ
25  {
26          int Ernte;
27          int Handelspartner;
28  }
29  Bauer[Anz_Bauer_max];
30
31  struct MP_Typ
32  {
33          int PAK;                       /* PAK = pfadabhängige Kosten */
34          int PAK_t;
35          int Periodenkosten;
36          float Provision;
37          int Umsatz;
38          int Anz_TA;
39          int Budget;
40          int PUK;                       /* PUK = pfadunabhängige Kosten*/
41  }
42  MP[Anz_MP_max];
43
44  int Entfernung [Anz_Bauer_max] [Anz_MP_max],
45          Vertrauensfaktor,
46          Transportkostenfaktor = 1,
47          durch_min_entf,
48          Anz_MP_aktuell,
49          Periode,
50          Anz_Bauer,
51          Anz_MP,
52          z,s;
53
54  char init[15];
55
56  FILE *fp_out;
57
58
```

Anhang D: Quellcode der Multi-Agenten-Simulation

```
59   /* ------------------Funktionsdeklaration ------------------ */
60   void initialisieren();
61   void berechnen();
62   void entf_berechnen();
63   void zuruecksetzen();
64   void ausgeben_Excel();
65   void ausgeben_Excel_Kopf();
66   void ausgeben_kumuliert();
67   void ausgeben_kumuliert_Kopf();
68   void random_anz();
69
70   /* --------------------- Hauptprogramm ------------------ */
71
72   int main(int argc, char *argv[])
73   {
74
75   fp_out = fopen("Modell.out", "w");
76   printf("\nInitialisierung fuer Zufallszahlengenerator:");
77   scanf("%15s[]",init);
78   RandomSeed(init);
79   ausgeben_kumuliert_Kopf();
80       for (s=0; s < Anz_Simulationen; s++)
81               {
82                   Anz_Bauer = 0;
83                   Anz_MP = 0;
84   /*              random_anz();*/
85                   initialisieren();
86                   entf_berechnen();
87   /*              ausgeben_Excel_Kopf();*/
88                   for (z=0; z < Anz_Iterationen; z++)
89                       {
90                           berechnen();
91   /*                      ausgeben_Excel();*/
92                           zuruecksetzen();
93                       }
94                   ausgeben_kumuliert();
95               }
96   fclose(fp_out);
97   return 1;
98   }
99
100
101  /* --------------------- initialisieren ------------------ */
102  void initialisieren()
103  {
104          int i,j;
105
106          Vertrauensfaktor = 1;
107
108          if (Anz_Bauer < 1)
109                  {Anz_Bauer = Anz_Bauer_max;}
110          if (Anz_MP < 1)
111                  {Anz_MP = Anz_MP_max;}
112
113          Anz_MP_aktuell = Anz_MP;
114          Periode = Anz_Iterationen;
115
116          for (i=0; i < Anz_Bauer; i++)
117              {
118                  Bauer[i].Ernte = 0;
119                  Bauer[i].Handelspartner = -1;
```

Anhang D: Quellcode der Multi-Agenten-Simulation 193

```
120     }
121     for (j=0; j < Anz_MP; j++)
122     {
123         MP[j].PAK = PAK_alle_start;
124         MP[j].PAK_t = 0;
125         MP[j].Periodenkosten = 10;
126         MP[j].Budget = 100;
127         MP[j].Provision = 0.01;
128         MP[j].Anz_TA = 0;
129         MP[j].PUK = 0;
130     }
131     for (i=0; i<Anz_Bauer; i++)
132     {
133         for (j=0; j < Anz_MP; j++) {
134             Entfernung [i] [j] = RandBUInt(1000) * Transportkostenfator;
135         }
136     }
137 }
138
139 /* --------------------- Zufallswerte setzen ---------------------- */
140 void random_anz()
141 {
142 /*  Anz_Bauer = RandtwoBUInt(1,Anz_Bauer_max);
143     Anz_MP    = RandtwoBUInt(1,Anz_MP_max);
144     Transportkostenfaktor = RandtwoBUInt(1,100);*/
145 }
146
147 /* ---------- durchschn. Entfernungen Bauer-MP berechnen ---------- */
148 void entf_berechnen()
149 {
150     int i,j,
151         entf_min,
152         kum_entf_min;
153
154     entf_min = 99999;
155     kum_entf_min = 0;
156     durch_min_entf = 0;
157
158
159     /* durchschnittliche minimale Entfernung Bauer-MP */
160     for (i=0; i < Anz_Bauer; i++)
161     {
162         for (j=0; j < Anz_MP; j++)
163         {
164             if ((Entfernung[i] [j] + MP[j].PAK) < entf_min)
165             {
166                 Bauer[i].Handelspartner = j;
167                 entf_min = (Entfernung[i] [j]);
168             }
169         }
170         kum_entf_min = kum_entf_min + entf_min;
171     }
172     durch_min_entf = kum_entf_min / Anz_Bauer;
173
174     /* durchschn. Entfernungen zwischen MP und allen Bauern */
175     for (j=0; j < Anz_MP; j++)
176     {
177         for (i=0; i < Anz_Bauer; i++)
178         {
179             MP[j].PUK = MP[j].PUK + Entfernung[i] [j];
180         }
```

194   Anhang D: Quellcode der Multi-Agenten-Simulation

```
181                     MP[j].PUK = MP[j].PUK / Anz_Bauer;
182             }
183     }
184
185
186     /* ------------------------- berechnen --------------------------- */
187     void berechnen()
188     {
189             int i,j,kosten_min;
190
191             kosten_min = 99999;
192
193             /* neue Ernte */
194             for (i=0; i < Anz_Bauer; i++)
195             {
196                     Bauer[i].Ernte = RandtwoBUInt(100,500);
197             }
198             /* kostenguenstigsten Handelspartner fuer Bauern finden */
199             for (i=0; i < Anz_Bauer; i++)
200             {
201                     for (j=0; j < Anz_MP; j++)
202                     {
203                             if ((Entfernung[i] [j] + MP[j].PAK) < kosten_min)
204                             {
205                                     Bauer[i].Handelspartner = j;
206                                     kosten_min = (Entfernung[i] [j] + MP[j].PAK);
207                             }
208                     }
209                     MP[Bauer[i].Handelspartner].Anz_TA =
                                    MP[Bauer[i].Handelspartner].Anz_TA + 1;
210                     MP[Bauer[i].Handelspartner].Umsatz =
                                    MP[Bauer[i].Handelspartner].Umsatz + Bauer[i].Ernte;
211                     kosten_min = 99999;
212             }
213             /* Budgets für MP neu berechnen und rekursive Kosten senken */
214             for (j=0; j < Anz_MP; j++)
215             {
216                     /* Checken, ob MP noch Budget hat */
217                     if (MP[j].Budget != -99)
218                     {
219                             MP[j].Budget = MP[j].Budget - MP[j].Periodenkosten;
220                             MP[j].Budget = MP[j].Budget + (MP[j].Umsatz *
                                            MP[j].Provision);
221
222                             MP[j].PAK = MP[j].PAK - (MP[j].Anz_TA * Vertrauensfaktor);
223                             /* PAK duerfen nicht negativ sein */
224                             if (MP[j].PAK < 0) {
225                                     MP[j].PAK = 0;
226                             }
227                             /* wenn Periode = 8 -> PAK merken */
228                             if (z == 7)
229                             {
230                                     MP[j].PAK_t = MP[j].PAK;
231                             }
232
233                             /* Checken, ob MP immer noch Budget hat */
234                             if (MP[j].Budget < 0)
235                             {
236                                     MP[j].Budget = -99;
237                                     Anz_MP_aktuell--;
238                                     Periode = z;
```

Anhang D: Quellcode der Multi-Agenten-Simulation

```
239                         /* Entfernung zu diesem MP auf unendlich setzen */
240                         for (i=0; i < Anz_Bauer; i++) {
241                                 Entfernung [i] [j] = 99999;
242                         }
243                 }
244         }
245     }
246 }
247
248
249 /* -------------------- Periodenvariablen zurücksetzen -------------- */
250 void zuruecksetzen()
251 {
252
253         int i,j;
254
255         for (i=0; i < Anz_Bauer; i++)
256         {
257                 Bauer[i].Handelspartner = 0;
258         }
259         for (j=0; j < Anz_MP; j++) {
260                 MP[j].Anz_TA = 0;
261                 MP[j].Umsatz = 0;
262         }
263 }
264
265 /* ----------------------- ausgeben Excel Kopf ---------------------- */
266 void ausgeben_Excel_Kopf()
267 {
268
269 int j;
270
271 fprintf(fp_out,"\n Initialwert: %s\t Iterationen:%d\t\t Bauern:%d\t Marktplätze:%d\t", init, Anz_Iterationen, Anz_Bauer, Anz_MP);
272 fprintf(fp_out,"\n----------------------------------------------------------------------------------");
273
274 for (j=0; j<Anz_MP; j++) {
275         fprintf(fp_out,"%d\t",MP[j].PUK);
276         }
277 }
278
279
280
281 /* ------------------------- ausgeben Excel ------------------------- */
282 void ausgeben_Excel()
283 {
284
285 int i,j;
286
287 fprintf(fp_out,"\n");
288
289 /*for (j=0; j<Anz_MP; j++) {
290         fprintf(fp_out,"%d\t",MP[j].Umsatz);
291         }
292 */
293         for (j=0; j<Anz_MP; j++) {
294                 fprintf(fp_out,"%d\t",MP[j].Budget);
295         }
296 }
297
```

```
298
299 /* ------------------- ausgeben kumuliert Kopf------------------- */
300 void ausgeben_kumuliert_Kopf()
301 {
302 fprintf(fp_out,"\n Initialwert: %s\t Iterationen:%d\n", init,
    Anz_Iterationen);
303 fprintf(fp_out,"PUK\tPAK t=8\tEndbudget\n");
304 }
305
306 /* ----------------------- ausgeben kumuliert ---------------------- */
307 void ausgeben_kumuliert()
308 {
309
310 int j;
311
312 for (j=0; j<Anz_MP; j++) {
313     fprintf(fp_out,"%d\t%d\t%d\n",MP[j].PUK,MP[j].PAK_t,MP[j].Budget);
314 }
315 fprintf(fp_out,"\n");
316 }
```

10.5 Anhang E: Meldungen über digitale Marktplätze der Ernährungsindustrie im Newsletter der Lebensmittelzeitung im Zeitraum vom 24.10.2001 bis zum 01.07.2004

CPGmarket

Angebotene Dienstleistungen

09.01.2003 - Branchenmarktplätze planen breiten Einsatz
CPGmarket (Gründer Nestlé, Danone, Henkel) setzt den Schwerpunkt in 2003 auf den Rollout eines neuen Reportingtools und des Transaktionsportals, das im vergangenen Jahr bei ersten Kunden eingeführt wurde.
Laut CEO Marie-Pierre Rogers wird in der ersten Hälfte des gerade begonnenen Jahres ein neues Werkzeugs zur Lieferantenbewertung mit dem Namen "Performance Manager" angeboten werden. Dabei gehe es um weitere Verbesserungen des Supply Chain Managements und um die Erfolgskontrolle zur Überprüfung getroffener Maßnahmen.
CPGmarket konzentriert sich auf die von seinen Mitgliedern am meisten nachgefragten Dienste im Rahmen des elektronischen Einkaufs (E-Sourcing): Online-Ausschreibungen und -Auktionen sowie Automatisierung der Geschäftskommunikation zwischen Konsumgüterherstellern und ihren Zulieferern.

18.12.2002 - CPGmarket präsentiert neue Funktionen
Der B2B-Marktplatz von Konsumgüterherstellern CPGmarket bietet neue Software-Module an. Mit "CPG - Enterprise Spend Manager" sollen die Hersteller ihre konzernweiten Ausgaben sowie die Leistungen ihrer Zulieferer überwachen können.
Der "CPG - Category Manager" dient zur Entscheidungsunterstützung bei der Auswahl von Zulieferern, indem er Daten zum Beispiel aus der Marktforschung und den bisherigen Verträgen aufbereitet.
Die beiden Lösungen basieren auf der Software von B2eMarkets, welche als Grundlage für das gesamte E-Sourcing-Angebot von CPGmarket dient.

03.04.2002 - CPGmarket: Überschreitet Milliarden-Grenze
Die von CPGmarket zusammenfassend als "E-Sourcing" bezeichneten Services Informationssuche, Ausschreibung und B2B-Auktion sparen nach Angaben von CEO Marie-Pierre Rogers "im Durchschnitt 10 bis 15 Prozent der Kosten für die Geschäftsabwicklung". Für das laufende Jahr kündigte Rogers die Weiterentwicklung der E-Sourcing-Software und anderer Werkzeuge an.
CPGmarket bietet bisher vier Familien von Services an: E-Sourcing, E-Requisitioning (Kauf von C-Artikeln und Rohstoffen auf Basis von Katalogen), E-Supply-Chain (Lieferkette und Produktion) sowie E-Intelligence (Markt-Informationen sowie anonymisierte Analysen der durchgeführten Transaktionen).
Der Exchange CPGmarket hat sich auf Prozesse zwischen Konsumgüterherstellern und ihren Zulieferern spezialisiert und legt sein regionales Schwergewicht auf Europa. Zu den Investoren und Nutzern gehören neben den vier Gründungsfirmen 25 weitere Unternehmen, darunter Südzucker, Ferrero, Barilla, Coca-Cola Europa und Allied Domecq.

28.02.2002 - Transora und CPGmarket kooperieren
Ab März will Transora seinen Mitgliedern die Auktions- und Ausschreibungsdienste gegenüber Vorlieferanten von CPGmarket inklusive der IT-Integrationsservices anbieten. Umgekehrt wird CPGmarket seinen Mitgliedsfirmen die Nutzung des Stammdatenkatalogs von Transora verkaufen. Nach Rogers Worten sehen etliche der CPGmarket-Investoren "die Notwendigkeit eines solchen Werkzeugs".

Kooperationen

25.04.2002 - Harte Arbeit für Marktplätze
Die Kooperation zwischen den beiden Industrie-Marktplätzen stellten die CEOs Judy Sprieser (Transora) und Marie-Pierre Rogers (CPGmarket) in Barcelona der Branchen-Öffentlichkeit vor.

Wie bereits berichtet, wird CPGmarket Transora-Mitgliedern Dienste zum elektronischen Einkauf bei Vorlieferanten anbieten und Transora im Gegenzug CPGmarket-Mitglieder auf seinen Produktkatalog zugreifen lassen. CPGmarket wird sich auf die Beziehung zwischen Industrieunternehmen und ihren Vorlieferanten beschränken.

28.02.2002 - Transora und CPGmarket kooperieren
Ab März will Transora seinen Mitgliedern die Auktions- und Ausschreibungsdienste gegenüber Vorlieferanten von CPGmarket inklusive der IT-Integrationsservices anbieten. Umgekehrt wird CPGmarket seinen Mitgliedsfirmen die Nutzung des Stammdatenkatalogs von Transora verkaufen. Nach Rogers Worten sehen etliche der CPGmarket-Investoren "die Notwendigkeit eines solchen Werkzeugs".

Kunden

04.12.2003 - CPGmarket wächst
Die von Nestlé, Danone und Henkel gegründete Internet-Plattform wird heute von 18 einkaufenden Unternehmen, darunter L'Oréal, Bahlsen, Ferrero und Südzucker, sowie von über 10.000 Lieferanten genutzt.

Umsatz

04.12.2003 - CPGmarket wächst
Der B2B-Marktplatz CPGmarket hat seit seiner Eröffnung vor drei Jahren Einkaufs-Transaktionen für 5 Mrd. Euro vermittelt. Das gab CPGmarket-Chefin Marie-Pierre Rogers vor der Presse bekannt.
Die von Nestlé, Danone und Henkel gegründete Internet-Plattform wird heute von 18 einkaufenden Unternehmen, darunter L'Oréal, Bahlsen, Ferrero und Südzucker, sowie von über 10.000 Lieferanten genutzt.
Laut CPGmarket-CEO Rogers ist die Zahl der Ausschreibungen und Auktionen im letzten halben Jahr um 50 Prozent gestiegen und liegt bei 400 pro Monat. Im Schnitt vermittle der in Genf ansässige Marktplatz ein Volumen von 1 Mio. Euro pro Auftrag. Auf Käuferseite ergaben sich laut Rogers durch Auktionen Einsparungen von im Schnitt 15 Prozent.

03.04.2002 - CPGmarket: Überschreitet Milliarden-Grenze
Der B2B-Marktplatz CPGmarket hat nach eigenen Angaben ein Transaktionsvolumen von 1 Mrd. EUR überschritten. Seit der Aufnahme des Betriebs im Oktober 2000 wurden über 1.000 Anfragen, Ausschreibungen und Auktionen durchgeführt, meldet die von Nestlé, Danone, Henkel und SAP gegründete Plattform. 600 Einkäufer und 2500 Mitarbeiter von Lieferanten seien registrierte Nutzer.

07.02.2002 - Allied Domecq nutzt CPGmarket
Das britische Wein- und Spirituosenunternehmen Allied Domecq Plc. hat erste indirekte Güter über den B2B-Marktplatz CPGmarket eingekauft. Insgesamt sind nach Angaben der Plattform bereits Waren im Wert von 400 Mio. EUR auf CPGmarket gehandelt worden.

GET PORT

Angebotene Dienstleistungen

31.07.2003 - Getränke-Plattform GetPort ist gestartet
Das von Herstellern der Getränkeindustrie initiierte Portal GetPort hat den operativen Betrieb aufgenommen.
Neben einem Stammdaten-Pool bietet GetPort die Möglichkeit, Bestellungen und Rechnungen via Internet abzuwickeln. Erste Getränkefachgroßhändler sind online.
Über eine einzige Schnittstelle können die an das System angeschlossenen Partner der Getränkebranche kommunizieren, sagt Pick zu den Vorteilen. Rund 2500 Artikel-Stammdaten der Hersteller sind zurzeit auf der Branchenplattform verfügbar. Der Pool soll weiter wachsen.

Anhang E: Meldungen über ausgesuchte digitale Marktplätze in der LZ

Darüber hinaus können via GetPort Daten der unterschiedlichsten Formate miteinander ausgetauscht werden. "Wir sind ein zentraler Übersetzer der Subformate", schildert Pick die wichtige Transferfunktion.
Weitere Themen und Funktionalitäten sind zurzeit in Arbeit. Absatzberichte und Chargenverfolgung sollen als nächste Schritte in das GetPort-Programm integriert werden. Technischer Partner ist der IT-Dienstleister EDS.

16.01.2003 - GetPort wird offensiv
Getport ist eine Kombination von EDI-Knotenpunkt, Extranet und Stammdatenpool für Getränke. Als zentrale Drehscheibe betreibt es EDI-Clearing für klassisches und Web-EDI. Zusätzlich läuft die Internet-Übertragung von Eancom-Daten erfolgreich im Pilotbetrieb. Live sind bereits die EDI-Nachrichten-Typen für Bestellungen und Rechnungen. Absatzdaten (Salesreport) und Lieferavis einschließlich Chargenverfolgung folgen in Kürze.
Bereits seit Juni ist der elektronische Katalog mit allen von den acht Brauereien angebotenen Artikeln in Betrieb. Er kann per EDI abgerufen, in Excel importiert oder auch per Extranet bis zur Bestellung per Mausklick durchsurft werden. Nach Angaben Picks sind auch einige Formate für den EDI-Datenaustausch mit Rewe, Metro und anderen LEH-Unternehmen bereits realisiert.
In einem Projekt für mehrere der Investoren hat GetPort auch eine Prozessunterstützung für Category Management gebaut. Ab November wird die Datendrehscheibe zunächst mit Englisch mehrsprachig. GetPort versteht sich als europäische Getränke-Plattform.
In Berlin unterstrich Peter Pick sowohl die "Prozess-Orientierung" als auch die Neutralität und Offenheit der Plattform. Mit GetPort sei die Umsetzung der Idee gelungen, dass sich sowohl GFGH-Unternehmen als auch Getränkehersteller nur einmal an einen Datenknoten anbinden müssen.

12.09.2002 - Sieben Brauereien bauen B2B-Portal
Ab Anfang 2003 will GetPort den Datenaustausch im Eancom-Branchenformat für Bestellungen, Lieferavise und Rechnungen als klassisches EDI, Web-EDI und als XML-Format sowie Individualformate auf Wunsch von Handelspartnern anbieten.
Das Portal will ebenfalls ab Anfang 2003 einen Stammdatenkatalog schrittweise aufbauen. Er wird nach Aussage Picks kompatibel zur existierenden CCG-Datenbank Sinfos sein. Allerdings werde auch an neue Datenfelder für Leergut oder Outlet-Adressen gedacht. Über den Web-Bereich des Portals sollen später auch Produktfotos und bisher nicht genormte Stammdaten angeboten werden.
In späteren Ausbaustufen visiert GetPort den elektronischen Geschäftsdatenaustausch mit kleinen Verkaufsstellen bis hin zu Gaststätten und Kiosken an. Solche Lösungen sollten dann gemeinsam mit Partnern aus dem Getränkefachgroßhandel erarbeitet werden, sagt Pick.
Auch zusätzliche Internet-Dienste scheinen in der Planung zu sein. Der Name ist eine Abkürzung von "Getränke-Portal". Die am 3. September gegründete GetPort GmbH hat ihren Sitz in Wiesbaum/Eifel nahe der Autobahn A1.
Der technische Betrieb soll an einen global tätigen IT-Dienstleister vergeben werden. Die Plattform soll, so Pick, "nicht gewinnorientiert, sondern kostendeckend" arbeiten.

Kunden

31.07.2003 - Getränke-Plattform GetPort ist gestartet
Zum Start des Portals sind die drei großen Getränkefachgroßhändler Göttsche, Hamburg, Westdeutscher Getränkevertrieb, Dortmund, sowie Winkels, Karlsruhe auf GetPort aufgeschaltet.
"Auch führende Lebensmitteleinzelhändler werden die Leistungen von GetPort in Anspruch nehmen", sagt Pick. Namen könne er noch keine nennen. Der Geschäftsführer der offenen Plattform ist optimistisch, bis zum Jahresende "eine große Zahl von Handelspartnern" als aktive Nutzer des Portals verzeichnen zu können.

16.01.2003 - GetPort wird offensiv
Auf Seiten des Getränkefachgroßhandels (GFGH) nutzen bereits die relativ großen Unternehmen Essmann (Lingen), Göttsche (Hamburg), HM Interdrink (Mannheim), Nordmann

(Stralsund), Westdeutscher Getränkevertrieb (Dortmund) und Winkels (Karlsruhe) den Datenaustausch über GetPort.
Nach Picks Worten sind 20 weitere GFGH-Firmen "in der Pipeline". Diese Zahl solle jetzt schnell gesteigert werden. Die Plattform arbeitet seit vier Monaten.

Sonstiges

31.07.2003 - Getränke-Plattform GetPort ist gestartet
Getränkefachgroßhändler und Lebensmitteleinzelhändler können ab sofort ihre Bestellungen mit den Unternehmen Bitburger, Holsten, Interbrew Deutschland, Krombacher, der Radeberger Gruppe, Veltins sowie Warsteiner über GetPort abwickeln.
Die sieben genannten Unternehmen sind die Gründungsmitglieder der Internet-Plattform. Sie finanzieren diese und stellen sie den Handelspartnern kostenlos zur Verfügung. Mit weiteren Herstellern sei man bezüglich der Nutzung von GetPort im Gespräch, sagt Peter Pick, Geschäftsführer GetPort GmbH, Wiesbaum/Eifel.

16.01.2003 - "Pros-IT" auf den Datenaustausch
"GetPort hat EDS damit beauftragt, die neutrale E-Business-Plattform zu entwickeln und zu betreiben", heißt es in einer Presseerklärung. Und mit der Entwicklung des Web-Portals, das künftig als Schnittstelle für den LEH, Hersteller und Getränkefachgroßhändler fungieren will, liege man im Zeitplan, sagt Peter Pick, Geschäftsführer der GetPort GmbH. Noch sei man in der Testphase, so Pick.
Im zweiten Quartal 2003 sollen die Leistungen angeboten werden. Sowohl auf Hersteller- als auch auf Handelsseite sei er mit weiteren Interessenten und Nutzern im Gespräch.

16.01.2003 - GetPort wird offensiv
Die Hannen-Brauerei ist neues Mitglied von GetPort. Damit wird diese Transaktions-Plattfom der Getränkeindustrie von acht großen Brauereien betrieben.
Vier Monate nach dem Produktiv-Start will GetPort jetzt eine "Groß-Akquise" von Nutzern starten, wie Geschäftsführer Peter Pick beim VLB-Forum bekannt gab.
"Wir werden jetzt das Tempo forcieren und die Aufschaltquote deutlich erhöhen", erklärte Pick beim "Forum Getränkeindustrie und Getränkehandel" der Versuchs- und Lehranstalt für Brauerei (VLB) in Berlin.
Die elektronische Kommunikations-Plattform GetPort wurde von Bitburger, Holsten, Interbrew Deutschland, Krombacher, Radeberger, Veltins und Warsteiner ins Leben gerufen. Neuerdings gehört auch Hannen (Carlsberg Deutschland) zu den Gesellschaftern, und in Berlin kündigte Pick "in Kürze weitere Namen" an.

12.09.2002 - Sieben Brauereien bauen B2B-Portal
GetPort soll in der Anfangsphase vor allem als EDI-Knotenpunkt und Stammdatenbank fungieren, später aber auch weitere Internet-Applikationen bieten. Nach Picks Aussage wird die firmenübergreifende Plattform die Komplexität verringern und damit die Kosten des elektronischen Datenaustauschs (EDI) senken.
Dadurch soll die Automatisierung des Geschäftsdatenaustauschs zwischen Getränkeindustrie und Handel deutlich erhöht werden. Die EDI-Verbindung zu GetPort werde Herstellern und Händlern viele und bei Neueinrichtung teure 1-zu-1-Verbindungen ersparen.
Gleichzeitig soll das Angebot von Web-EDI die Zahl der Teilnehmer an EDI vor allem beim Getränkefachgroßhandel deutlich erhöhen.

GNX

Angebotene Dienstleistungen

11.05.2004 - GNX hat neues Einkaufs-Tool
Der von acht Einzelhandelskonzernen gegründete B2B-Dienstleister Global Net Xchange (GNX) bietet seine Services für den elektronischen Einkauf zukünftig auf Basis der Softwarelösungen von Emtoris, Boston/Massachusetts an.
Von der Suche und ersten Bewertung geeigneter Lieferanten über komplexe Ausschreibungen (RFQs) bis hin zu Preisauktionen soll der elektronische Einkauf komplett auf GNX abgebildet werden können.

Anhang E: Meldungen über ausgesuchte digitale Marktplätze in der LZ

09.01.2003 - Branchenmarktplätze planen breiten Einsatz
Derzeit entwickle GNX außerdem eine neuartige Lösung für die Lieferantenbewertung namens "Collaborative Performance Management" (CPM). Ein erster Pilot dieser Software soll im zweiten Quartal vorliegen.
Es handelt sich um ein Berichtstool, mit dem Händler und Lieferant gemeinsam die Lieferanten-Leistung anhand vorher abgesteckter Ziele transparent machen und bewerten könnten.
Außerdem will GNX in 2003 mit einem neuen Stammdatensynchronisierungs-Service Pilotprojekte starten. "Wir werden kein Artikelstammdaten-Pool, wir fungieren lediglich als Schnittstelle zu den unterschiedlich bestehenden Datenpools weltweit", erläutert Laughlin.

31.10.2002 - Transora und GNX schließen Allianz
Ziel der Marktplatz-Zusammenarbeit ist ein System für den globalen Stammdatenaustausch, „End-to-End Global Data Synchronization Solution" genannt. Das Modell läuft darauf hinaus, dass Transora-Mitglieder die Daten ihrer Produkte in der Transora-Datenbank jeweils auf dem neuesten Stand halten und die Stammdaten von dort über GNX an interessierte Händler weitergeleitet werden.
Für diesen globalen Daten-Export haben Transora und GNX nach eigenen Angaben einen Stufenplan entwickelt, nach dem zunächst Standard-Stammdaten an Retailer geschickt werden. In späteren Stufen sollen auch Händler-spezifische Daten-Attribute wie Preis und Konditionen automatisiert von Computer zu Computer übertragen werden. Dafür wollen beide Exchanges gemeinsam technische Lösungen erarbeiten und dann auch vereint vermarkten.

17.01.2002 - GNX: Auktionen für 2,1 Mrd. Dollar
Auch bei seinem Internet-Werkzeug für CPFR (Collaborative Planning, Forecasting and Replenishment) meldet GNX Fortschritte. Das vom Software-Hersteller Manugistics gelieferte Tool wird ab sofort unter dem Namen "GNX Collaboration Suite" allen GNX-Nutzern für den Serien-Betrieb angeboten.
Das Werkzeug wurde in etlichen Pilotprojekten optimiert, wie z.B. der erste CPFR-Datenaustausch zwischen Metro und Procter&Gamble.
Metro setzt diese Version 6.2 der GNX Collaboration Suite bereits seit Dezember ein. Noch dieses Jahr soll die CPFR-Zusammenarbeit mit Henkel, Kimberly-Clark, SCA und bis zu einem halben Dutzend weiterer Lieferanten über GNX anlaufen.
KarstadtQuelle ist in der Phase erster CPFR-Pilotprojekte und plant "Mitte des Jahres den Roll-out", sagt Sprecherin Mechthild Hexamer.

Kooperationen

31.10.2002 - Transora und GNX schließen Allianz
Die beiden B2B-Marktplätze Transora und GNX haben eine "Allianz" zum Austausch von Stammdaten gegründet. Sie soll interessierten GNX-Händlern stets aktuelle Produktdaten aus dem Transora-Katalog zuspielen - mittelfristig einschließlich Preis- und Konditioneninformationen.
Mit der Allianz erkennen die acht an GNX beteiligten Handelskonzerne an, dass sich Transora für etliche der weltgrößten Konsumgüterhersteller zum zentralen Portal für die Einspeisung und Speicherung von Stammdaten entwickelt - vor allem für Konzerne, die ihre Zentrale in den USA haben.

Kunden

09.01.2004 - GNX: Kmart wird Mitglied
Der vor neun Monaten erfolgreich aus dem Insolvenzverfahren ("Chapter 11") gestiegene US-Discounter Kmart ist Mitglied des B2B-Marktplatzes GNX geworden.

03.11.2003 - Diageo senkt Bestände upstream mit GNX
Der Getränkehersteller Diageo nutzt den von Einzelhändlern gegründeten Internet-Marktplatz Global Net Xchange (GNX), um die Bestandsführung beim Verpackungsmaterial gemeinsam mit seinen Zulieferern zu verbessern.

30.07.2002 - GNX: Federated bietet mit
Das US-Warenhaus-Unternehmen Federated beteiligt sich am B2B-Marktplatz GNX. Das teilte die Plattform gleichzeitig mit Zahlen über Einkaufsauktionen mit.
Laut GNX veranstalteten die beteiligten Handelsunternehmen im zweiten Quartal über 1550 Auktionen mit einem Auftragsvolumen von mehr als 850 Mio. USD. In den zwei vorausgegangenen Quartalen lag das Auktionsvolumen bei 925 und 700 Mio. USD. Damit deckt die Einkaufsform Auktion über 70 Prozent der Online-Verhandlungen auf GNX ab.

Umsatz

12.11.2003 - Global Net Xchange wächst weiter
Die B2B-Plattform GNX (Metro, KarstadtQuelle, Carrefour, Sainsbury's und andere) hat nach eigenen Angaben im dritten Quartal 3.200 Einkaufs-Auktionen im Wert von 1,6 Mrd. US-Dollar abgewickelt.
Seit Bestehen hätten die Handelskonzerne 1,2 Mrd. USD in 18.000 Auktionen eingespart. Auch die Kooperations-Werkzeuge von GNX würden verstärkt genutzt.

18.07.2003 - Mehr Auktionen und Kooperationen auf GNX
Auf dem B2B-Marktplatz GlobalNetXchange (GNX) fanden im zweiten Quartal 2003 über 3.200 Auktionen der Mitglieder im Wert von mehr als 1,6 Mrd. US-Dollar statt. Damit verdoppelte sich die Anzahl der Transaktionen im Vergleich zum Vorjahreszeitraum.
Seit Bestehen des Marktplatzes haben die GNX-Mitglieder etwa 15.000 Auktionen im Wert von mehr als 10,5 Mrd. USD durchgeführt. Darüberhinaus berichtet GNX, dass auch die Nutzung ihrer Collaboration-Lösung stark zugenommen hat. Fünf neue Mitglieder starteten auf der Supply Chain Collaboration-Plattform.
Zusätzlich stieg die Anzahl der Produkte auf der GNX Collaborative Product Development (CPD)-Plattform von 3.400 auf 4.400. Das ist eine Steigerung von 30 Prozent. Mehr als 660 Lieferanten sind derzeit bei GNX registriert. In GNX haben unter anderem auch KarstadtQuelle und Metro investiert.

15.05.2003 - GNX wird verstärkt genutzt
Die Branchenplattform Global Net Xchange (GNX) hat im ersten Quartal 2003 das Auktionsvolumen gegenüber dem Vorjahreszeitraum mehr als verdoppelt.
Die Lösungen zur "Supply Chain Collaboration" werden jetzt von 29 Unternehmen angewendet, während es im Vorjahresquartal erst acht waren. Die Metro Group, die das Programm in ihrer C+C-Division zusammen mit neun strategischen Lieferanten pilotiert hat, will den Einsatz ausweiten.
Die Resultate beschreibt Vorstand Zygmunt Mierdorf als sehr positiv, so dass Metro weitere Industriepartner mit ins Boot nehmen und CPFR auf andere Geschäftseinheiten, beginnend mit Real, ausdehnen will.
Die GNX-Mitglieder führten im ersten Quartal mehr als 2.300 Auktionen mit einem Volumen von über 1,4 Mrd. US-Dollar durch. Damit hat sich das Transaktionsvolumen auch im Wert mehr als verdoppelt.
Die gemeinsame Produktentwicklung von Handel und Industrie legte um rund 125 Prozent (2.000 Produkte) zu. Sainsbury's hat inzwischen 90 Prozent seiner Privat Label-Entwicklung auf GNX verlegt.

15.01.2003 - GNX übertrifft eigene Auktionserwartungen
Der B2B-Branchenmarktplatz des Handels Global Net Xchange (GNX) gab am 13. Januar bekannt, dass er bei Online-Auktionen im vergangenen Jahr noch besser als angekündigt abgeschnitten hat.
So habe man mit 6.600 Transaktionen das Volumen um 144 Prozent auf fast 5,1 Mrd. US-Dollar (USD) gesteigert. Dazu trug ein besonders gutes Dezembergeschäft bei.
Allein in diesen vier Wochen wurden Auktionen im Wert von über 1 Mrd. USD abgewickelt. Insgesamt nahmen mehr als 17.000 Lieferanten teil.

09.01.2003 - Branchenmarktplätze planen breiten Einsatz
Zu den am meisten wachsenden Feldern der Plattform zählen, wie bei den Wettbewerbern, die Online-Auktionen. Im vergangenen Jahr hat GNX sein diesbezügliches Volumen auf

Anhang E: Meldungen über ausgesuchte digitale Marktplätze in der LZ   203

4,1 Mrd. US-Dollar (USD) fast verdoppelt und rechnet für 2003 mit einem "weiterhin überproportionalen Wachstum".

06.11.2002 - GNX: Auktionen für 1,2 Mrd. USD
Der B2B-Marktplatz Global Net Xchange (GNX) hat nach eigenen Angaben im vergangenen Quartal (Q3) 1.750 Online-Auktionen mit einem Volumen von insgesamt 1,2 Mrd. US-Dollar (USD) abgewickelt. In GNX haben unter anderem Metro, KarstadtQuelle, Carrefour und Sainsbury investiert.
Gegenüber dem Vorjahreszeitraum konnte GNX das Volumen des auktionsförmigen Einkaufs seiner Mitglieder um 146 Prozent steigern. Bereits im zweiten Quartal dieses Jahres habe GNX das Auktions-Volumen von 1 Mrd. USD überschritten, korrigierte der Exchange jetzt seine Meldung vom Juli, nach der im zweiten Quartal lediglich 850 Mio. USD erreicht werden sollten.

25.04.2002 - Harte Arbeit für Marktplätze
Nahezu alle Unternehmen hätten ihre B2B-Aktivitäten mit auktionsförmigem Einkauf begonnen. Auktionen bringen nach Auskunft von Joe Laughlin, CEO von Global Net Xchange (GNX), derzeit 70 Prozent der Umsätze seines Marktplatzes.
"CPFR gab es ja bis heute nur in Tests." Jetzt sei man so weit, die Funktionalitäten zur kooperativen Planung, Prognose und Bestandsführung allgemein verfügbar anzubieten.

17.01.2002 - GNX: Auktionen für 2,1 Mrd. Dollar
Der B2B-Marktplatz GNX hat im vergangenen Jahr Einkaufsauktionen im Wert von 2,1 Mrd. US-Dollar ausgerichtet. Davon entfallen allein 281 Mio. Dollar auf die Metro AG. 2002 wollen die beteiligten Händler, darunter Metro und KarstadtQuelle, Auktionen und CPFR-Kooperation per GNX deutlich ausbauen.
Allein im vierten Quartal 2001 kam GNX (Global Net Xchange) nach eigenen Angaben bei 1.150 Auktionen der beteiligten Handelskonzerne auf ein Transaktionsvolumen von 925 Mio. Dollar. Im ganzen Jahr waren es bei 2.600 Auktionen 2,1 Mrd. Dollar.
Bei 75 Prozent davon ging es um Waren zum Weiterverkauf, beim Rest um Ausstattungsgegenstände, Verbrauchsmaterialien und Dienstleistungen für Händler. GNX stellt erfreut einen Trend zum auktionsförmigen Einkauf von No-Name-Produkten und Waren für Eigenmarken fest.

24.10.2001 - Merkel: B2B-Marktplätze zunehmend wichtig
Der von neun Handelskonzernen, darunter Metro und Carrefour, gebildete GNX hat nach eigenen Angaben im vergangenen Quartal bei 580 Auktionen ein Beschaffungsvolumen von über 500 Mio. US-Dollar online ausgeschrieben.

Sonstiges

22.11.2001 - Datenpools offen für GCI-Standards
Laut WWRE und GNX wollen alle Datenpools, die sich an einer Umfrage beteiligten, bis Mitte 2002 ihre Systeme verändern, um GCI-Standards zu entsprechen.
Bis Mitte 2003 wollten alle entsprechend einem von den Marktplätzen vorgeschlagenen Zeitplan voll GCI-kompatibel sein.
Die Umfrage erstreckt sich auf Datenpools wie Sinfos, UDEX und UCCnet, die heute Dienste für zusammen 12 000 Konsumgüterhersteller und über 300 Händler erbringen. Deren Daten wollen GNX und WWRE in Zukunft an Händler weiterleiten.

Transora

Angebotene Dienstleistungen

29.12.2003 - Transora modernisiert seine Software
Der Stammdatenpool Transora hat eine neue Version seiner Daten-Synchronisations-Software in Betrieb genommen. Sie deckt auch Streckenbelieferungen in den USA ab. Eine Version in deutscher Sprache kündigt Transora für Ende diesen Jahres an. In Mexiko will der dortige Stammdatenservice Catalogalo von EAN/Amece eng mit Transora zusammenarbeiten.

Anhang E: Meldungen über ausgesuchte digitale Marktplätze in der LZ

28.08.2003 - Transora gründet deutsche User Group
Ein Modell für Deutschland ist, dass Stammdaten vor allem von Herstellern mit Konzernzentrale in den USA in Transoras "TDSN Data Catalogue" abgelegt und von dort an den deutschen Katalog Sinfos übertragen werden. Sinfos wiederum könnte dann deutsche und andere europäische Händler mit diesen Daten versorgen. Dieses Modell entspricht dem von GCI und EAN International geplanten "Global Data Synchronisation Network", bei dem viele regionale und einige globale Stammdatenpools Daten weiterreichen, und dadurch jedem Hersteller und jedem Händler einen Übergabepunkt ("Single point of Entry") anbieten können.
Es gibt aber immer wieder Gerüchte, dass Transora auch das direkte Geschäft mit deutschen LEH-Unternehmen suchen könnte. Bentley lobt allerdings den in einem Pilotprojekt erarbeiteten Daten-Link zu Sinfos und nennt ihn "komplett und in Produktion". Ganz soweit ist die Realität allerdings nicht - noch enthält der Katalog von Transora nicht die auf den deutschen Markt bezogenen Stammdaten der Produkte von Procter, Kraft, Sara Lee und anderen.

09.01.2003 - Branchenmarktplätze planen breiten Einsatz
Transora hat gerade eine neue Version (3.0) seines Stammdatenkatalogs herausgebracht, der um Kategorien-spezifische Attribute und Mehrsprachigkeit (beginnend mit Spanisch im ersten Quartal) erweitert wurde.

31.10.2002 - Transora und GNX schließen Allianz
Ziel der Marktplatz-Zusammenarbeit ist ein System für den globalen Stammdatenaustausch, "End-to-End Global Data Synchronization Solution" auf Englisch genannt. Das Modell läuft darauf hinaus, dass Transora-Mitglieder die Daten ihrer Produkte in der Transora-Datenbank jeweils auf dem neuesten Stand halten und die Stammdaten von dort über GNX an interessierte Händler weitergeleitet werden.
Für diesen globalen Daten-Export haben Transora und GNX nach eigenen Angaben einen Stufenplan entwickelt, nach dem zunächst Standard-Stammdaten an Retailer geschickt werden. In späteren Stufen sollen auch Händler-spezifische Daten-Attribute wie Preis und Konditionen automatisiert von Computer zu Computer übertragen werden. Dafür wollen beide Exchanges gemeinsam technische Lösungen erarbeiten und dann auch vereint vermarkten.

02.01.2002 - Transora: Zugang für Händler
In den nächsten Monaten will der elektronische Marktplatz großer Industrieunternehmen seine Katalogdienste auch für Handelsunternehmen öffnen.
Das kündigte Judy Sprieser, CEO von Transora, gegenüber der Fachzeitschrift Supermarket News an. Händler können dann auf den elektronischen Stammdatenkatalog zugreifen, der seit Juli 2001 für Hersteller zur Verfügung steht.
Von dem Zugang zu aktuellen und standardisierten Daten erwartet Sprieser einen Auftrieb für die kooperative Prognose, Planung und Bestandsführung (CPFR).

Kooperationen

22.05.2003 - Mega-Marktplatz "ICE" liegt auf Eis
Kommende Woche hätte die geplante Verschmelzung der Internet-Marktplätze WWRE und Transora zum "International Collaboration Exchange" (ICE) veröffentlicht werden sollen. Doch bei der erforderlichen Abstimmung unter den Transora-Investoren wurde das nötige Quorum für eine Fusion nicht erreicht.
Es war der Wunsch vieler Top-Manager der Branche, das Hersteller-Konsortium Transora und den von Einzelhändlern gegründeten World Wide Retail Exchange (WWRE) zu fusionieren. So hatte sich vor allem die Führung von Procter & Gamble für die Fusion engagiert. Bei der notwendigen Abstimmung unter den Transora-Mitgliedern wurde jetzt allerdings das notwendige Quorum nicht erreicht. Eine Befragung der WWRE-Investoren wurde daraufhin abgesagt und das Thema ICE auf Eis gelegt.

Anhang E: Meldungen über ausgesuchte digitale Marktplätze in der LZ

31.10.2002 - Transora und GNX schließen Allianz
Die beiden B2B-Marktplätze Transora und GNX haben eine "Allianz" zum Austausch von Stammdaten gegründet. Sie soll interessierten GNX-Händlern stets aktuelle Produktdaten aus dem Transora-Katalog zuspielen - mittelfristig einschließlich Preis- und Konditioneninformationen.
Mit der Allianz erkennen die acht an GNX beteiligten Handelskonzerne an, dass sich Transora für etliche der weltgrößten Konsumgüterhersteller zum zentralen Portal für die Einspeisung und Speicherung von Stammdaten entwickelt - vor allem für Konzerne mit Zentrale in den USA.

25.04.2002 - Harte Arbeit für Marktplätze
Die Kooperation zwischen den beiden Industrie-Marktplätzen stellten die CEOs Judy Sprieser (Transora) und Marie-Pierre Rogers (CPGmarket) in Barcelona der Branchen-Öffentlichkeit vor.
Wie bereits berichtet, wird CPGmarket Transora-Mitgliedern Dienste zum elektronischen Einkauf bei Vorlieferanten anbieten und Transora im Gegenzug CPGmarket-Mitglieder auf seinen Produktkatalog zugreifen lassen. CPGmarket wird sich auf die Beziehung zwischen Industrieunternehmen und ihren Vorlieferanten beschränken.

28.02.2003 - Transora und CPGmarket kooperieren
Ab März will Transora seinen Mitgliedern die Auktions- und Ausschreibungsdienste gegenüber Vorlieferanten von CPGmarket inklusive der IT-Integrationsservices anbieten. Umgekehrt wird CPGmarket seinen Mitgliedsfirmen die Nutzung des Stammdatenkatalogs von Transora verkaufen. Nach Rogers Worten sehen etliche der CPGmarket-Investoren "die Notwendigkeit eines solchen Werkzeugs".

Kunden

29.05.2002 - Transoras Katalog wächst
In den USA laden fünf weitere Konsumgüterhersteller ihre Produktdaten in den Katalog des B2B-Marktplatzes Transora.
Die US-Töchter von Nestlé und Unilever wollen ebenso wie H.J. Heinz, Hershey Foods Corp. und Hormel Foods den Transora-Katalog nutzen, um die Stammdaten ihrer Produkte mit den Systemen der Einzelhändler zu synchronisieren.
Zuvor hatten bereits Kraft Foods, Procter & Gamble sowie Reckitt Benckiser die Daten von nahezu 20.000 Produkten (SKUs) in das Verzeichnis gestellt.
Milan Turk, Direktor E-Business für das weltweite Geschäft von Procter, erklärt, dass sein Unternehmen den Transora-Katalog als das prinzipielle Werkzeug nutzen möchte, mit dem es seine Produktdaten veröffentlicht.

Umsatz

09.01.2003 - Branchenmarktplätze planen breiten Einsatz
Transora habe in den letzten beiden Monaten über die ganze Bandbreite seiner Services ein "bedeutsames Wachstum" realisiert, berichtet Sprieser. Man habe inzwischen mehr als 100.000 Katalognutzer unter Vertrag. Sprieser rechnet damit, dass sich die eigenen Dienstleistungen in 2003 weiter durchsetzen werden.

02.05.2002 - „Wal-Marts B2B muss die Branche aufwecken"
600 Hersteller haben ihre Produkte bereits auf unseren Katalogen – das sind 2,5 Mio. Produkte.

WWRE

Angebotene Dienstleistungen

13.03.2003 - Die Welt der Stammdaten wächst zusammen
Das Zusammenwachsen von Stammdaten-Pools aus verschiedenen Welt-Regionen geht weiter. Jetzt melden das deutsche Sinfos und der B2B-Marktplatz WWRE eine erfolgreiche Datenübertragung an Rewe.

Zurzeit wird von den Datenpools EAN International und GCI unter dem Begriff "Global Data Synchronisation Network" ein weltumspannendes Netz von Stammdatenbanken für die Konsumgüterindustrie gebaut.
Sinfos und der Händler-Marktplatz "World Wide Retail Exchange" (WWRE) wollen Teil dieses globalen Netzwerks werden, zu dem Rewe, Edeka, Tengelmann, Markant, Schlecker, Otto und Coop Schweiz sowie weitere 55 Handelsunternehmen weltweit gehören.
In einem ersten Pilotprojekt haben Sinfos und WWRE erfolgreich die Weiterleitung von Stammdaten für Produkte von Kraft Foods, Nestlé, Procter & Gamble und Philips von Sinfos über WWRE an Rewe getestet.
Nach Abschluss der Testphase verhandeln Sinfos und WWRE jetzt über Modalitäten und Gebühren für einen kommenden operativen Dauerbetrieb. Die Fähigkeit zum Daten-Verbund hat Sinfos bereits für Stammdaten bewiesen, die beim Marktplatz Transora lagern.
Das globale Netzwerk von Stammdatenbanken soll sowohl Herstellern als auch Händlern die Verbindung mit einem einzigen Eingangsportal (single point of entry) ermöglichen. Das soll Kosten sparen und gleichzeitig auftretende Fehler bei mehrfacher Datenerfassung vermeiden.
Nach Aussage der beiden Pilotpartner bedeutet dieses Modell für die Zukunft, dass "international agierende Hersteller aus Europa ihre Artikelstammdaten in den Sinfos-Pool einstellen und dass ihre in WWRE organisierten Handelspartner die korrekten und vollständigen Daten zentral über WWRE abrufen können".
Für deutsche WWRE-Mitglieder dürfte es, bezogen auf den hiesigen Markt, auf absehbare Zeit beim Datenbezug direkt aus Sinfos bleiben. Interessant ist die Daten-Weiterreichung per WWRE aber eventuell für Tochterunternehmen im Ausland und vor allem für ausländische Handelskonzerne.

09.01.2003 - Branchenmarktplätze planen breiten Einsatz
Bei dem Tool "World-Wide Design Planning and Management (WDP & M)" geht es um die kooperative Produktentwicklung via Web. Damit richtet sich WWRE an Händler, die Eigenmarken kreieren wollen.
Nachdem WWRE in den letzten beiden Jahren viel Aufbauarbeit geleistet hat, "verfügen wir nun über eine komplette Lösungsplattform, die sich im produktiven Einsatz befindet", so das Fazit Dyers.
In 2003 will der Handels-Marktplatz sich mit der Optimierung seiner Kern-Produkte befassen. So soll deren Mehrsprachigkeit vorangetrieben und um deutsche Besonderheiten und EU-Spezifika erweitert werden. Außerdem sollen die WWRE-Tools bei Mitgliedern in den breiten Einsatz gehen.

11.09.2002 - WWRE mit Private- Label -Tool
Der Branchenmarktplatz World Wide Retail Exchange (WWRE) stellt mit dem "Asset Manager" ein neues Tool zur Optimierung der Produktentwicklung zur Verfügung.
Damit lassen sich online alle relevanten Produktbeschreibungen managen, heißt es in einer Presseerklärung von WWRE.

13.08.2002 - WWRE bietet Logistik-Portal
Der Branchenmarktplatz World Wide Retail Exchange (WWRE) erweitert sein Angebot im Logistik-Bereich. Der B2B-Exchange wird seinen Mitgliedern die Dienste von Bridgepoint, einem vom US-Logistikdienstleister CSX gegründeten Speditions-Portal, anbieten.
Bridgepoint ermöglicht auf einer Plattform die Abwicklung von Transporten vom Speditionsauftrag über die Sendungsverfolgung bis zur Zahlungsabwicklung über Unternehmensgrenzen hinweg. Seine Hauptaufgabe besteht in der Harmonisierung der Daten, die meist keinen Standards folgen.

13.06.2002 - WWRE schult Branche online
Der B2B-Marktplatz World Wide Retail Exchange (WWRE) hat ein E-Learning-Forum eröffnet, das Anwender schnell mit den Funktionen des Exchanges vertraut machen soll.
JC Penney gehört zu den ersten Mitgliedern des Marktplatzes, die das Schulungsprogramm einsetzen.
Die US-amerikanische Warenhauskette will jeden ihrer Mitarbeiter, der mit WWRE arbeiten wird, mit dem interaktiven Lernprogramm schulen. Pat Adams, Business-to-Business

Manager von JC Penney, sieht in dem Angebot einen "echten Mehrwert, der den Mitgliedern einen schnelleren Return ihrer Investitionen in WWRE ermöglicht."
Nach Auskunft des Marktplatzes nutzen heute auch schon europäische und asiatische WWRE-Mitglieder das E-Learning-Angebot. Nicht nur Handelsunternehmen, auch Hersteller würden bereits ihre Mitarbeiter online auf die Funktionalitäten des Marktplatzes schulen.
Registriert seien auch über 1.000 Mitarbeiter aus Unternehmen, die nicht WWRE angehören, sondern als Lieferanten mit Mitgliedsunternehmen kooperieren.
Auf der technologischen Basis der Lösung "Aspen Enterprise Learning" der US-amerikanischen Softwareschmiede Click2learn Inc., Bellevue/Washington wurde die so genannte "WWRE University" gebaut.
Jeder einzelne Mitarbeiter kann sich mit dem System sein individuelles Lernprogramm zusammenstellen und wird Lerngemeinschaften zugeordnet, in denen er mit anderen Teilnehmern und Experten per Chat und E-Mail diskutieren und Fragen stellen kann.
Bis jetzt gibt es die interaktiven Lernprogramme nur in englischer (US) Sprache. Ab Oktober will WWRE die Schulungen auch in Deutsch, Französisch, Spanisch, Italienisch und Japanisch anbieten.

25.04.2002 - Harte Arbeit für Marktplätze
WWRE stellte in Barcelona seine neue "WorldWide Trade Logistics Suite" vor, deren Content durch eine strategische Allianz mit NextLinx bereitgestellt wird. Sie soll den Zeitaufwand für die logistische Abwicklung im internationalen Handel von mehreren Tagen auf wenige Minuten verkürzen.
Damit ermitteln Einkäufer die im jeweiligen Land geltenden Ein- und Ausfuhrbestimmungen, erforderliche Lizenzen, Klassifizierungscodes etc. und können die Logistikkosten analysieren.

28.03.2002 - WWRE wirbt um Lieferanten
Gerüchte, nach denen das Thema öffentliche B2B-Branchenmarktplätze nicht über das Thema E-Procurement und Auktionen hinausgekommen seien, weist Kahmann entschieden zurück: Der Test von CPFR-Funktionalitäten auf WWRE sei bereits im vergangen Jahr abgeschlossen. Die kooperative Planung würde nun im regulären Betrieb eingesetzt.

28.03.2002 - WWRE wirbt um Lieferanten
Die Funktionalitäten auf dem wesentlich durch WWRE weiterentwickelten Release 3.0 der CPFR-Lösung von i2-Technologies stehen ab diesem Monat zur Verfügung.
Der WWRE-Katalog, der wie die SCM-Lösungen auf Software von i2 Technologies basiert, enthalte bereits 1,5 Mio. Produkte - wobei diese Zahl sowohl Handelsgüter als auch Verbrauchsartikel und Investitionsgüter umfasse.

07.02.2002 - WWRE mit neuem Service
In den USA startet der globale Marktplatz eine Online-Börse für Überbestände.
Mit mehr als 150 Lieferanten sei man im Gespräch. Neue Produkte sind in Arbeit, darunter ein "Tool" zur kooperativen Produktentwicklung, das im März in einem Pilotprojekt getestet werden soll.
Gemeinsam mit den IT-Experten von Visagent hat WWRE eine Online-Börse für Überbestände initiiert.
Auf der "Surplus Goods Exchange" (SGE) können Warenüberhänge angeboten werden. Europäischen Händlern und Herstellern soll die SGE im 2.Quartal 2002 zur Verfügung stehen.

25.10.2001 - WWRE meldet Erfolgszahlen
WWRE bietet Dienste wie Internet-Verhandlungen, Ausschreibungen (RFx), E-Procurement, Einkaufsbündelung und jetzt auch CPFR, nach einer erfolgreichen Pilotphase mit elf Händlern, neun Lieferanten und 480 Produkten (SKUs), an.

Kooperationen

10.07.2003 - Equadis und WWRE kooperieren
Der B2B-Marktplatz WWRE und der im Aufbau befindliche französische Stammdaten-Katalog Equadis haben vereinbart, Interoperabilität zwischen ihren elektronischen Katalogen herzustellen. Beide Systeme wollen auch Teil des Globalen Daten Synchronisations Netzwerks werden, das von GCI und EAN (künftig GS1) geplant wird. Kataloge wie Sinfos oder Transora sollen hier auch vernetzt werden.

22.05.2003 - Mega-Marktplatz "ICE" liegt auf Eis
Kommende Woche hätte die geplante Verschmelzung der Internet-Marktplätze WWRE und Transora zum "International Collaboration Exchange" (ICE) veröffentlicht werden sollen. Doch bei der erforderlichen Abstimmung unter den Transora-Investoren wurde das nötige Quorum für eine Fusion nicht erreicht.
Es war der Wunsch vieler Top-Manager der Branche, das Hersteller-Konsortium Transora und den von Einzelhändlern gegründeten Word Wide Retail Exchange (WWRE) zu fusionieren. So hatte sich vor allem die Führung von Procter & Gamble für die Fusion engagiert. Bei der notwendigen Abstimmung unter den Transora-Mitgliedern wurde jetzt allerdings das notwendige Quorum nicht erreicht. Eine Befragung der WWRE-Investoren wurde daraufhin abgesagt und das Thema ICE auf Eis gelegt.

30.04.2003 - Sinfos: Vertrag mit WWRE
Der deutsche Stammdaten-Pool Sinfos und der global agierende B2B-Marktplatz WWRE haben den angestrebten Austausch von Stammdaten durch Abschluss eines Vertrages besiegelt. An den vorausgegangenen Praxistests war unter anderem Rewe beteiligt, das Kunde von Sinfos und Mitglied von WWRE ist.
Michel Eeckhout, IT-Chef der Delhaize Group, würdigte die Kooperations-Vereinbarung als "besonders wertvoll für die WWRE-Mitglieder, die das Stammdatenmanagement mit Herstellern, die Sinfos nutzen, beschleunigen möchten".
Sinfos-Geschäftsführer Rolf Stark sieht den Vertrag als Erfolg der Strategie, Sinfos-Teilnehmern durch die Verbindung mit anderen Daten-Pools "das Tor zum globalen Stammdatenaustausch zu öffnen".

15.11.2001 - WWRE mit zwei festen Partnern
Der Marktplatz WWRE (World Wide Retail Exchange) wird auf Stammdaten-Dienste von ViaLink und UDEX zurückgreifen.
Der amerikanische Supply-Chain Management-Spezialist ViaLink wurde vom internationalen Händlermarktplatz WWRE „als erster einer Reihe von Partnern für die Stammdaten-Synchronisierung" ausgewählt.
WWRE will das Tool „SyncLink" beim Austausch von Daten zwischen Herstellern und Händlern in Nordamerika einsetzen.
Mit der britischen Firma UDEX ist WWRE ebenfalls eine Partnerschaft eingegangen. Der virtuelle Marktplatz will mit UDEX Standards für Produktbeschreibungen und Stammdaten entwickeln.

25.10.2001 - WWRE meldet Erfolgszahlen
WWRE gab am 24. Oktober eine Partnerschaft mit SourcingLink bekannt, in deren Rahmen WWRE-Mitglieder über dieses Internet-Beschaffungsnetzwerk einkaufen können. SourcingLink ist auf die Bereiche DIY und General Merchandise spezialisiert.

Kunden

30.07.2002 - Campbell Soup tritt WWRE bei
Der amerikanische Lebensmittel-Hersteller Campbell Soup Company ist dem B2B-Marktplatz WorldWide Retail Exchange (WWRE) beigetreten. Campbell ist das 62.ste Mitglied des Marktplatzes.
WWRE wird Campbell den Zugang zu 58 Handelsunternehmen ermöglichen sowie Tools für Customer Collaboration zur Verfügung stellen.

Anhang E: Meldungen über ausgesuchte digitale Marktplätze in der LZ 209

02.05.2002 - „Wal-Marts B2B muss die Branche aufwecken"
Wir haben eine Rekrutierungs-Pause in der Zeit von Oktober 2000 bis Juni 2001 gemacht. Anschließend sind drei Industrie-Unternehmen, SCA, Wyeth und Schering-Plough Healthcare Products Mitglied geworden.
Mit der britischen Firma UDEX ist WWRE ebenfalls eine Partnerschaft eingegangen. Der virtuelle Marktplatz will mit UDEX Standards für Produktbeschreibungen und Stammdaten entwickeln.

28.03.2002 - WWRE wirbt um Lieferanten
Mit dem US-amerikanischen Hersteller von OTC-Produkten Wyeth Consumer Healthcare konnte WWRE vergangene Woche das sechzigste Mitglied begrüßen. Wyeth ist das zweite Herstellerunternehmen, dass dem Händler-Marktplatz beigetreten ist.
Bereits im Juli wurde der schwedische Hersteller von Hygieneprodukten SCA Mitglied. Zu den WWRE-Retailern, die gemeinsam einen Umsatz von knapp 800 Mrd. USD repräsentieren, zählen neben Tesco, Ahold, Auchan, Delhaize und Dansk Supermarked auch Rewe, Edeka, Markant, Otto und Schlecker.

25.10.2001 - WWRE meldet Erfolgszahlen
Neu dazu kamen jetzt Lotte Group (Südkorea), Wakefern/ShopRite (USA) und Controladora Comercial Mexicana.

Umsatz

28.03.2002 - WWRE wirbt um Lieferanten
Der B2B-Marktplatz World Wide Retail Exchange (WWRE) geht davon aus, über 60 Herstellerunternehmen als Mitglieder bis zum Jahresende aufnehmen zu können.
Zu den WWRE-Retailern, die gemeinsam einen Umsatz von knapp 800 Mrd. USD repräsentieren, zählen neben Tesco, Ahold, Auchan, Delhaize und Dansk Supermarked auch Rewe, Edeka, Markant, Otto und Schlecker. Nach Angaben des Konsortiums wurde auf WWRE bisher ein Handels-Volumen von 2,18 Mrd. USD abgewickelt. Dabei wurden Einsparungen von 317 Mio. USD nachgewiesen.
Der B2B-Marktplatz gibt sich optimistisch, bis zum Jahresende über 70 neue Mitglieder begrüßen zu können – davon über 90 Prozent Industrie-Unternehmen.

28.02.2002 - Transora und CPGmarket kooperieren
Colin Dyer, CEO des von 59 Handelskonzernen getragenen World Wide Retail Exchange WWRE unterstrich gleichzeitig mit der Bekanntgabe der Vertriebskooperation zwischen Transora und CPGmarket, dass seine Plattform in diesem Jahr als selbstständiges Unternehmen auf ein Transaktionsvolumen von 10 Mrd. USD wachsen will. 2001 habe der B2B-Marktplatz vor allem durch auktionsförmigen Einkauf 2 Mrd. USD erreicht. Damit, so Dyer, hätten die einkaufenden Unternehmen 250 Mio. USD eingespart.

07.02.2002 - WWRE mit neuem Service
Mit einem Transaktionsvolumen von über 2 Mrd. USD und einer durchschnittlichen Einsparung von 14,5 Mio. USD pro Mitglied schließt WorldWide Retail Exchange (WWRE) das Jahr 2001 ab.
Rund 80 Prozent der 59 WWRE-Mitglieder haben im vergangenen Jahr mindestens eine Anwendung des virtuellen Marktplatzes genutzt.

25.10.2001 - WWRE meldet Erfolgszahlen
Der B2B-Marktplatz WWRE hat seinen Mitgliedsunternehmen nach eigenen Angaben, durch Internet-basierten Einkauf im Volumen von über 1 Mrd. US-Dollar, bereits Ersparnisse von mehr als 180 Mio. USD gebracht. Damit habe der Exchange seinen Mitgliedern bereits das gemeinsame Anfangsinvestment von 180 Mio. Dollar zurückgespielt, erklärte WWRE-Vorstandsmitglied Peter Jüptner.

10.6 Anhang F: Überblick über alle analysierten Web-Sites

Name / URL	existent?	Agrar- / Ernährungsindustrie?	Land	Anzahl an Besuchen	Anzahl Seitenaufrufe pro Besuch	Anzahl eingehende Links	gehandelte Produkte
b2b.flower.com	j	n		0	0		
www.1atraktoren.de	j	j	Deutschland	0,025	1	0	
www.aaameetingpoint.com	j	j	Holland	0	0	5	Pflanzen, Rinder, Milch, Holztische
www.africanlion.com	j	j	Kenia	0,05	1	13	afrikanische lose Waren wie z.B. Tee, Kaffee, Kakao, Macadamia Nüsse und Baumwolle
www.agdeal.com	j	j	USA	1	5,9	654	Jobs
www.agdomain.com	n	n		0	0		
www.agex.com	j	n	USA	0,1	4	62	
www.aglink.com	j	n		0	0		
www.agmarket.com	n	n		0	0		
www.agrareinkauf.de	j	j	Deutschland	0,025	1	0	
www.agrarion.com	n	j	Deutschland	0	0		Agrarprodukte und Maschinen
www.agrarmarkt.net	j	j	Deutschland	0,175	2,5	16	
www.agrarmarktdeppe.de	j	n	Deutschland	0,275	14,4	0	
www.agrarportal-nord.de	j	j	Deutschland	0,125	3,25	12	alles rund um die Landwirtschaft
www.agrarpower.de	j	n		0,05	3,75	0	Unterkünfte, Jobs
www.agrarseiten.de	j	j	Deutschland	0,325	4,45	26	Pflanzen/Garten, Automobile, Immobilien
www.agrar-world.de	n	j	Deutschland	0	0		Vieh, Landhandel, Zubehör
www.agrelma.com	j	j	Italien	0,175	8,5	2	Früchte, Gemüse, Wein, Liköre, Öl, Oliven, Käse, Delikatessen, Fleisch, Getreide, Fisch, Blumen und Pflanzen, Maschinen, Zubehör, Saatgut, Düngemittel
www.agrenius.de	n	j	Deutschland	0	0		Getreide, Kartoffeln, Pflanzenschutz, Ölsaaten, Düngemittel, Futter, Heizöl, Diesel
www.agribid.de	j	j	Deutschland	0,39	6,4	48	Arbeitskleidung
www.agribuys.com	j	n	USA	0,35	2,6	226	begrenzt haltbare Güter wie z.B. Meeresfrüchte, Fisch, Fleisch, Milchprodukte, Früchte, Gemüse, Nüsse, Blumen, Getreide, Geflügel, Saatgut, Öle und Tiefkühlkost
www.agriclic.com	j	j	Frankreich	0,075	2,5	9	alle Produkte rund um den Agrarsektor (Pflanzenschutz, Saatgut, Düngemittel etc.)
www.agricompare.com	j	j	Frankreich	0,775	8,85	14	
www.agriculture.com	j	j	USA	30,75	5	3680	Immobilien, Dienstleistungen, Computer
www.agri-exchange.net	n	?		0	0		
www.agrigate.ch	j	j	Schweiz	1,2	3,3	184	Jobs, Milchquoten
www.agrimall.com	n	j		0	0		Pferde, Vieh, Farmzubehör

www.agrimanager.de	j	j	Deutschland	0,275	3,95	164	Jobs
www.agriok.it	j	j	Italien	0,1	2,65	3	Agrar-Chemikalien, Tiernahrung, Rohstoffe, landwirtschaftliches Zubehör, weitere Produkte für landwirtschaftliche Bedürfnisse, Leistungen für Lieferketten landwirtschaftlicher Güter (wie z.B. Milch und Früchte)
www.agrion.com	n	j	Deutschland	0	0		Technik, Zubehör, Maschinen
www.agrione.com	j	n		0	0		
www.agri-order.de	j	j	Deutschland	0	0	1	alle Kategorien; auch als Bio-Produkte
www.agriosito.com	n	?		0	0		
www.agriplace.com	n	j	Kanada	0	0		Düngemittel, Pflanzenschutz, Getreide
www.agriprim.com	j	j	Schweden	3,8	3,4	8	alles inkl. Arbeitsmarkt
www.agritrade24.de	n	j	Deutschland	0	0		Vieh, Betriebsmittel
www.agrius.de	n	?		0	0		
www.agrivox.com	n	?	England	0	0		
www.agriwatch.com	j	j	Indien	6,75	2,45	340	Gewürze
www.agriweb.com	n	n		0	0		
www.agroconnect.com	j	j	multinational	0,225	6,1	78	Produkte und Dienstleistung rund um den Pflanzenschutz
www.agrodealer.com	n	j	Deutschland	0	0		Landtechnik
www.agrodirekt.de	j	n	Deutschland	0	0	0	
www.agroenlinea.com	n	?	USA	0	0		
www.agroeurope.com	j	j	Spanien	0	0		landwirtschaftliche Grundprodukte
www.agroexchange.de	j	j	Deutschland	0	0		
www.agrohit.com	j	n	Österreich	0,075	1,5	0	Düngemittel spezieller Sorte
www.agromarketplace.com	j	j	Holland	2,85	2,425	8	frische Erzeugnisse einschließlich Früchte, Gemüse, Zwiebeln, Muscheln und Kartoffeln
www.agronegocios-e.com.br	j	j	Brasilien	8,525	1,4	139	lebende Tiere, Essen und Getränke, Einrichtungen, Rasen, Pflanzen, Gemüse, Maschinen und Zubehör, Bio-Produkte, Düngemittel
www.agroparts.com	j	j	Deutschland	0,2	12,5	0	Ersatzteile für landwirtschaftliche Maschinen. Online-Bestellung sieben Tage die Woche rund um die Uhr, Informationen von Herstellern und Importeuren; Service- und technische Informationen, Handbücher.
www.agropool.com	j	n		0	0		
www.agrositio.com	j	j	Argentinien	10	1,35	150	Arbeitsmarkt
www.agroterra.com	j	j	Spanien	13,25	11,85	184	alle Arten an Gemüse, Blumen, Früchte, Vieh, Farmland und landwirtschaftliche Maschinen
www.agscape.com	j	n		0,15	2,65	152	
www.agspan.com	n	n		0	0		
www.agsupplier.com	j	n	USA	0,1	7	42	

Anhang F: Überblick über alle analysierten Web-Sites 213

www.agtrade.co.nz	j	j	Neuseeland	0	0	25	landwirtschaftliche Produkte und Dienstleistungen einschließlich Vieh, Milch- und Fleischvieh, landwirtschaftliches Zubehör und Dienstleistungen
www.agweb.com	j	n		13	1,9	0	
www.agwelt.de	j	n	Deutschland	0,3	7,2	0	Immobilien
www.agwizard.com	j	j	USA	0,025	1,5	0	Pflanzenschutz, Saatgut, Düngemittel
www.ajbat.com	j	j	Kanada	0,125	2,65	74	Immobilien
www.albertheijn.nl	j	n		0	0		
www.albertsons.com	j	n		0	0	992	
www.alcampo.es	j	n		0	0		
www.alibaba.com	j	j	multinational	935,75	9,15	1480	theoretisch alles
www.alliantlink.com	j	j	USA			52	diverses
www.almondex.com	j	n		0	0		
www.americanmanufacturers.com	n	n		0	0		
www.amphire.com	j	n		0,275	1,6	16	
www.amxchange.com.au	j	j	Australien	0,025	1,5	25	Macadamianüsse
www.appleex.com	j	n	USA	0	0		Mandeln, Nüsse, Hülsenfrüchte, Reis
www.aromarket.com	j	n	Ägypten	0	0	0	ätherische Öle, Kräuter, Gewürze, Naturprodukte, Kräuterextrakte, aromatische Chemikalien und Düfte
www.asda.com	j	n		0	0	654	
www.atl.nu	j	?	Schweden	25,25	5,8	176	
www.auchandirect.fr	j	n		0	0		
www.b2bgrocer.com	n	n		0	0		
www.b2bwine.com	n	j	USA	0,85	3,1	28	alles rund um den Wein, auch Weinlieferung usw.
www.baeckerei-busch.de	j	n		0	0		
www.baeckerei-hardt.de	j	n		0	0		
www.baeko-rz.de	n	n	Deutschland	0	0	0	
www.bakeryonline.com	j	j	USA	1,075	4,55	356	Zubehör, Inhaltsstoffe und Nahrungszusatzstoffe
www.barpal.com	n	?		0	0		
www.bauernhofurlaub.com	j	n		0	0		
www.bauernmarkt.at	j	j	Österreich	0,675	3,95	40	Dinkel, Weizen, Roggen Fleisch, Wurst, Gemüse Honig, Bienenkosmetik Kräutertees, -kosmetik, Kürbisöl, -kerne, Ölfrüchte Käse, Milchkosmetik Obst, Marmeladen, Weine Whisky, Edelbrände, Liköre Urlaub auf dem Bauernhof
www.baxmart.com	n	j	USA	0	0		frische Meeresfrüchte
www.bayerischerbauernverband.de/sro.php?redid=6725	j	j	Deutschland	0,125	3,9	24	Futterbörse für trockenheitsgeschädigte Landwirte
www.best2com.com	j	j	Norwegen	0	0	0	eine große Auswahl an Produkten aus dem Meer
www.bevaccess.com	j	n		0	0		
www.beverageindustry.org	j	n		0	0		

www.beverageonline.com	j	j	USA	1,225	3,85	594	Zubehör und Getränkezutaten
www.bevnet.com	j	j	USA	9,35	3,9	756	alles rund um Getränke bis hin zu Jobs in der Branche
www.bevtrade.com	n	n		0	0		
www.bigtray.com	j	n		0	0		
www.biomarkets.com	j	j	Frankreich	0,5	4,95	134	alle Arten von Bioprodukten
www.bischofberger.ch	j	n		0	0		
www.body2mind.com	j	n	USA	0	0		
www.BrandXchanges.com	j	j	Belgien	0,025	16,5	0	alle nicht verderblichen Marken-Konsumgüter, z.B. Getränke, Konfekt, konservierte Nahrungsmittel, Tabak, Kosmetikartikel, Spielzeug, Unterhaltungselektronik usw.
www.bravofood.it	j	?	Italien	0,375	5,4	36	eine große Auswahl an Gütern der Nahrungsmittelindustrie
www.bringdienst.de	j	n	Deutschland	2,85	2,8	0	
www.brotversand.de	j	n		0	0		
www.bsl-online.de	j	n		0	0		
www.buyag.com	j	j	USA	0,55	8,05	66	landwirtschaftliche Maschinen
www.buybreads.com	j	n		0	0		
www.buyproduce.com	j	n		0	0		
www.buysellequip.com/vineyard.asp	n	j	USA	0	0		Wein, Winzerzubehör
www.by-products.com	j	n	USA	0	0		
www.cafesall.com	n	j	Brasilien	0	0		grüner Kaffee
www.calidalia.com	j	j	Spain	5,5	2,35		Restaurantbedarf; hauptsächlich Getränke
www.campo21.com	j	n		0	0		
www.candycommerce.com	j	j	USA	1,05	4,05	166	alle Arten von Süßigkeiten
www.carrefourdirect.com	n	n		0	0		
www.cattle.de	j	j	Deutschland	0,05	5	6	Rinder, Rinderhaltungszubehör
www.cattleco.com	j	n		0	0		
www.cattleinfonet.com	j	n		0,175	1,9	172	
www.cattlemarketing.com	j	j	USA	0,25	3,45	8	Rinder
www.cattleoffering.com	n	?		0	0		
www.cattlesale.com	j	j	USA	0,3	6,75	104	Rinder
www.cc-markets.com	n	n		0	0		
www.ccschaper.de	j	n		0	0		
www.cheop.com	j	n		0	0		
www.chinafeedonline.com	j	j	China	4,175	5,05	30	Futter inklusive Fischmehl und -öl, Soja und Sojabohnenmehl und -öl, Getreide und Saatgut, Futterzutaten, Milchprodukte, Futterzusätze (Lysin, DL-Methionin, Enzyme, Vitamine), Zubehör für Saatgut und Getreide.
www.choix.com	j	n		0,025	4,5	50	
www.cislink.com	j	j	Rußland	0,25	3,65	100	Vielfalt an Konsumgütern einschließlich verarbeiteter Nahrung, Körperpflege- und Reinigungsprodukte
www.citrustrader.com	j	n		0	0		

Anhang F: Überblick über alle analysierten Web-Sites 215

www.c-mescourses.fr	j	n		0	0	
www.comdaq.net	j	j	Indien	0,2	2,65	28	eine Vielfalt an Gebrauchsartikeln einschließlich Kaffee, Zucker, Kakao, Polyester, Nylon, Soja, Mehle und Getreide
www.commerxplasticsnet.com	n	n		0	0	
www.condisline.com	j	n		0	0	
www.consumalia.com	j	j	Spain	0,325	4,1	4	Konsumgüter und Nahrungsmittel inklusive Parfüms, Boden- und Wandfliesen, Fleischprodukte, Fisch, Pizza, Schokolade und Käse
www.cookies.de	j	n		0	0	
www.coop.ch	j	n		0	0	
www.cpgmarket.com	j	j	Schweiz	3,875	12,45	198	Rohstoffe, Nahrungsmittel und Getränke, Verpackung, Dienstleistungen, Hilfsmittel, Bürozubehör und IT Produkte
www.cybercrop.com	j	j	USA	1,95	6,3	962	zur Zeit nur Schweine und Jobs, ansonsten Infos zu vielen landwirtschaftlichen Gütern
www.cybereuskadi.com	j	n		0	0	
www.cyberstockyard.com	n	j	USA	0	0		Rinder
www.dairy.com	j	j	USA	0,575	4,35	148	Milchprodukte - 4 Online Märkte: Markt für flüssige Produkte (Sahne, Milch und Kondensmilch), Käse-Markt, Butter-Markt und ein Transport-Markt
www.dairynetwork.com	j	j	USA	0,2	2,1	388	Zubehör und Zutaten für die Milchindustrie
www.dairystreet.com	n	j	USA	0,075	2	0	
www.dealbynet.com	j	n	USA	0	0		
www.dealcommodity.com	j	j	England	0,05	4	0	Verbrauchsgüter
www.dealcotton.com	j	j	England	0,075	3,5	10	Baumwolle
www.dealtime.co.uk	j	j	England	231	3,65	32100	diverse Produkte; auch Blumen, Weine und Spirituosen als Geschenkartikel
www.demeter-trade.net	j	j	Deutschland	0	0	0	Bio-Produkte nach Demeter-Standard
www.der-viehmarkt.de	n	j	Deutschland	0	0		Vieh, alle Arten von Rindern, Schweinen und Schafen
www.direct2government.com	j	n		0	0	
www.DirectAg.com	j	n		0	0	
www.driedfruitex.com	n	?		0	0	
www.easyeinkauf.de	j	n	Deutschland	0,125	1,9	42	
www.ebay.com	j	j	USA	29042,5	21,85	39200	alles; auch Handelsraum für Agrar- und Forstindustrie vorhanden
www.e-bevs.com	j	n		0	0	
www.eceurope.com	j	j	Kanada	17,5	4,6	856	nahezu alle Produkte aus allen Bereichen; auch Handelsräume für Landwirtschaft, Getränke, Nahrungsmittel, Fischerei / Aquakultur
www.ecfood.com	j	j		0,125	3,25	138	
www.e-chemicals.com	n	n		0	0		
www.ecmarkets.com	j	j	USA	0,275	3,55	91	Nahrungsmittel; sowohl in Einzelhandels- als auch Institutionsgrößen, zusätzlich Zubehör, Verpackung und weiteres
www.e-cotton.com	j	n		0	0	

Anhang F: Überblick über alle analysierten Web-Sites

www.edi-agrartec.com	j	n		0	0	
www.edi-tradeportal.com	j	j		0	0	0 alle Handelsprodukte
www.efdex.com	n	n		0	0	
www.efoodalliance.com	n	?		0	0	
www.efoodmanager.com	j	n		0	0	
www.efoods.com	j	j	USA	0,25	8,15	114 Nahrungsmittel und Dienstleistungen inklusive Nahrungszutaten, Verpackung, Zubehör und Lieferungen
www.efresh.com	j	n		0	0	
www.efruitinternational.com	n	j		0	0	frische Früchte, Fruchtsäfte
www.efsnetwork.com	j	j	USA	0,275	5,65	37 Produkte, Dienstleistungen und Technologie bezogen auf die Nahrungsmitteldienstleistungsindustrie
www.egarden.com	n	j	USA	0	0	Garten- und Rasen-Produkte und Zubehör
www.e-gatematrix.com	j	n		0	0	
www.eggbid.com	j	j	USA	2,72	15,9	54 Geflügel, Eier, Gartenartikel
www.eggs.com	?	?		0	0	
www.egrain.de	j	j	Deutschland	0,075	8,25	18 Getreide in mehreren Kategorien; Raps, Kartoffeln, Sonnenblumen, Leguminose
www.e-greenbiz.com	n	j	USA	0	0	grüne Güter
www.egreencoffee.com	j	n		0	0	
www.eharvest.com	j	?		1,925	1,8	962
www.einkauf24.de	j	n		0	0	
www.eliteauktion.de	j	n		0	0	
www.e-markets.com	j	n		0,1	2,1	298
www.emax-trade.com	j	n		0	0	
www.emergeinteractive.com	j	n	USA	0,175	2	66 lebende Rinder, Rinderprodukte und Services inklusive Pharmazeutika, Futter, Zubehör
www.envera.com	j	n		0	0	Grundchemikalien
www.eskye.com	j	n		0	0	
www.eskyesolutions.com	j	n		0	0	
www.ethnicgrocer.com	j	n		0	0	
www.eurodatfood.de	j	n		0	0	
www.evine.net	j	n	USA	0	0	Zubehör und Produkte für Traubenwachstum und Weinproduktion. Die Hauptkategorien sind Chemikalien, Düngemittel, Weinstöcke, Fässer, Flaschen, Winzerzubehör, Feldzubehör, Bewässerungszubehör und Gitter.
www.ewinexchange.com.au	j	n	Australien	0,45	3,8	40
www.exchangebridge.com	j	j	USA	0,025	2,5	5 abgepackte Handelsware
www.expressfood.kf.se	n	?		0	0	
www.ex-trade.com	j	j	Dänemark	0,05	1,25	2 Schaleneier und Eierprodukte
www.extremag.com	n	?		0	0	
www.farm2trade.com	j	j	Irland	0,025	4,5	0 landwirtschaftliche Produkte, hauptsächlich Düngemittel, Pestizide, Saatgut und Veterinärprodukte
www.farmbid.com	n	j	USA	1,325	1,65	272 Vieh, Saatgut, Zubehör, landwirtschaftliche Hilfsstoffe
www.farmchina.com	n	n		0	0	
www.farmcredit.com	j	n		0	0	
www.farmec.com	n	j	England	0	0	gebrauchte Landmaschinen
www.farmflirt.com	j	n	Deutschland	0	0	
www.farming.co.uk	j	j	England	4,65	2,65	0 Maschinen, Immobilien, Vieh, Getreide, Services: Vieh nochmals in 13 Unterkategorien eingeteilt

Anhang F: Überblick über alle analysierten Web-Sites

www.farming.com	j	j	Kanada	0,225	5,4	10	Farmzubehör; Vieh, Maschinen, Saatgut, Futtermittel, Immobilien
www.farmking.de	j	j	Deutschland	0,3	5	40	Betriebsmittel, Landtechnik, Viehmarkt, Restposten
www.farmline.com	j	n	England	1,65	1,15	59	Produkte und Dienstleistungen für die Acker-, Milch- und Viehindustrie
www.farmpartner.com	j	n	Deutschland	0,15	2,5	12	gebrauchte Landmaschinen, Betriebsmittel; landwirtschaftliche Erzeugnisse
www.farmpartner-tec.com	j	j	Deutschland	0,4	4,9	0	Landmaschinen
www.farms.com	j	j	USA	4,075	3,85	962	zur Zeit nur Schweine und Jobs, ansonsten Infos zu vielen landwirtschaftlichen Gütern
www.farmshow.com	j	j	USA	1,5	7,65	230	alle Produkte rund um die Landwirtschaft: Erzeugnisse, Betriebsmittel und Maschinen
www.farmsource.com	j	n		0	0		
www.farmworld.de	j	n		0	0		
www.fbix.com	j	n		0	0		
www.fencepost.com	j	j	Neuseeland	0	0	108	Vieh, einschließlich Schafe, Rinder, Bullen, Wild oder Milchvieh
www.fickenschers.de	j	n		0	0		
www.first4farming.com	j	n		0,225	3,05	6	
www.firstplants.com	j	n		0	0		
www.fischhandelshaus.de	n	j	Deutschland	0,025	1,75	0	
www.fishex.com	j	n		0	0		
www.fishmarket.no	j	n	Norwegen	0	0		Fisch und Meerestiere
www.fishround.com	j	j	Korea	0,625	4,2	16	Produkte rund um die Fischindustrie
www.fishtel.it	j	j	Italien	0,05	1,5	6	Fisch und Meerestiere
www.flauers.de	j	n		0	0		
www.fleischforum.de	j	j	Deutschland	0,025	1,5	0	Fleisch und Fleischverarbeitungsmaschinen; Fleisch in den Untergruppen: Rind, Schwein, Kalb, Lamm, Innereien/Wild, Biofleisch
www.floraguide.com	j	n		0	0		
www.floraplex.com	n	j	USA	0	0		Blumen, Zubehör
www.florecom.nl	j	j	Holland	0,1	3,15	4	Pflanzen
www.florvertical.com	j	j	Spanien	3,25	5,2	26	Blumen, Pflanzen und Gärten
www.floweraccess.com	j	j	Holland	0,8	5,7	2	Blumen, Topfpflanzen und Garten Pflanzen
www.flowerauction.com	j	j	Holland	0,025	2,5	4	Blumen
www.flowergrower.com	j	j	USA	0,125	4,35	7	Produkte rund um die Blumenindustrie
www.flowertraders.net	j	j	England	0,1	2,15	3	Blumen
www.flowerweb.com				0,55	1,9	106	
www.foodandbeverageb2b.com	n	?	USA	0	0		
www.foodbuy.com	j	n		0	0		
www.foodcity.ru	j	n		0	0	0	
www.foodconnex.com	j	n		0	0		
www.foodenterprise.com	j	j	USA			1	
www.foodexplorer.com	j	n		0	0		
www.foodferry.co.uk	j	n		0,075	3	60	
www.foodgalaxy.com	j	n		0,05	3,5	66	
www.foodhunter.com	n	?		0	0		
www.foodingredients.com	j	n		0	0		
www.foodingredientsonline.com	j	n	USA	1,375	5,8	422	

Anhang F: Überblick über alle analysierten Web-Sites

Site			Land				Beschreibung
www.food-link.com	n	?	Italien	0	0		alle Arten von italienischen Nahrungsmitteln: Nudeln, Wein, Getreide, mediterrane Nahrungsmittel, Olivenöl, Kaffee, Kekse, Creme, Snacks, Bioprodukte und Fleisch
www.foodmarketexchange.com	j	j	Thailand	8,25	1,65	192	eine Vielfalt an Nahrungsmitteln und Zutaten, einschließlich Shrimps, Thunfisch, Huhn, Reis, Früchte, Gemüse, Verpackung
www.foodnavigator.com	j	n		10,65	2,9	756	
www.foodonline.com	j	j	USA	2,65	3,2	724	Zubehör für Nahrungsmittelprozesse und –technologie: Mixer, Mischer, Homogenisiergeräte, Förderbänder, Sortiermaschinen, Planiermaschinen, Metalldetektoren, Strömungsmesser, Pumpen, Tanks, Ventile, Gefriermaschinen, Kältemaschinen, Luftkühler, Feuchtigkeitskontrolle, pH-Meßgeräte und Sensoren
www.foodpacific.com	j	n		0	0		
www.foodproduction.com	j	n		0	0		
www.foodscape.com	j	n		0	0		
www.foodservice.com	j	n		0	0		
www.foodservicecentral.com	j	j	USA	1,525	4,6	372	Zubehör und Produktionsmittel für die Lebensmittelindustrie
www.foodservice-portal.com	j	n		0,175	2,1	4	
www.foodstrading.com	j	j	Frankreich	0,025	2	0	frische und tiefgefrorene Nahrungsmittel
www.foodtrader.com	j	j	USA	1,2	7,85	430	jede Art von Lebensmitteln; unterteilt in 39 Klassen
www.foodusa.com	n	j	USA	0	0		Fleisch und Geflügelfleisch
www.foodweb.com	j	n		0	0		
www.forthefarm.com	j	j	USA	10,725	2,1	954	alle Produkte rund um die Landwirtschaft in 20 Kategorien
www.fpn.nl	j	n	Holland	0	0	6	Blumen und Pflanzen
www.frenchfoodfinder.com	j	n		0	0		
www.freshchain.com.au	j	j	Australien	0	0	1	frische Früchte und Gemüse: 500 Kategorien
www.freshfromtheweb.com	j	j	Thailand	0,1	4	68	Früchte, Gemüse, Blumen, Bohnen, Nüsse, Kräuter, Gewürze, Reis, Getreide
www.freshnex.com	n	j		0	0		frische Lebensmittel, vor allem für Restaurants
www.freshplex.com	n	n		0	0		
www.freude-am-kaufen.de	j	n		0	0		
www.fruit-auction.com	n	j	Deutschland	0,025	3	0	frische Früchte
www.fruitbusiness.com	n	j	Frankreich	0,05	7	1	Früchte und Gemüse
www.fruitline.com	j	n	Schweden	0	0		
www.fsbuy.com	n	j		0	0		Lebensmittel und Zubehör
www.fsxchange.com	n	n		0	0		
www.futurosyopciones.com	j	j	Argentinien	1,475	16,05	150	Vieh und Getreide wie z.B. Sonnenblumen, Weizen, Sojabohnen und Mais
www.gastro-x.de	n	j	Deutschland	0	0		Getränke
www.gate2plate.com	n	n		0	0		
www.getport.de	j	j	Deutschland	0,025	2	1	Getränke
www.gfgh.net	j	j	Deutschland	0,025	0,5	0	Getränke

Anhang F: Überblick über alle analysierten Web-Sites 219

www.globalfarmers.com	n	j	England	0,5	8,8	72	Chemikalien, Düngemittel, Saatgut, Wachstumsbeschleuniger bei der Tierzucht, Zubehör und verschiedenes
www.globalfoodexchange.com	j	n		0	0	
www.globalnetexchange.com	n	n	USA	0	0	alle Arten von Produkten und Dienstleistungen für den Einzelhandelssektor, von leicht verderblichen Gütern bis zu Bekleidung
www.globalwinespirits.com	j	j	Kanada	4,85	4,15	18	Wein (Flaschen und lose), Spirituosen und Bier
www.gnx.com	j	j	USA				potentiell alle Artikel des Einzelhandels
www.goco-op.com	n	n		0	0	
www.gofish.com	j	n		0	0	
www.gofresh.com	n	n		0	0	
www.goodex.com	j	n		0	0	
www.gotradeseafood.com	n	n		0	0	
www.grainplace.com	j	n		0	0	
www.greekproducts.com	j	j	Griechenland	2,275	4,25	242	jede Art original griechischer Produkte
www.greenprofi.de	j	j	Deutschland	0,325	6,15	0	alles rund um den Landschaftsbau: Unterstützung von Architekten und Bauunternehmen im Einvernehmen mit der VOB/A nach GWB bei der Bewerbung um öffentliche Ausschreibungen
www.greentrade.net	j	j	Frankreich	0,9	3,95	50	alle Bio-Produkte
www.grocerycentral.com	n	?		0	0	
www.groceryretailonline.com	j	j	USA	0,5	3,4	258	Lebensmittel Handelsplattform / auch Jobbörse etc.
www.groundcentral.com	n	n	USA	0	0		Produkte rund um den Kaffeeservice für Büros und Automaten, wie z.B. Kaffeeröstmaschinen, flüssiger und pulverisierter Kaffee, Papierprodukte, Spender, Karaffen, Reinigungszubehör
www.grownex.com	n				0	0	Rohstoffe der Lebensmittelindustrie
www.hayexchange.com	j	j	USA	0,775	4,35	342	Heu und Schnittholz
www.holzboerse.de	j	j	Deutschland	0,1	5,35	546	alles rund um Holz, auch Maschinen und Dienstleistungen
www.homegrocer.com	j	n		0	0	
www.horeca-net.com	j	?	Spain	0,125	8,85	3	alle Arten von Nahrungsmitteln, Getränken und Services; von landwirtschaftlichen Rohstoffen und Weinen bis zu Töpferware
www.horsebid.com	j	j	USA	9,5	10,6	2	Pferde / Ponys
www.horsepower.com	j	j	USA	0,125	1,5	26	Landwirtschafts- und Nahrungsmittelindustrie
www.houra.fr	j	j		0	0	
www.icecorp.com	j	j	USA	0,175	11,1	7	Getreide, Ölsaaten, Futtermittel
www.icsfoodone.com	j	n		0	0	
www.ideabeat.com	j	n		0	0	
www.ifoodnet.com	j	n		0	0	0	
www.ihr-home-service.de	n	n					
www.ihr-supermarkt.de	j	j	Deutschland	0,125	4,5	14	Lebensmittelplattform
www.il-vino.com	j	j	Italien	3,35	4,5	30	Italienischer, französischer und internationaler Wein

Anhang F: Überblick über alle analysierten Web-Sites

Website			Land				Beschreibung
www.inc2inc.com	n	j	USA	0	0		potentiell alles aus dem Bereich Lebensmittelhandel
www.infoxgen.de	j	n		0	0		
www.IngredientsNet.com	n	?		0	0		
www.inputplace.com	n	j	Kanada	0	0		Saatgut, Pflanzenschutzmittel, Düngemittel
www.instill.com	j	n		0	0		
www.intercereal.com	j	j	Spain	0,05	6,5	28	Agrarprodukte; vor allem Cerealien
www.intercommercial.com	j	j	USA	0,1	2	24	Warenterminqeschäfte für den globalen Handel mit grünen Kaffee
www.interexchange.com	n	?		0	0		
www.interflora.com	j	n		0	0		
www.interseafood.com	j	j	Island	0,675	4,15	24	Fisch, Meerestiere und Fischrogen; gesalzen und tiefgefroren
www.iowagrain.com	j	n		0	0		
www.isn-schweineboerse.de	j	j	Deutschland	0,075	2,5	2	Schweine
www.itradenetwork.com	j	j		0	0		
www.ixfoodservice.com	j	j		0	0		
www.jcommerceretail.com	j	j	Belgien	0,2	3,3	3	Nahrungsmittel für Lebensmittelgeschäfte, Heimwerkerbedarf und andere Einzelhandelsprodukte
www.juiceex.com	n	j		0	0		Fruchtsäfte
www.just-drinks.com	j	n		0	0		
www.just-food.com	j	n	England	0	0		
www.katalyxfood.com	n	?	Mexico	0	0		alle Arten von Nahrungsmitteln und Getränken und Services, von landwirtschaftlichen Rohstoffen bis zu Weinen und Töpferware
www.landauktion.de	n	j	Deutschland	0	0		alles im Bereich Landwirtschaft und viele weitere Produktgruppen
www.landflirt.de	j	j	Deutschland	3,9	1,45		Kontaktanzeigen für Personen mit landwirtschaftlichem Interesse
www.landimmo.de	j	j	Deutschland	0,075	2	39	Immobilien
www.landjobs.de	j	j	Deutschland	0,2	2,75	56	Jobs im Agrarbereich
www.landmaschinen.de	j	j		0	0		
www.landtechnik.de	j	j	Deutschland	0,825	3,8	0	Gebrauchte Landmaschinen, Ersatzteile und Jobs
www.lantbruk.com	j	j	Schweden	13,25	3,65	84	Gebrauchte Landmaschinen
www.lantmannen.se	j	j	Schweden	0	0		
www.lebkuchen-schmidt.com	j	n		0	0		
www.le-shop.ch	j	n		0	0		
www.livestockcentral.com	j	j		0	0		Transportkapazitäten für Vieh; aber auch Handel mit Vieh; Zubehör; Jobs
www.livestockdeal.com	j	j	USA	0,125	1,4	654	Rinder, Schweine, Pferde, Schafe, Geflügel, Exoten, Viehzubehör, Grundstücke, Hallen und Gebäude
www.lonja-avicola.com	n	?	Spain	0	0		Eier
www.lrf.se	j	j	Schweden	0	0		
www.machinefinder.com	j	j	multinational	18,75	11,95	60	Gebrauchte Maschinen aller Art
www.machinerylink.com	j	j	USA	1,625	5,05	174	Gebrauchte Maschinen; hauptsächlich Mähdrescher
www.marche-porc-breton.com	j	n		0	0		
www.market4retail.com	j	j		0	0		
www.marketplaceitaly.com	j	j	Italy	0,075	2	14	

Website			Land				Beschreibung
www.marktplatz-rlp.de	j	n		0,025	2	10	
www.meatandpoultryonline.com	j	j	USA	0,95	2,8	368	Weichmacher, Gefriergeräte, Fleischpressen, Emulgatoren, Zerkleinerungsgeräte, Schleifmaschinen, Mixer, Schneidemaschinen, Injektionssysteme, Pastetenformer, Metalldetektoren, Kocher, Tümmler, Flurförderer und weitere Produkte rund um Fleisch und Geflügelindustrie
www.meatclub.de	j	j	Deutschland	0,025	5,5	0	Geflügel; Lamm; Schweine; Rind; Innereien
www.meatexchange.com	j	n		0	0		
www.meatpoultry.com	j	n		0	0		
www.meattraders.net	n	?	England	0	0		
www.megaagro.com	j	n		0	0		
www.mein-hof.de	j	n	Deutschland	0	0	0	
www.mercador.com	j	j	Brasilien	0,7	3,6	5	Nahrungsmittel und Getränke für die Supermarktindustrie
www.meteoraspa.com	j	j	Italien	0,05	8	15	Getreide, Fleisch, Cerealien, Düngemittel
www.milchbroker.de	j	j	Deutschland	0,05	11	0	Milch in 16 Kategorien
www.milkquota.com	n	j	England	0	0		Milchquoten
www.misterfarmer.de	j	j	Deutschland	0,025	6	0	Jobs im Agrarbereich
www.momentx.com	j	n		0	0		
www.mPower3.com	n	n	USA	0	0		
www.mr-sh.de/marktplatz/index.html	n	n		0	0		
www.muehle-shop.de	j	n		0	0		
www.my-world.de	j	n		0	0		
www.naturabella.com	j	j	Italien	0,125	11,5	18	eine große Auswahl an Bio-Produkten in der Nahrungsmittel- und Getränkeindustrie (v.a. lose Konsumgüter) wie z.B. Getreide und Hülsenfrüchte, Kaffee, Tee, Pasta, frische und getrocknete Früchte. Saatgut, Düngemittel, Tiernahrung. Naturprodukte zur Körperpflege (Biokosmetik).
www.natural-products.net	j	j	Deutschland	0,625	4,8	20	Getreide, Hülsenfrüchte, Kartoffeln, Futtermittel, Tee, Stärke, Gewürze, Düngemittel, Pflanzenschutz, Lebensmittel, Maschinen und Dienstleistungen
www.nestleezorder.com	j	n		0	0		
www.netbid.com	j	j	Deutschland	0,425	12,5	27	Maschinen; meist aus Unternehmensauflösungen
www.netconsum.de	n	?		0	0		
www.netgrocer.com	j	n		0	0		
www.netoffers.de	n	j	Deutschland	0	0		alle Lebensmittel in den Kategorien: Nährmittel, Fleisch, Fisch, Getränke, Molkerei, Obst, Gemüse, Süßwaren, Kaffee und Tiefkühlwaren
www.netseed.com	j	n		0	0		
www.netseeds.com	j	n		0	0		
www.networldexchange.com	j	n		0	0		
www.netxtra.se	j	n		0	0		
www.novopoint.com	j	n		0	0		
www.nutrachoice.com	j	n		0	0		
www.nutrachoice.com	n	n		0	0		
www.nuttrade.com	n	n		0	0		

www.obst-und-gemuese.de	j	n		0	0		
www.oeko-komp.de	j	j	Deutschland	0,1	10,75	6	Rechte und Immobilien
www.oekomarkt-shopping.de	j	n		0	0	2	
www.officexl.de	j	n		0	0		
www.oilpalm.net	j	j		0,425	3,7	0	Palmenöl; Palmenölprodukte und Zubehör
www.onkelemma.de	n	n		0	0		
www.onlinelivestockauction.com	n	j	Kanada	0	0		Vieh, Landmaschinen
www.ooshop.fr	j	n		0	0		
www.ordersmart.com	j	n		0	0		
www.organicmarketplace.co.uk	j	j		0,1	3	9	alle Bio-Produkte und Dienstleistungen
www.organicsupersite.com	j	j	Australien	0,525	2,5	60	alle Bio-Produkte
www.organictrader.net	j	j	USA	0,575	11,75	28	alle Bio-Produkte
www.organicTS.com	j	j	England	1,375	2,9	60	alle Bio-Produkte; auch Textilien und Kosmetika
www.ostrichesonline.com	j	j	England	1,575	2,85	102	Straußenvieh, Eier und ähnliche Produkte, Futter, Federn, Kosmetikprodukte, Öle und Leder.
www.otto-supermarkt.de	j	n		0	0		
www.ovomarket.com	j	j	Spain	0,075	1,75	0	Schaleneier, Eierprodukte und Eieröffnungsmaschinen
www.ozeseafood.com	n	j	Australien	0	0		frische Meeresprodukte
www.pardium.com	n	?		0	0		
www.pcca.com/Divisions/ElectronicMarketing/telcot.asp	j	n		0	0		
www.peapod.com	j	n		0	0		
www.pecanex.com	n	j		0	0		Nüsse
www.pefa.com	j	j	Belgien	0,475	3,55	40	Fisch: frische, gezüchtete, bearbeitete und tiefgefrorene Fischprodukte
www.pesca2.com	j	j	Spain	2,95	6,8	126	Produkte des Aquakultursektors, so wie z.B. Fisch.
www.pferd24.de	j	j	Deutschland	0	0	33	Pferde
www.plantfind.com	j	j	USA	3,075	20,65	694	Pflanzen, Blumenerde, Chemikalien, Zubehör, Maschinen, Betriebsstoffe
www.plazarural.com	j	j	Argentinien	0,05	0,5	2	Vieh
www.poultryconnection.com	j	n		0	0		
www.poultryfirst.com	j	j		0	0		Geflügel, Eier
www.powerfarm.com	j	n		0	0		
www.pradium.com	n	j		0	0		Getreide, Mais, Sojabohnen, Nebenprodukte, Mehle
www.processedtomatoex.com	n	j		0	0		Tomatenprodukte
www.produceonline.com	j	n		0	0		
www.professionalbrewer.com	j	j		0	0		
www.proflowers.com	j	n		0	0		
www.pro-wine.com	j	j	Frankreich	0,225	2,2	20	Wein, Spirituosen und dazugehöriges Equipment und Dienstleistungen
www.proxchange.de	n	j	Deutschland	0	0		Maschinen aller Art; auch Landmaschinen
www.pulseex.com	j	j		0	0		Hülsenfrüchte
www.quickfarm.com	j	n	USA	2	6,75	199	Saatgut, Düngemittel und Chemikalien für Getreide, Baumwolle, Weizen und Sojabohnen
www.reg-ferkelboerse.de	j	j	Deutschland	0,025	8	0	Ferkel
www.rematehacienda.com	n	?		0	0		Gebrauchtmaschinen
www.resale.de	j	j	Deutschland	4,9	7,95	8	Gebrauchtmaschinen
www.restaurantpro.com	j	j	USA	0	0		Restaurantbedarf: Nahrungsmittel, Getränke, Ausrüstung

Anhang F: Überblick über alle analysierten Web-Sites

www.restauranttrade.com	n	n		0	0	
www.retail.com	j	n		0	0	
www.retailexchange.com	j	n		0	0	
www.rewe-gvs.de	j	n		0	0	
www.riceex.com	n	j		0	0	Reis
www.rmp-deutschland.de	j	j	Deutschland	0	0	1 alle Lebensmittel
www.rooster.com	n	j	USA	0	0	landwirtschaftliche Erzeugnisse, Saatgut, Düngemittel, Ernteschutzprodukte, Zubehör und andere Betriebsstoffe
www.rossmann.de	j	n		0	0	
www.safeway.com	j	n		0	0	
www.sainsbury.co.uk	j	n		0	0	
www.savvychef.com	j	n		0	0	
www.schlemmerstadt.de	j	j	Deutschland	0,175	4,1	15 alle Lebensmittel
www.schroeder-gruppe.de	j	n		0	0	
www.schwarz-brot.de	j	n		0	0	
www.schweine.net	j	n		0	0	
www.sea-ex.com	j	j	Australien	6,575	2,45	333 Fisch, Meeresfrüchte und Produkte rund um die Fischindustrie
www.seafood.com	j	j	USA	9,4	2,85	338 Fisch und Meeresfrüchte
www.seedsmart.com	j	n		0	0	
www.sellmeat.com	n	j	USA	0	0	Fleisch und Geflügelfleisch
www.send-a-cake.de	j	n		0	0	
www.sil-online.de	j	n	Deutschland	0,025	3,5	0 alle Arten Schweine
www.smalink.com	n	?		0	0	0
www.snacker.de	n	n		0	0	
www.sourcingdirect.com	j	j	USA	0	0	Futtermittel und Futterzusatzstoffe
www.spinnrad.de	j	n		0	0	
www.statpub.com	j	n		0	0	
www.stollen24.de	j	n		0	0	
www.stollen-dresden.de	j	n		0	0	
www.supermarket.com	j	n		0	0	
www.superquinn.ie	j	n		0	0	
www.suplair.com	j	n		0	0	
www.supplychain.com	j	n		0	0	
www.surplex.com	j	j	Deutschland	2,675	11,3	67 Gebrauchte Maschinen und Zubehör und für verschiedene Industrien, einschließlich Nahrungsmittel, Getränke, Anlagen, Holz, Metall und weitere
www.surplusfoods.com	n	?		0	0	Nahrungsmittel und Kleidung
www.taiwantrade.com.tw	j	j	Taiwan	51,75	11,2	177 Produkte und Dienstleistungen aus vielen Industrien, einschließlich Landwirtschaft und Ernährungsindustrie
www.teaauction.com	j	j	USA	8	1,3	4 Tee
www.teamauctionsales.com	j	j	Kanada	3,85	7,45	29 Schlacht- oder Mastrinder
www.tec24.de	j	j	Deutschland	4,225	6,75	39 Gebrauchte Landmaschinen
www.technikboerse.com	j	j	Deutschland	0,275	2	53 Gebrauchte Landmaschinen
www.tegut.com	j	n		0	0	
www.telemarket.fr	j	n		0	0	
www.theagzone.com	j	n		0	0	
www.thefoodresource.com	n	n		0	0	
www.thegrapeexchange.com	n	?	Südafrika	0	0	Weine, Trauben und Wein-Termingeschäfte
www.thegreenery.com	j	n	Niederlande	0	0	
www.thesauce.com	j	n		0	0	
www.theseam.com	j	n		0	0	
www.tomatoex.com	n	j		0	0	Tomaten

URL			Land				Beschreibung
www.tomatoland.com	j	j	Frankreich	0,25	5,85	7	Tomaten, verarbeitete Tomaten, Soßen, Ketchup, alle Produkte rund um die Tomatenindustrie (Saatgut, Chemikalien, Maschinen, Verpackung)
www.trade2b.com	j	n	Deutschland	0,025	1	34	prinzipiell alles
www.tradeorganex.com	n	n		0	0		
www.tradeout.com	j	n		0	0		
www.tradeout.com/foodbeverage	j	n		0	0		
www.tradingflowers.com	n	?		0	0		
www.TradingProduce.com	j	n		0	0		
www.traktorpool.de	j	j	Deutschland	15,75	4,55	20	
www.traktorscout24.de	n	j	Deutschland	0	0	0	Traktoren, Landmaschinen, Zubehör, Ersatzteile
www.transora.com	j	j	USA	1,525	2,675	175	Verbrauchsgüter
www.truckscout24.de	j	j	Deutschland	12,75	9,9	16	Gebrauchte Nutzfahrzeuge; u.a. auch Landmaschinen
www.ub-baecker.de	j	n		0	0		
www.unitednature.net	n	n		0	0		
www.unitednaturex.com	n	?		0	0		
www.usedfarmequipment.net	j	j	USA	2,3	3,6	18	gebrauchtes Zubehör für die Landwirtschaft, Maschinen, Betriebsstoffe und Dienstleistungen
www.uvine.com	j	j	England	4,225	1,55	32	Weinauktionen
www.VantagePoint.com	j	n		0	0		
www.veemarkt.nl	j	j	Holland	0,15	4,25	7	Vieh und Produkte rund um die Viehmast
www.vendingauction.com	j	j	USA	0	0		
www.verticalwine.com	n	j	Frankreich	0,425	7,7	15	Wein
www.vetservice.co.nz	j	j	Neuseeland	0,05	1	11	tierärztliche Produkte und Dienstleistungen
www.vetsquare.com	j	j	Singapur	0,025	3	31	Gesundheitsprodukte für Tiere wie z.B. Vitamine, Ernährungs- und Gesundheitszusätze
www.vfm.net	j	n	England	0,025	2	4	frische Produkte: Früchte, Gemüse, Kartoffeln und frische Oliven
www.vfoodportal.com				1,65	3,05	96	
www.viljaweb.com	j	j	Finnland	3,75	4,25	14	diverse landwirtschaftliche Artikel
www.vintageexports.com.au	n	n		0	0		
www.vinxchange.com	j	n	USA	0	0		
www.virtualmarket.fruitlogistica.de	j	j	Deutschland	0,125	4,75	44	Früchte, Gemüse, Blumen und andere frische Produkte
www.visagent.com	j	n		0	0		
www.vitago.de	j	n		0	0		
www.vtraction.com	j	n		0	0		
www.walnutex.com	n	?		0	0		Wallnüsse
www.warbiz-e.com	n	?	Indonesien	0	0		
www.warenterminhandel.de	j	n		0	0		
www.warenterminhandel.info	j	n		0	0		
www.webb.com.br	j	n		0	0		
www.webcattle.com	n	j	Holland	0	0		Rinder- und Viehhandel
www.webgrain.de	n	j	Deutschland	0,025	4,5	0	
www.webvan.com	n	?		0	0		
www.wein-handelsplatz.de	j	n		0	0		
www.wholesaleportal.com	j	n		0	0		
www.wine.com	j	n		0	0		
www.winebusiness.com	j	n		0	0		
www.winebuyer.com	j	n		0	0		
www.wine-economics.de/b2b marketplaces.htm	j	n		0	0		

URL			Land				Beschreibung
www.wineexport.com.au	j	n	Australien	0	0		australische Premium Boutique für Weine
www.winegate.de	j	n		0	0		
www.winery-direct.de	j	n		0	0		
www.wineryexchange.com	j	n		0	0		
www.winerysite.com	j	j	USA	0,875	3,75	17	Wein
www.wineshopper.com	n	n		0	0		
www.winterlivestock.com	j	n		0	0		
www.wlw-auctions.de	j	n		0	0		
www.wochenblatt-dlv.de	j	j	Deutschland	0,15	3,5	184	alle Produkte rund um die Landwirtschaft; auch Bekanntschaften, Jobs, Immobilien
www.workingwheels.com	j	j	Holland	1,425	20,1	9	Lastwagen, Anhänger, Traktorteile, Busse, Vans, Baugeräte, Gabelstapler, Kippwagen, Mischmaschinen, landwirtschaftliche Anhänger, Kräne, Reinigungsfahrzeuge, Kompressoren, Müllwagen, Generatoren und Einzelteile
www.worldcatch.com	j	n		0	0		
www.worldfishsite.com	j	j	Spain	1,025	11,5	11	frischer und tiefgefrorener Fisch, Schalentiere, konservierter Fisch und weitere Meerestiere
www.worldoffruit.com	n	j	Irland	0	0		frisches Obst und Gemüse
www.worldwideretailexchange.com	j	n		0	0		
www.worldwideretailexchange.org	j	j	USA	2,15	3,85	50	Einzelhändler und Lieferanten in den Branchen Nahrungsmittel, allgemeine Handelswaren, Textil- und Drogerieartikel
www.worldwinetrade.com	j	n		0	0		
www.wsag.com	j	n		0	0		
www.xsag.com	j	j	USA	0,225	6,5	338	landwirtschaftliche Chemikalien und Einsatzstoffe
www.yipi.de	j	j	Deutschland	0,25	2,25	12	offen für alle Branchen
www.zagalchi.co.kr	j	j	Südkorea	0,875	3,5	7	Versandhandel für Fisch und Meerestiere, Fischangebote

AUS DER REIHE DUV Wirtschaftswissenschaft

„Betriebswirtschaftliche Aspekte lose gekoppelter Systeme und
Electronic Business"
Herausgeber: Prof. Dr. Dr. h. c. Sönke Albers, Prof. Dr. Birgit Friedl,
Prof. Dr. Daniel Klapper, Prof. Dr. Udo Konradt, Prof. Dr. Joachim Wolf

zuletzt erschienen:

Michael Clasen
Erfolgsfaktoren digitaler Marktplätze in der Agrar- und Ernährungsindustrie
2005. XIX, 225 S., 35 Abb., 19 Tab., Br. € 49,90
ISBN 3-8350-0029-2

Susanne Geister
Feedback in virtuellen Teams
Entwicklung und Evaluation eines Online-Feedback-Systems
2005. XXII, 266 S., 19 Abb., 80 Tab., Br. € 49,90
ISBN 3-8244-0832-5

Björn Schäfers
Preisgebote im Internet
Neue Ansätze zur Messung individueller Zahlungsbereitschaften
2004. XX, 263 S., 55 Abb., 42 Tab., Br. € 49,90
ISBN 3-8244-0806-6

Timo Schulze
Optimale Nutzungspreise für Online-Zeitungen
2005. XXVII, 264 S., 53 Abb., 33 Tab., Br. € 49,90
ISBN 3-8350-0006-3

Silvia Thies
Content-Interaktionsbeziehungen im Internet
Ausgestaltung und Erfolg
2005. XXIII, 310 S., 56 Abb., 42 Tab., Br. € 55,90
ISBN 3-8244-0831-7

www.duv.de
Änderung vorbehalten.
Stand: August 2005

Deutscher Universität-Verlag
Abraham-Lincoln-Str. 46
65189 Wiesbaden

If you have any concerns about our products,
you can contact us on
ProductSafety@springernature.com

In case Publisher is established outside the EU,
the EU authorized representative is:
**Springer Nature Customer Service Center GmbH
Europaplatz 3, 69115 Heidelberg, Germany**

Printed by Libri Plureos GmbH
in Hamburg, Germany